LA VÉRITÉ

SUR

L'ESCLAVAGE ET L'UNION

SUIVI D'UN RÉSUMÉ DE

LA STATISTIQUE ET DE L'HISTOIRE

DES ÉTATS-UNIS,

TEXTE FRANÇAIS ET ANGLAIS,

Par EMILE LEFRANC.

NOUVELLE-ORLEANS:

EN VENTE CHEZ LES PRINCIPAUX LIBRAIRES ET AU BUREAU DE L'IMPRIMERIE.

1861.

TABLE DES MATIERES.

FIN DE LA TABLE DES MATIERES.

LA VÉRITÉ

SUR

L'ESCLAVAGE ET L'UNION

AUX ETATS-UNIS,

PAR EMILE LEFRANC.

NOUVELLE - ORLEANS :
IMPRIMERIE FRANCO-AMÉRICAINE,
122, rue de-Chartres.

1861.

PREMIERE PARTIE.

LETTRES D'UN NEGOCIANT DE NEW YORK

A UN FRANÇAIS VOYAGEANT DANS LE SUD.

PREMIERE LETTRE.

New-York, Mai 1861.

Depuis votre départ, les événements ont fait, hélas ! bien du chemin vers la guerre que nous nous étions flattés un moment de pouvoir éviter.

Nous voilà donc en plein dans la guerre civile ! le plus cruel de tous les fléaux, car il est le fait d'hommes civilisés et, par conséquent, tous les maux l'accompagnent. On est ici vraiment plus inexcusable que partout ailleurs. La guerre n'a pas sa raison d'être parmi nous, dans un pays qui réunit tous les avantages possibles.

La position de notre continent nous met à l'abri de toute attaque venant de l'extérieur ; la forme de notre gouvernement devrait au moins nous protéger contre les révolutions intérieures. La souveraineté du peuple, en mettant le pouvoir aux mains de tous, le rend insaisissable à un seul; il n'y a donc, ici, ni invasion, ni guerre de prétendant, ni ambitieux, ni despotisme possibles !

Le territoire des Etats-Unis est le plus vaste et le plus fertile du monde : la prospérité n'était pas douteuse pour tout travailleur, et le paupérisme devait être longtemps inconnu au peuple américain. Notre nation est active, intelligente et remplie d'énergie. Les grandes entreprises sont le domaine naturel de sa gloire et de son bien-être. Malgré tous ces avantages inouïs ou peut-être à cause d'eux, les résultats ne répondent pas aux espérances que nous avions si naturellement fondées pour notre avenir. Plus nous avançons, et plus celles-ci s'évanouissent, et plus ceux-là nous sont contraires !

Nous nous trouvons, en fait, avoir beaucoup plus tourné sur nous-mêmes qu'avancé dans la voie régénératrice des libertés politiques et des améliorations sociales, que nous nous flattions de pouvoir offrir aux peuples du vieux monde !

Après avoir reçu tous les bienfaits possibles et uniques sur la terre, qu'a-t-il donc manqué à notre jeune nation pour être heureuse et forte chez elle ? pour rester le berceau des libertés civilisatrices?

Naturellement dégagés des vieux préjugés et des vieilles épines des temps passés et des peuples anciens, qui ou quoi donc a pu nous empêcher de marcher en grandissant ?

Nous sortons d'une souche qui, de la vieille Europe, nous a donné son passé à étudier, ses vissicitudes sociales et politiques à méditer. Ce n'est donc pas l'exemple du bien qui nous a manqué, ce n'est pas l'inconnu du mal qui nous a fait défaut. Nous pouvions prendre les qualités de l'Europe sans toucher à ses défauts; il nous était facile de lui emprunter les bons côtés de ses systèmes sans leurs inconvénients, nous avions enfin de l'expérience toute faite à puiser indéfiniment. Voilà comment tout nous poussait naturellement devant nous sans écueil à craindre, sans bagage inutile; nous nous sommes laissés aller, si bien que nous sommes tombés dans un gouffre avec le courant.

Notre aveugle orgueil nous a empêchés de le voir.—Trop privilégiés, nous nous sommes crus à l'abri de tous les dangers, même celui de nous-même. Nous nous sommes crus infaillibles, et faits d'une pâte supérieure à celle des autres peuples que nous avons souvent considérés avec pitié du haut de notre bonheur. En nous riant de leurs débats, en contemplant quelquefois leur malheurs et leurs guerres, nous n'avons pas vu nos propres dangers ; nous ne nous sommes pas aperçu que nous nous étions créés tous les maux que nous n'avions pas et que nous ne devions pas avoir si nous avions été plus modestes. Nous voilà bien moins avancés que l'Europe; elle n'a pas de guerre intestine. Il faut cependant aujourd'hui nous poser ces questions:Y avait-il ici quelque chose à améliorer ou un pouvoir à renverser? Une révolution était-elle nécessaire ?

A moins que le peuple souverain ne veuille se renverser, se suicider ! Les nations se donnent-elles jamais la mort, par hasard ? Si la guerre est une loi tristement commune, comme on le dit, ce peuple se battrait donc lui-même faute d'ennemis réels? On ne sait vraiment pas sur quoi porter ses réflexions. On doute de tout, quand on voit de pareilles choses au Nouveau Monde. Chez un peuple qui, né d'hier, entre en lutte aujourd'hui avec lui-même. Que seront donc son adolescence et son âge mûr?

DEUXIEME LETTRE.

New-York, Mai 1861.

Ma dernière et première lettre vous parlait assez du passé, parlons maintenant un peu de l'avenir. Que vont devenir nos libertés, nos institutions libérales, dont nous sommes si fiers? Comment allons-nous sortir de l'impasse où nous sommes si follement engagés par les fureurs aveugles d'une faction? Déjà se commettent les déplorables excès qui tuent la liberté et la considération d'un peuple avant de le mener au despotisme. Le gouvernement vient d'entrer dans une voie d'illégalités qui sont les précurseurs de la tyrannie. L'*habeas corpus*, ce grand principe de la *magna Charta* anglaise, la sauvegarde de la liberté individuelle, vient d'être suspendue. Les lettres sont ouvertes, les dépêches télégraphiques sont à présent saisies et interceptées, celles du passé sont compulsées pour faire des recherches rétrogrades sur l'opinion de leurs auteurs, les arrestations et les expulsions ont lieu tous les jours. La populace règne à New-York : elle vient de forcer divers citoyens à saluer son drapeau, elle a exigé de plusieurs journaux indépendants d'adhérer à son parti et de faire chorus à ses vociférations en arborant le drapeau de l'Union.

Les journaux républicains flattent cette meute, et soutiennent le gouvernement par un débordement d'injures sans exemple contre la partie saine du pays, celle qui ne veut pas la guerre. Les amis de la paix sont mal vus. Suspects aux premiers mots de paix, on les expulse; s'ils persistent à ne pas être de l'avis de ces guerriers exterminateurs, on les arrête; s'ils professent leur sympathie pour le Sud, on les fusille ! Vous ne croyez peut-être pas à tout cela ? Ecoutez : La *Tribune* dit : Malheur à ceux qui parleront de paix ou d'arrangement avec les rebelles ! Nous voulons l'extermination des traîtres sans compromis, sans pitié. C'est le sort qu'ils méritent." Le *Times* s'écrie de son côté : " Pas de paix ! Un comité de salut public avec ses accessoires connus, pour surveiller et punir les traîtres de l'intérieur. "

Le *Courier and Enquirer* tonne ce peu de mots : " En haut là hache ! En bas les têtes ! Que la terreur fasse taire les traîtres!"

Le *Herald*, converti à la grâce de l'Union par la pression de l'émeute populaire, demande " que l'on déchaîne sur le Sud les deux cents mille bandits du Nord."

Le *Post* ajoute : " Que l'on pende les traîtres dont nous sommes entourés! qu'on extermine les rebelles du Sud. "

Voici le plus beau morceau de fureur: Le *Worcester Democrat* du Massachusetts, pays des pieux puritains, s'exprime en ces termes : " Les provinces du Sud sont riches, *les femmes sont belles*; *Beauté et butin* seront le partage des conquérants. En avant donc, soldats ! Que les rebelles soient pourchassés, noyés, affamés, égorgés sans pitié, ni merci ! Que les esclaves soient excités à la révolte et que les atrocités qui signalèrent la révolte des nègres de St. Domingue se renouvellent, que .... C'est la seule manière de vaincre et de punir les misérables dont il faut nous défaire une fois pour toute !" etc.

Voilà ce que l'on fait de notre liberté de la presse. Voilà ce qui amuse avec frénésie les goûts morbides du peuple. Voilà ce que l'on voit et ce qui s'imprime dans la 61ème année du 19ème siècle civilisé de l'ère chrétienne.

Où allons-nous! Malheureux peuple! Malheureuse Union!

TROISIEME LETTRE.

Arrivons un peu aux faits qui ont amené cette malheureuse guerre et à tout ce que l'on dit ici. Avec toute ma bonne volonté pour espérer encore dans la possibilité de replâtrer l'Union, je ne puis ajouter foi aux rapports extraordinaires que font les journaux républicains. A en croire la majorité de la presse du Nord, les Etats séparés sont menés par une bande d'intrigants issus de la minorité infime. Ces politiqueurs n'auraient en vue que leur intérêt personnel. Se voyant exclus du pouvoir, ils auraient tout fait pour fabriquer un gouvernement de sécession, malgré la majorité du peuple, afin d'avoir des places et s'enrichir des deniers publics, etc. Les journaux affirment toujours, en s'appuyant sur des correspondances, que la saine partie du Sud, c'est-à-dire presque toute la population, soupire après le moment de rentrer dans l'Union, mais qu'elle n'ose pas exprimer son opinion sous les menaces du pouvoir. Enfin, elle attend les unionistes du Nord pour se prononcer, etc. Toutes ces thèses ou hypothèses sont répétées, commentées et servies sur tous les tons et sous toutes les formes, comme nouvelles importantes, tous les jours. A dire vrai, cela me paraît suspect. C'est trop extraordinaire pour que ce soit possible, et un pareil mouvement de onze Etats qui se séparent tour à tour et indépendamment, ne peut pas s'accomplir par le fait d'une minorité.

Il me semble, enfin, qu'un peuple de 10 millions d'âmes, ne peut faire un pareil mouvement, qu'au moyen d'une certaine unité de sentiments et d'actions.

Je ne suis pas de ceux qui prennent leur opinion toute faite dans les journaux, comme on prend un habit confectionné chez le marchand. Nous trouvant privés des nouvelles du Sud, veuillez, je vous prie, m'en donner, et me dire la vérité sur ce qui s'y passe.

Il est très important pour nous tous, financiers, négociants ou industriels, de savoir quels peuvent être les résultats qui vont sortir de cette guerre d'invasion et de destruction au cœur du pays. Nous n'y voyons que la ruine de ceux qui possèdent au Nord, et par conséquent, que la misère du peuple, la faim du travailleur. Nous ne voyons guère, de l'autre côté, la portée ou le but de ce conflit, ni ce qu'on peut en espérer comme résultat compensatoire à tous nos sacrifices, en dehors de celui de notre honneur national.

En résumé que veut-on ? qu'espère-t-on ?

Si l'on veut forcer le Sud à l'Union, c'est vouloir forcer une chose qui n'existe plus du moment qu'on y touche ; car, enfin, il il n'y a pas d'union possible là où elle est forcée : elle n'a plus de nom : c'est la subjugation militaire ! la tyrannie cosaque!

Si l'on veut, comme on le dit et le chante sur tous les tons, si l'on veut éviter par cette guerre la ruine qui menace le Nord, par l'abandon du Sud, ce ne peut être par les combats. Ils sont plutôt faits pour précipiter ce danger que pour le conjurer.

Nos manufactures sont en demi-chômage, nos plus fortes maisons de commerce tombent tous les jours sous les coups de la crise guerrière ; plusieurs de nos banques sont en désarroi ; nos milliers de navires pourrissent dans les ports ; toutes les propriétés sont tombées dans une dépréciation de 50 0[0, et enfin nous avons sur les bras plus de deux cent mille individus sans travail et sans ressource. On craint leur insurrection ; on n'ose pas les armer !

L'excitation du peuple va croissante, comme la marée montante, en raison du reflux de la misère qui s'avance dans les masses. L'envahissement des riches provinces du Sud pourrait bien devenir un espoir de pillage, après n'avoir été qu'un espoir de parti. Pour finir d'exprimer franchement et sincèrement ma pensée, j'ajouterai que je ne vois, dans la populace et dans le parti républicain au pouvoir, qui veulent la guerre à tout prix, qu'un sentiment d'intérêt personnel ou sectionnel, qui se drape d'un sentiment d'honneur national absent ! Cet aveu m'est pénible, comme Américain ; mais, vous le savez, je suis indépendant, avant tout, vis-à-vis de la vérité. Quelque dure qu'elle soit à dire ou à entendre, il faut s'y résigner. C'est un service à rendre au pays qui tombe dans l'aberration, dans l'aveuglement. Je me flatte d'être plus patriote que quiconque parmi ceux qui nous prêchent la guerre fratricide !

En résumé, la position est terrible ici ; mais les honnêtes gens qui mettent tout esprit de parti de côté pour ne songer qu'à la nation, pensent qu'un arrangement qui ferait une division politique, moyennant une union commerciale, serait une issue honorable pour tous, sans être la ruine de personne. Les intérêts sont comme les liquides, ils reprennent toujours leur niveau. Une fois la paix établie sur de bonnes bases, le Nord et le Sud retrafiqueront comme par le passé, en bons voisins, et selon les avantages réciproques qu'ils sauront s'offrir. Le Sud n'est pas si mauvais diable qu'on le dit. Il aura encore besoin de nous pour faire ses affaires, comme nous aurons besoin de lui pour nous en donner. D'ailleurs, le commerce est un grand niveleur, et un lien assez sûr pour maintenir la paix future, si l'on savait se servir de son agence, en le prenant pour base réciproque dans les relations. — Mais les gens passionnés, intéressés ou ignorants dans la question, s'opposent avec violence à la proposition d'aucun plan pacifique.

Nous en sommes donc réduits à penser tout bas ce que nous ne pouvons pas dire encore tout haut ; mais nous espérons que le moment viendra où la raison, la vérité et la liberté ne seront plus étouffées.

Les uns soutiennent, avec fureur, qu'il faut venger l'honneur du drapeau, restaurer l'Union, et punir les rebelles à tout prix.

Si le drapeau avait été atteint réellement dans son honneur, et par des étrangers, on comprendrait cette nécessité ; mais est-ce qu'une famille est déshonorée parce qu'un de ses membres a cassé un meuble sur provocation ? C'est la guerre intestine que l'on fomente depuis si long-temps, qui déshonore quelque chose, et ce n'est que le caractère américain qui se trouve déshonoré !

Les autres, non moins violents, proclament que l'occasion est venue d'en finir avec l'esclavage, et qu'il faut que le parti républicain s'exécute dans son programme et ses doctrines, coûte que coûte, s'il ne veut pas être renversé du pouvoir ! C'est ici où le fanatisme est superbe, et cela chez le peuple qui se pique d'être le plus éclairé du monde !

Voilà comment on prétend pouvoir sauver le pays !

Mais ce qui console un peu, c'est que ceux à qui la guerre impose de ruineux sacrifices, ne sont pas d'un avis favorable à tous ces moyens de sauvetage. C'est avec plaisir que je constate qu'ils sont nombreux.

Ce n'est pas avec les grands mots sonores des pourfendeurs que l'on paiera les intéressés.—Il n'y a d'ailleurs de vrai patriotisme que là où préside l'intérêt de la patrie avant tout : or, un pays ne peut jamais trouver son intérêt, ni son honneur, à détruire une de ses parties essentielles — la patrie agricole, d'où dérive son existence et sa prospérité. Son intérêt et son honneur sont de maintenir cette source intacte, dût-on faire le sacrifice, d'un mot politique—"l'Union". Périsse l'Union, et que le peuple vive ! Voilà mon opinion. Je ne puis la proclamer ici ; je vous l'envoie. Faites-en l'usage que vous voudrez. Si le Sud pouvait, de son côté, aider ses amis au Nord, en y mettant un peu du sien, on finirait peut-être par trouver le joint de la conciliation, dont il doit avoir tout autant besoin que nous-même ici.

QUATRIEME ET DERNIERE LETTRE.

New-York, Mai 1861.

Cette lettre terminera ce que j'ai sur le cœur à dire à propos de notre malheur.

L'opinion publique ou les journaux, ce qui est la même chose, en sont arrivés à faire une fusion de tous les griefs généraux, de tous les maux et de toutes les causes diverses de mécontement du peuple, pour en rendre le Sud responsable !

Il est cause de la misère, du discrédit général et de la ruine du Nord. Les élucubrations qui prouvent et les réquisitoires qui accusent n'en finissent plus !

On reproche, en outre, au Sud, d'être resté dans l'état de barbarie, en conservant l'esclavage. Les ministres puritains l'excommunient tous les jours. On le met hors la loi divine tous les dimanches ! On crie sus, pour faire courir le peuple dessus. On encourage ce dernier au moyen des Bibles que l'on met dans les havre-sacs des soldats. On leur promet le ciel en récompense de leur croisade contre les infidèles que "la plus haute loi" a condamnés. On fanatise enfin ce bon peuple souverain, éclairé, sachant si bien lire et écrire. On lui fait croire que l'esclavage est un contrat passé entre le Sud et l'enfer, et qu'il faut le détruire pour remplir son devoir de bon chrétien ! Bref, le ministre des saints Evangiles leur donne des cartouches d'une main et des bénédictions de l'autre ! Vous connaissez ces honnêtes gens, ce sont les mêmes ! Beecher, Cheever, Ting et compagnie !

Voilà donc pour la fougue fanatique. Les Greeley, les Gerrit Smith et Cie., représentant la fougue politique, sont derrière, qui vocifèrent des hurrahs frénétiques avec la populace ! Voilà le départ des croisés du Nord pour la Jésuralem du Sud !

Les grandes parades et les speeches continuent, pour accuser le Sud d'être ingrat et traître à l'Union, après en avoir reçu tous les bienfaits ; d'être déloyal au gouvernement, après avoir pris part à son élection, d'être enfin criminel envers le drapeau, abattu par ses boulets à Sumpter, sans motif. On le déclare sacrilége, et on veut son extermination pour le ramener dans le giron de la république. Mais il paraît, d'après ce que je vois, que le Sud se prépare à répondre à tout cela par des coups de canon, et qu'il ne veut pas du tout se laisser écraser, comme le Nord se promet de le faire.

Les préparatifs des Etats séparés sont, dit-on, plus formidables qu'on ne croyait. Ce qui prouverait assez que tout le monde y concourt. Il faut que le Sud ait bien confiance en lui-même pour accepter le défi du Nord, par une nouvelle guerre d'indépendance contre lui, qui se dit si puissant. Je crains bien pour ce dernier qu'il ne sera en fin de compte que le Georges III de la Nouvelle Confédération. Le Nord va tout probablement perdre des Etats qu'il s'est plu un peu trop, avouons-le, à considérer comme des colonies à ses ordres féodaux.

Je ne puis cependant me permettre de juger absolument la cause et la nature du mouvement grave que le Sud vient de prendre avec tant d'énergie et si peu de crainte. Je trouve l'ensemble de la question assez difficile à saisir dans ses rapports avec le passé. Je ne connais guère le Sud, autrement que par ouï-dire, comme beaucoup ici ; je n'y ai jamais été. Ses institutions, ses mœurs et son caractère me sont donc bien inconnus. C'est pour cela que je viens à vous, pour vous prier de me renseigner sur tout cela, au moyen d'une analyse raisonnée.

Je vous ai dit à peu près, et tant bien que mal, tout ce qui se passe ici; veuillez m'en faire autant à l'endroit des Etats réfractaires à l'Union où vous vous trouvez et ceux que vous avez visités; vous pouvez ainsi être utile aux deux sections, tout en m'obligeant. On nous appellera traîtres et tout ce que l'on voudra; la vérité n'a pas de parti, disons-la sans crainte. J'ai foi, vous le savez, en la fermeté de votre conscience et en la solidité de votre jugement ; puis, vous êtes neutre et désintéressé, en qualité de Français, dans le sujet de la querelle. Vous pouvez donc, comme étranger, sainement juger la chose, et nous dire jusqu'où peuvent être fondées les royales colères des républicains !

REPONSE DU FRANÇAIS AU NEGOCIANT AMERICAIN

PREMIERE LETTRE.

N. O. Mai 1861.

Comme vous et comme tout le monde, je croyais à la paix quand je suis parti de N. York. En effet, les envoyés à Washington de la Nouvelle Confédération, MM. Crawford, Forsyth et Roman, venaient d'arriver, et ils avaient été reçus d'une manière qui, quoique d'un caractère officieux, n'en laissait pas moins espérer un résultat officiel pour la paix. Les ministres du gouvernement la leur faisaient espérer, en admettant la possibilité d'un arrangement pacifique entre les deux sections en conflit. C'est devant le miroitement habilement ménagé de cette espérance que ces honorables citoyens sont restés à Washington, pendant plusieurs semaines, employées en entrevues préliminaires avec les chefs du Cabinet, qui promettaient d'arriver à une solution satisfaisante. On avait été jusqu'à promettre l'évacuation du fort Sumpter. Mais, tout cela était un leurre diplomatique, à la façon yankee. On s'occupait secrètement des préparatifs de guerre, pour forcer le Sud à se soumettre sans condition, et, au lieu d'ordonner l'évacuation du fort, on y envoyait des renforts.

Parti de New York au commencement d'avril, pour Savannah, par steamer, j'ai pu voir en route les navires de guerre qui se dirigeaient vers le port de Charleston, avec des forces pour l'attaque ou la défense, bien moins que pour le ravitaillement prétexté depuis.

Les envoyés, ayant découvert toutes ces ruses de guerre, y virent de la duplicité; et, sur une explication provoquée, le Cabinet découvrit ses batteries d'une manière assez claire pour ne laisser aucun espoir de paix. Les porteurs des propositions de Montgomery n'eurent plus qu'à se retirer, après vingt-trois jours, devant le fatal *Aléa jacta est.* Tous les moyens de conciliation étant épuisés, la guerre seule restait comme alternative inévitable.

DEUXIEME REPONSE DU MÊME AU MÊME.

Les excès que vous me signalez ne m'étonnent pas de la part de la presse et du peuple du Nord. Il y a longtemps que leurs licences en tous genres menacent la paix et l'honneur du pays. Ils finiront par enterrer les libertés américaines, comme les factions de Rome ont enterré les libertés romaines!

Ceux qui sont le plus portés pour la guerre intestine n'ont, en général, rien à y perdre, au contraire ; d'ailleurs ils ne s'exposeront pas. Tous ces guerriers borneront leur bravoure à faire de la théorie d'extermination dans la prudente sécurité de leurs bureaux, d'où ils enverront des milliers de nécessiteux et d'ignorants crédules se faire tuer, avec l'idée qu'ils défendent la patrie, dont ils sont eux-mêmes, peut-être, le premier élément de danger!

Vous avez certainement raison de croire que le Sud ne s'est pas retiré de l'Union de gaîté de cœur. Il a fallu que la mesure fût comble des ennuis qu'on lui cause depuis des années. La dernière déclaration de guerre des républicains, à Chicago, avec leur avènement au pouvoir, ont fait déborder cette mesure de patience humaine.

Tout un pays, avec un peuple de dix millions d'âmes, ne vient pas, comme vous le dites, prendre une telle détermination sans motif, sans raison, car, il n'a pas été sans prévoir les graves conséquences de son mouvement. En outre de la souffrance qu'éprouve tout bon citoyen, par la rupture du lien national, il y a encore les pertes, les ennuis et les sacrifices de tous genres à faire individuellement, pour enfanter et défendre une nation et pour former une bonne organisation nouvelle.

La vérité et le bon sens disent assez, qu'après avoir été harcelés, ennuyés et oppressés par les hommes du Nord, les hommes du Sud ont dû tomber dans le dégoût amer et la lassitude morale, qui font préférer tout autre sort à celui d'une association qui ne donne que des luttes constantes avec des gens dont la malice inventive n'amène que des vexations ridicules et déshonorantes. Puisque le Nord a toujours traité le Sud en ennemi, pourquoi ne s'en débarrasse-t-il pas, puisque l'occasion est venue où celui-ci veut se retirer?

Si le Nord trouve que les institutions du Sud le déshonorent, qu'il s'en sépare, et il n'y participera plus! Qu'il le renie, et il n'en sera plus solidaire! C'est ce que le Sud lui demande.

Les puritains ne veulent pas se damner en vivant du fruit de l'esclavage, alors qu'ils fassent comme Pilate. Les hommes du Sud iront en enfer pour leur compte, et sans la compagnie de ces aimables gens.

Une fois que le Nord aura abandonné le Sud à son malheureux sort, il ne sera pas plus responsable de ses actions qu'il ne l'est de celles du Brésil, de Porto Rico et de la Havane, dont les peuples ont le titre d'Américains tout aussi bien que les yankees. Quelles sont donc les considérations qui poussent le Nord à s'accrocher forcément aux barbares du Sud?

Celui-ci ne lui doit rien, au contraire, il a payé et au-delà, tout ce que la caisse fédérale avait déboursé pour lui.

Quant aux élections, le Sud y a pris part à son honneur, car, c'est bien là une dernière preuve d'attachement à l'Union. C'est son dernier effort de conciliation pacifique, en cherchant à élimíner des ennemis acharnés et déclarés tels d'avance. Avec un parti national au pouvoir, le Sud serait resté dans l'Union ; avec un parti sectionnel, c'était impossible.

Toutes les petites considérations d'avocasseries légales disparaissent devant l'impérieuse nécessité qui oblige l'honneur d'un peuple à maintenir son repos et sa prospérité, en secouant le joug de la tyrannie. Que ce soit le fait d'une majorité hostile et brutale ou d'un Georges III, on a raison de ne pas l'endurer. Il faut s'y soustraire si on ne peut le détruire.

Ce n'est pas celui qui se retire qui est coupable : c'est celui qui attaque !

TROISIEME REPONSE DU MÊME AU MÊME.

N. O., Mai 1861.

Je ferai de mon mieux pour répondre à vos désirs en vous donnant l'analyse raisonnée que vous me demandez sur les questions qui s'agitent si violemment aux Etats-Unis. Je justifierai certainement votre confiance à l'endroit de la sincérité impartiale; mon travail aura, je l'espère, le mérite d'être issu d'une conscience indépendante.

Je ne suis sous la pression d'aucune influence. J'ai fait mes recherches dans l'isolement, j'ai pris mes observations en silence. Je vous dirai donc la vérité, " rien que la vérité, " selon moi, du moins. Si je me trompe quelquefois, ce sera à vous de redresser les déviations involontaires que mes hardiesses pourraient, à mon insu, me faire commettre.

Il faut, en général, une assez forte dose de volonté pour oser affronter certains préjugés. Il faut aussi une bonne dose de courage pour s'aventurer à blesser certains intérêts, à heurter certaines opinions par le jet, souvent brutal, de la vérité. Cette entreprise porte avec elle l'excuse de ses défectuosités. Je commencerai par jeter un coup d'œil rapide sur les présentes dispositions respectives du Nord et du Sud, puis, j'aborderai les redoutables questions de l'esclavage, de l'abolitionisme, et la critique du système politique des Etats-Unis.

Dans l'une de ces trois questions, on trouvera les causes primordiales de la rupture de l'Union, ou plutôt de la non-existence du fait de l'Union américaine! Je me propose d'appuyer mon travail et mes raisonnements sur l'histoire des Etats-Unis, dont je donnerai probablement une esquisse comme dernière partie de cet ouvrage.

Que nous tombions d'accord ou non sur ce que je vais dire à propos de votre pays, veuillez ne pas oublier que j'obéis d'abord à votre prière. J'ai, ensuite, un fort désir de dire ce que je crois être la vérité, au peuple américain, en reconnaissance de la bienveillante hospitalité qu'il me donne depuis près de dix ans. Je serai vraiment heureux de voir que ce n'est pas tout à fait en vain qu'une voix amie s'élève en faveur du droit et de la justice, qui sont aujourd'hui si gravement atteints par la maladie populaire, assez commune, du reste, aux jeunes nations libres.

Je dois avouer aussi que j'ai encore un autre objet d'ambition mêlée d'orgueil. C'est d'essayer d'éclairer les détracteurs d'une des institutions du Sud, surtout ceux qui, en Europe, sont abolitionistes de confiance. Je voudrais enfin pouvoir leur démontrer une vérité, c'est que l'esclavage n'est pas ce qu'un " vain peuple pense. "

FIN DE LA CORRESPONDANCE ET PREMIERE PARTIE.

DEUXIEME PARTIE.

SUR LES DISPOSITIONS RESPECTIVES DU NORD ET DU SUD.

I.

Les Etats du Nord sont doués de grands avantages naturels qui, pour être dans un autre ordre que les avantages du Sud, n'en seraient pas moins heureux et précieux pour l'harmonie des intérêts des deux sections, si les hommes ne cherchaient pas toujours à dévier des voies naturelles et protectrices.

Les hommes du Nord se sont faits marchands, marins et manufacturiers. Cette dernière profession est cause en partie de ce qui arrive aujourd'hui.

Puis, ils se sont faits sectaires aux mille doctrines contradictoires, d'où naissent le fanatisme et l'intolérance.

L'abolitionisme devait sortir de ce déluge de religions diverses.

Mais, comme toujours, l'abolitionisme devait être créé par l'intérêt et exploité par la politique. Tout prêtait à ce double bénéfice ; les intéressés ne manquèrent pas.

L'intérêt de l'abolitionisme se trouve d'abord chez les fabricants. C'est ce qui explique pourquoi son foyer principal est Boston et toute la Nouvelle-Angleterre.

L'industrie manufacturière est l'ennemie naturelle de l'industrie agricole, vu que celle-ci doit payer la protection que l'on donne à celle-là. L'esclavage, étant la puissance de l'industrie agricole, devient ainsi l'agent du libre échange—ce que le manufacturier craint avant tout. L'esclavage est donc son ennemi progressif, surtout s'il s'étend sur les nouveaux territoires. Il était cependant de l'intérêt du Nord de le ménager, pour en tirer ses matières premières ; mais le Sud agricole supportait avec impatience l'impôt inutile du tarif, et lui faisait naturellement la guerre;—le manufacturier, à son tour, lui reprochait, par contre, l'institution de l'esclavage, et lui faisait également la guerre ! Cependant, en raison de la faiblesse du Sud et de la peur que lui faisait l'abolitionisme du Nord, on a fait semblant de s'entendre pendant de longues années, au milieu des sourdes colères de part et d'autre. C'etait une fausse transaction. L'abolitionisme n'est donc, en réalité, que le prétexte d'une pression d'intérêts opposés : le Sud, en grandissant, devait arriver à secouer cette pression. Il est resté agriculteur laborieux, conservateur paisible : il y a trouvé la prospérité et la liberté ; il ignore le paupérisme et il ne peut supporter l'arbitraire.—Celui-ci était difficile à éviter avec un foyer d'antagonismes naturels et un système politique qui fait que là où se trouve la masse se trouve aussi le pouvoir. L'Union ne pouvait donc pas exister avec de tels éléments, déjà hétérogènes, d'ailleurs, et à d'autres titres.

Le Sud, en se séparant du Nord, rend peut-être un grand service à sa démocratie : il y rétablit, par son absence, l'équilibre des forces populaires qui seul fait l'essence démocratique.—Si l'égalité est la base des droits politiques, c'est à condition que l'égalité des forces s'étendra sur le pays par la répartition des influences, autrement la démocratie tombe dans l'autocratie populaire de la force numérique sur un point que rien, dans le système du self-government, ne contrebalance. C'est ce qui est arrivé, et ce qui arrivera encore probablement.—Ainsi, la section Nord, ayant 20 millions d'habitants, eût toujours fait la loi à la section Sud qui n'en a que dix ; ce n'est qu'en s'y soustrayant que celle-ci a échappé à la dictature intéressée, arbitraire, de celle-là.

Il faut reconnaître une vérité, c'est que la Constitution est un habillement que'n grandissant, le peuple Américain fait craquer tous les jours. Il y a lieu de s'étonner que les divers raccommodages dont on l'a replâtrée depuis un demi-siècle ait pu durer si longtemps : il y a plus de trente ans que l'Union défunte était mortellement fêlée, dans une vie artificielle d'ailleurs.

En fin de compte, la désunion sera probablement un bienfait

pour le peuple Américain et un avantage pour les populations d'origine étrangère. Celles-ci y gagneront en pesant davantage dans la balance politique de leurs sections respectives. Leurs droits n'en seront que moins mal respectés.

Les Américains sentiront la nécessité de marcher vers l'unité gouvernementale de leurs sphères respectives.

Le peuple saura, peut-être, après cette épreuve, comprendre que l'esprit de section tue les nations ; il l'abandonnera, pour se faire exclusivement national avant tout. La tâche n'en sera que plus aisée, quand chaque section réunira dans son ensemble l'homogénéité d'intérêts. C'est ce qui doit avoir lieu dans la Nouvelle Confédération du Sud.

Chaque peuple des deux ou trois gouvernements distincts qui vont surgir des Etats-Unis, rentrera dans la voie qui lui est toute tracée par la nature : c'est l'exploitation des inépuisables et incomparables richesses du sol. Non seulement l'économie politique bien entendue du continent devrait faire rechercher cette unité d'intérêts, groupés respectivement sans entraves, mais encore la saine politique de la paix intérieure et de la concentration des libertés publiques exige ce cantonnement. Le peuple, en travaillant sur son enclos, sans la réserve du secours voisin, y dépensera avec profit cette exhubérance de force qui, au lieu de contribuer à son bien-être, a plutôt travaillé jusqu'ici à ravaler sa considération, à amoindrir ses avantages politiques et matériels, en troublant la paix, en compromettant l'avenir ! Cette guerre est en partie le fruit de son jeune feu, qui a été tellement mal employé qu'il met aujourd'hui ses libertés civiles et politiques en incendie.

Enfin, si le peuple américain ne met un frein à l'esprit de faction qui le ronge, et qui vient de l'entraîner dans l'anarchie, il tombera de chute en chute au fond du despotisme, sans pouvoir en sortir. Comme Rome, il verra un beau jour au Capitole un "soldat heureux," armé d'un sabre et du titre de dictateur-impérator, sur le front impérieux duquel on pourra lire : *Ci-gît, la souveraineté du peuple !* Et puis, sur une dalle, sous ses pieds : *Ici, repose la république, tuée par les républicains !*

II.

Quoi qu'il y ait tout lieu de croire que la guerre sera courte et peu désastreuse, il convient cependant de parler un peu des chances respectives des deux parties belligérantes. Le Nord est certainement en force au point de vue numérique, voire même des moyens de destruction. Les engins et la marine de guerre sont tout prêts entre ses mains, tandis que le Sud se les doit créer en grande partie. Le gouvernement de Washington pourra peut-être mettre 500,000 hommes, au besoin, sur pied ; mais aux Etats-Unis, la quantité ne fait pas la qualité des soldats, surtout dans une guerre de pays. D'ailleurs, rien ne peut être préparé ni organisé dans une nation naturellement peu guerrière. Tout y manque, excepté une administration foncièrement vicieuse et désordonnée, sous tous les rapports, militaires et civils. La quantité d'hommes deviendra certainement une source de grands embarras pour l'action. C'est, de plus, une charge insupportable pour un trésor aux abois, et pour une cause qui se discrédite tous les jours à l'intérieur comme à l'extérieur, surtout chez les financiers; car rien n'oblige le Nord à faire cette guerre au Sud, et rien de bon ne peut en résulter.

On a tort de croire que le pays est riche. En réalité, c'est une des nations les plus pauvres du monde ; son crédit est très limité chez elle-même, comme chez les autres. Elle est toujours en dette: elle ne pourrait pas liquider sans se mettre en banqueroute. Son numéraire s'élève peut-être à 250 millions de dollars dont au moins 100 millions sont au Sud. Tout ce qui vient de la Californie appartient en majeure partie à l'Europe.—Du moment que le mouvement des affaires et du crédit s'arrêtera, le pays ne pourra pas marcher sans tomber dans une faillitte génerale, au détriment de l'Europe, et de ceux qui possèdent dans le pays. La guerre ne peut donc durer longtemps, car aussitôt qu'il y aura assez d'intérêts lésés, chacun voudra la paix, et cela ne peut tarder bien longtemps.—Cette guerre n'a plus le caractère national, ni les simples conséquences d'une guerre avec l'étranger ; — c'est le bras droit qui se bat contre le bras gauche. Toutes les forces étant employées à la fois, rien ne viendra les alimenter : elles se neutraliseront naturellement, en s'épuisant d'un côté comme de l'autre. Le Sud a, cependant, l'avantage d'être sur son terrain, avec des ressources à puiser d'Europe, au moyen de ses produits agricoles, que rien n'arrête : la culture ne souffre ni de la guerre, ni du blocus.

On s'est plû au Nord à compter sur plusieurs auxiliaires pour réduire et subjuguer les Etats séparés :

On espère sur l'efficacité du blocus pour mettre la famine dans le pays et faire révolter les noirs.

On croit qu'une partie de la population ira au-devant des assaillants, pour les aider dans leur œuvre d'envahissement. Puis, on s'imagine que l'Europe est antipathique au Sud, et qu'elle préférera sacrifier ses intérêts plutôt que d'établir des relations commerciales avec les Etats à esclaves. Le gouvernement de Washington a, il est vrai, prévenu l'Angleterre et la France, pour qu'elles aient à se tenir droites ! sans contre-carrer ses desseins vis-à-vis des rebelles !

Voici ce qui peut se répondre à ces calculs risqués et à cette fière attitude :

Un pays, essentiellement agricole, dont le sol fertile produit les matières les plus riches, telles que le coton, le tabac et le sucre peut-il jamais être stérile de denrées alimentaires ?

Il suffit de jeter les semences au vent pour faire des récoltes en quelques mois, qui pourraient suffire au point d'en faire de l'exportation. Et certes, rien ne peut manquer pour attendre ces abondantes récoltes : le Texas, lui seul, a des grains et des bestiaux en suffisance pour nourrir toute la Confédération, s'il n'y avait déjà pas les Carolines ! Si, jusqu'ici, les Etats du Sud ont fait des échanges contre les denrées alimentaires de l'Ouest, c'est que l'harmonie du commerce et leurs intérêts s'y trouvaient satisfaits. Le Nord peut donc défalquer la famine et la révolte des Noirs de ses charitables calculs, les nègres sont, du reste, loin de songer à les satisfaire, car plusieurs régiments d'hommes de couleur sont montés et prêts à tirer sur les abolitionistes, comme ils ont déjà tiré sur les Anglais en 1815.

Quant aux produits destinés à l'Europe, il n'est pas probable que celle-ci consentira, au mois de septembre, à s'en passer, pour laisser ses nombreuses populations industrielles sans travail, et la hausse se produire au détriment de ses peuples.—Le coton, le tabac, le riz, lui sont absolument nécessaires, et elle viendra probablement en chercher contre vents, marées et blocus, et aussi malgré la défense du cabinet de Washington. Si l'Europe doit être antipathique à une institution américaine quelconque, ce n'est pas à celle de l'esclavage, qui l'enrichit et la fait vivre : c'est, avant tout, à celle du tarif Morrill, qui lui fait tort et qui pèse si fort sur son industrie !

Une nation bien ordonnée, comme le sont toutes celles de l'Europe, marche sur quelques points principaux, dont les premiers sont : L'intérêt commercial, la politique d'amitié, autant que possible, avec les contrées lointaines ; puis, l'humanité pratique lui fait d'abord envisager le sort de son peuple, avant de s'occuper de celui des autres, noirs ou jaunes.

Quand il n'y a pas de raisons morales trop fortes, c'est toujours l'intérêt matériel qui fait le pivot de l'humanité. On verra donc les sympathies de l'Europe là où seront ses intérêts.—Le Sud n'a rien qui puisse raisonnablement s'opposer à la sympathie de l'Europe ; au contraire, le premier pas de tout gouvernement habile, d'une nation industrielle, est d'établir son influence dans les pays agricoles, surtout quand cette nation professe le libre-échange !

L'Angleterre nous a enseigné cet art depuis longtemps ; c'est à elle aussi qu'est due l'invention des théories humanitaires, pour son exportation exclusive aux Etats-Unis, ses cousins. Elle leur a conservé, ainsi, une sorte d'affection de famille. —C'est ce reste d'intérêt pour ses anciens colons, qui lui a inspiré l'heureuse idée de leur jeter l'abolitionisme dans les jambes. On vit alors une chose rare ! Pour la première fois, on vit la Nouvelle-Angleterre d'accord avec la vieille mère-patrie : c'était pour faire de la discorde. Ils devaient s'entendre, mais dans un but d'intérêts bien différents !

La Nouvelle-Angleterre croit peut-être que les Anglais veulent réellement l'abolition de l'esclavage ! si elle comprenait combien le bruit de ses machines donne sur les nerfs d'Albion ; si elle sentait l'effet de la concurrence commerciale et maritime que lui fait cet effronté Yankee, sous la protection de son démocratique tarif; la Nouvelle-Angleterre, enfin, si elle comprenait tout cela, pourrait se rendre compte des vues politiques du cabinet de la Grande-Bretagne. Abolitioniste ! Si l'Angleterre veut la l'abolition de quelque chose aux Etats-Unis, ce n'est certainement pas celle de l'esclavage; au contraire, le Nord s'en apercevra bientôt.

Il reste à faire justice de la plus absurde des erreurs du Nord, c'est celle de croire que les populations du Sud vont dire : " nos amis les ennemis," aux soldats envahisseurs, et les acclamer avec joie comme des libérateurs. La vérité est, que la Confédération a deux cent mille hommes en activité, et qu'elle en a trois cent mille autres sur le pied de guerre répartis partout dans le pays, et prêts à marcher au premier appel, pour défendre le sol et l'indépendance, jusqu'à la dernière extrémité.— Les hommes du Sud sont des soldats, de fins tireurs, et non des mercenaires besogneux; et s'il était possible anx armées du Nord de détruire cette solide armée, elles trouveraient encore derrière celle-ci une guerre de résistance à mort, faite par les nombreuses réserves civiques. Plus, une guerre de chouans, faite par les vieillards, les femmes, les enfants, et voire même par les nègres eux-mêmes ! L'occupation militaire du Sud est impossible : les hommes et le climat le défendent. L'unanimité est complète pour défendre à tout prix l'indépendance, le sol, le foyer et la famille. Les armes, les équipements et tout les moyens de défense ne manquent pas.

L'auteur n'exagère pas la vérité, comme on pourrait le croire. Sur le long parcours qu'il a fait, en apportant beaucoup d'attention sur l'attitude et les sentiments des populations des Etats séparés, il a pu se convaincre que le sentiment le plus unanime et le plus sincère règne partout en faveur de la cause commune.

Des villes et des campagnes abondent des légions de volontaires tous bien armés, bien équipés et bien organisés. Ces soldats sont tous animés d'un profond dévouement et d'un grand sentiment de patriotisme : ils ont la conviction qu'ils vont remplir un devoir sacré, et faire un grand sacrifice national à la patrie. Le Sud a fait ainsi la découverte importante du degré de sa force !

En voyant marcher à la frontière ces nombreux régiments de vaillants hommes avec calme et détermination, un Français ne peut s'empêcher de reporter sa pensée vers les phalanges républicaines de 92, courant à la frontière culbuter les envahisseurs de la France, à Jemmapes, en chantant la Marseillaise et la victoire sur le champ de bataille !

La cause du Sud est juste; tout un peuple ne se trompe pas. D'ailleurs, on l'attaque, il n'en faut pas davantage pour la justifier. Le succès ne doit pas lui manquer.

Le Sud ne pouvait, ne devait pas se laisser lier par des ennemis déclarés, acharnés, qui, étant au pouvoir, devaient le mettre hors d'état de faire valoir le moindre de ses droits. Il faut connaître le sentiment du peuple au Nord, et la force de l'esprit de parti chez les républicains pour se rendre bien compte de la position des Etats séparés. Ils n'avaient pas d'autre parti à prendre, et on saura gré plus tard aux patriotes de l'avoir fait.

L'Union n'était pas possible entre les deux sections : elles n'ont jamais été faites pour être associées, du moins, de la manière dont on avait fait leur association.—On se plaît trop à trouver des torts dans les détails et les hommes, quand le point primordial qui fait le litige est, avant tout, dans la nature respective des deux sections, ou du moins, dans la position que l'économie politique leur a faite. Il est évident, que le Sud ne cherchait les territoires que pour y puiser des renforts contre la guerre qu'on lui faisait au Congrès depuis si longtemps. Ce n'était pas pour accroître sa richesse territoriale, vu qu'il n'arrive pas à exploiter tout ce qu'il en a, à beaucoup près.—Si on ne lui avait pas imposé de tarif, si on ne lui avait pas fait la guerre au Congrès, dans ses droits constitutionnels, si les lois locales n'étaient pas venues le harceler, l'humilier, et lui faire tort sous toutes formes et de toutes les manières, on ne verrait pas les conséquences qui signalent aujourd'hui une scission inévitable et irréparable, quelque soit les résultats définitifs de la guerre.

TROISIEME PARTIE.

> " Dixitque dominus deus : Benedictus Sem sit, Chanaan servus ejus."
>
> " Et le Seigneur a dit : Que Sem soit béni, Chanaan sera son esclave."
>
> (GENÈSE, Chap. IX, verset 26.)

SUR L'ESCLAVAGE.

I.

Tout porte à croire qu'il n'y a jamais eu sur la terre qu'un seul homme qui fut vraiment libre.—Ce fut le premier qui sortit des mains du Créateur. Du jour où le deuxième est arrivé, l'opposition commença : ils n'eurent plus tous deux qu'une liberté relative à la volonté où à la force de chacun. L'homme a dû perdre de sa liberté naturelle, en raison de l'accroissement de la population qui a formé la société. — Les hommes n'ont donc aujourd'hui que des libertés.—Ils ont consenti à faire l'abandon d'une partie de leurs droits naturels, en échange de certains droits de convention, dits droits protecteurs et légaux. C'est ainsi que s'est étayée la société, et cela devait être avec le progrès de la civilisation.

La liberté n'existe donc pas dans l'intégrité de l'étendue que comporte son mot : il n'y a que des libertés relatives à l'intelligence, à la sagesse et aux lois des hommes.—La conservation de la société exige cet échelonnement, d'ailleurs ordonné par la nature. Aujourd'hui, même, où la société est solidement assise, et où la civilisation est fortement établie, on ne peut, sans danger, donner à l'homme une trop grande dose de liberté. On ne peut dépasser une certaine mesure de libre-arbitre, ni un certain degré de droits naturels ou politiques, sans qu'il en fasse un abus licencieux, et sans l'exposer à retomber dans la voie d'une demi-barbarie.

S'il en est ainsi chez l'homme christianisé, civilisé, intelligent et de race supérieure, que peut-il, que doit-il se passer chez les peuplades sauvages, d'une race inintelligente, sans lumière, sans foi, sans génie ? Qu'arrive-t-il, enfin, chez les Africains ? On ne peut y voir que des scènes d'anthropophagie bestiale, que des guerres destructives, que de féroces barbares, qu'on nomme des humains.

Si ces malheureux êtres font partie de la famille humaine, la race des hommes supérieurs, civilisés et forts, n'a-t-elle pas pour mission providentielle, et pour devoir naturel, de prendre cette race arriérée sous sa tutelle ? La civilisation n'ordonne-t-elle pas d'amener ces créatures déshérités dans le giron de la religion chrétienne ? De les admettre enfin dans le centre civilisateur qui donne le bien-être moral et matériel ?

La société a compris son devoir envers l'humanité, envers la chrétienté, comme envers elle-même. Elle a retiré une partie de cette race, disgraciée par la nature, d'un milieu de barbarie, pour lui donner l'accès d'une position et d'une existence heureuses, comparativement à sa condition indigène. En retour des bienfaits de la race blanche, la race noire lui donne ce qu'elle peut donner, le privilége de l'emploi de ses facultés physiques; elle lui donne son travail compensateur. C'est un échange où les deux races trouvent leur mutuel avantage, et leur bénéfice commun. La morale et la justice ont-elles réellement quelque chose à souffrir dans cette transaction ? Que le bon sens et la vérité, seuls, soient consultés avant de répondre.

II.

Lorsque le vénérable et pieux de Las Casas, secrétaire du gouverneur de l'île de St. Domingue, et plus tard évêque de Chiapa, au Mexique, lorsque cet apôtre de l'humanité chrétienne et pratique, introduisit, en 1503, le premier nègre, à titre d'esclave, sur le continent américain, il le fit certainement moins dans un but d'intérêt matériel, que dans un but d'intérêt moral pour le christianisme. — Il obéissait d'ailleurs aux sincères sentiments de philantropie, dont il a laissé tant de nobles preuves, tant de beaux exemples.

Son projet et son but s'inspirèrent avant tout du catholicisme civilisateur. Il est au moins pénible de voir des philosophes, dits humanitaires, vouloir bien consentir *à excuser, à justifier* la conduite du St. Vincent-de-Paul des sauvages !

On a accusé, sans fondement, disent-ils, le grand philantrope des Indiens, d'avoir, le premier, fait la traite des nègres !

C'est ainsi que la perversion dans le langage cherche perfidoment à pervertir l'esprit d'une bonne action !

Le préjugé sur la traite, est aussi faux que fatal. On déshonore aujourd'hui avec ce mot, ce que l'on honorait, il y a trois siècles, comme un acte d'humanité, comme un moyen civilisateur. Il est triste, révoltant même, pour ceux qui connaissent la nature de l'esclave, et l'application de l'esclavage dont il s'agit, d'entendre les humanitaires ou intéressés, ou ignorants dans la question, crier à l'abomination, et pousser ainsi à la destruction, à la souffrance, des humains blancs, qui sont indignes, sans doute, de la même sympathie qu'ils prodiguent aux humains noirs! Que l'on montre au moins une bonne fois le prétendu malheur de l'esclavage? On en a donc bien souffert sur la terre ? Les blancs et les noirs sont donc bien malheureux, bien à plaindre dans le résultat ! On voit aujourd'hui, en bénéfice net chez les noirs, plus de dix millions d'individus qui, nés sauvages, sont relativement civilisés : on les a christianisés, relevés, et nourris moralement, aussi bien que matériellement. On en a fait enfin des hommes réels, de là où ils n'étaient que des hommes équivoques ! Les lacunes de leurs facultés se comblent ; leur développement moral s'accroît tous les jours par le frottement de la race supérieure, qui veut bien lui communiquer les qualités de l'homme digne de l'être. Peut-on nier la vérité de ce résultat ?

Peut-on le dénaturer par les grands mots sonores de la fausse philosophie ?

Du côté des blancs, on voit aujourd'hui les deux continents principaux, qui, par l'agence des produits du travail des nègres, ont pu établir des échanges réciproques, d'où il ressort : l'harmonie du commerce, le bien-être, et le progrès des peuples, qui, ainsi se rendent solidaires, pour marcher ensemble vers les améliorations communes du sort de toutes les races, de l'intelligence de toutes les classes. L'Amérique ne vit-elle pas en partie de l'Europe, et *vice versa* pour l'intelligence et la matière ?

Tout cela est donc bien pénible à voir, pour les philantropes ? Il y a trois siècles, on consultait la raison, avant d'écouter les faux principes : la traite des nègres fut approuvée et patronisée par Charles-Quint, d'Espagne, par Léon X, de Rome, par la reine Elisabeth, d'Angleterre, et par le roi Louis XIII, de France ; de Las Casas, le bienfaiteur de l'humanité, y contribua en tout ce qu'il put. La religion civilisatrice, y vit de nouveaux chrétiens à faire ; la société y trouva des travailleurs, pour l'aider dans ses progrès ; et les nègres y rencontrèrent leur délivrance corporelle, avec la lumière intellectuelle.—Leur intelligence sans génie, s'est échauffée par la friction de l'intelligence caucasienne, qui l'entraîne forcément à sa remorque. Tout le monde en général y a gagné, jusqu'à présent, à l'exception cependant des nombreuses familles qui ont été massacrées à St. Domingue, par les noirs revenus à leur instinct féroce, sous la charitable instigation des amis de l'humanité ! Personne, autrement, n'a à souffrir de l'esclavage ; toute l'humanité y trouve son avantage réel, palpable, incontestable. Mais "*périsses l'univers plutôt qu'un principe.*" Mot creux et de fantaisie, que l'on remplit, à volonté, comme un ballon, avec le vent des phrases bizarres, incompréhensibles, et qu'on expédie aux peuples crédules et ignorants, qui l'acceptent comme quelque chose de superbe pour leur bonheur ! Un jour viendra, cependant, où ils s'apercevront qu'on les fait tourner dans un cercle vicieux, ces bons peuples, qu'on les fait lutter contre eux-mêmes, en luttant contre la nature et la vérité pour la satisfaction de quelques démolisseurs sociaux. L'égalité, l'abolitionisme, le communisme, le droit au travail, c'est-à-dire *à la propriété*, etc., etc., sont des ballons empoisonnés, qui s'abattent sur les masses aveugles. Il est grand temps d'en faire justice par les armes de la raison, du bon sens et de la vérité. Tout homme qui tend à la démolition radicale d'un ordre de choses établies est dans le faux. Tout homme qui recherche l'amélioration pratique en restant sur la base naturelle du fait, est dans le vrai. Il ne se trompera que dans les formes, s'il se trompe jamais. L'autre bouleverse sans pouvoir rebâtir, il fait du chaos, il détruit et perd tout à jamais.—Les massacres de St. Domingue en sont la preuve chez les noirs, comme ceux de 1848 chez les blancs d'Europe.

III.

Tout le monde sait que les nègres sont adonnés dans leur pays au fétichisme le plus grossier.—Ils vivent en sauvages, et ils s'entre-dévorent par des luttes continuelles de tribus à tribus. Les vaincus sont rôtis et mangés, ou bien vendus. Aussi les acheteurs sont-ils reçus plutôt en libérateurs qu'en traitants par les tribus enchaînées.

Ces peuplades sont polygames et très fécondes. Elles seraient excessivement nombreuses, si tous les enfants vivaient; mais, quoi qu'étant au milieu d'un des sols les plus fertiles, la paresse et l'incurie des parents les laissent périr dans la plus hideuse négligence.—Cet état d'apathie les mène à l'idiotisme sauvage : ils restent toute leur vie de grands enfants. Ils n'ont pris de notre civilisation que ses vices : les pères vendent leurs enfants et leurs femmes pour de la verroterie et du rhum. On les trouve depuis des siècles dans le même état de dégradation; ils vivent et vivront toujours là dans une bestiale paresse, ornée de la malpropreté et de l'indigence des plus abjectes.

C'est sur tout le long du Niger,-que l'on voit les nègres les plus robustes, vivre dans cette pauvreté volontaire : ils restent là nus, couchés, sommeillants toute la journée. Ils ne se donnent de peine que pour ne pas mourir de faim !

Cette inertie ne les abandonne jamais complètement, même parmi les civilisés en Amérique. C'est ainsi que l'on a constaté aux Etats-Unis, que la mortalité chez les nègres libres est de beaucoup plus considérable que chez les esclaves.—C'est l'œuvre de l'incurie.—Le noir libre ne travaille en général que pour soutenir sa misérable existence, au jour le jour, sans le moindre souci du lendemain. S'il en avait la facilité, il demanderait à la maraude de quoi vivre, afin de rester dans l'inaction le plus possible. Certains Etats du Nord ont dû prendre des mesures rigoureuses contre le danger de l'agglomération des nègres dans leur milieu : il y a plusieurs de ces Etats où le nègre est repoussé ; le sol lui est interdit légalement. Les Africains sont singulièrement superstitieux, et naturellement fort peu sensibles à la douleur physique ou morale. Ils ont des supplices atroces dans leurs cérémonies religieuses; ils font des sacrifices d'hommes à leurs fétiches et au despotisme absolu qui les régit : on massacre des tribus entières. Un chef en mourant entraîne la mort de plusieurs centaines de sujets, qui doivent l'accompagner et l'escorter dans l'autre monde. Le roi Dahomey, consomme pour lui seul et sa famille, des milliers d'hommes chaque année, que l'on assomme pour marquer simplement le fait de son autorité. Cependant, depuis que ce despote sauvage et féroce peut vendre ses sujets, il en tue beaucoup moins.

Les anatomistes les plus célèbres s'accordent à trouver chez le noir une infériorité physique et mentale, très prononcée, relativement aux blancs. La race africaine a des tendances manifestes vers la forme quadrumane. Les facultés intellectuelles des nègres restent à l'état latent, tandis que leurs organes se développent dans des proportions athlétiques. Ils sont supérieurs en force physique au blanc, en raison de leur infériorité mentale vis-à-vis du même. Ils ne dépensent rien par le cerveau.— La pensée y est très bornée et l'idée leur manque.

Il faudrait donc en conclure que la famille humaine n'est pas une ? Dieu aurait donc créé des inégalités de races en créant l'espèce humaine, comme il a mis des inégalités d'intelligences dans les catégories ?

La race caucasienne est donc la supérieure de toutes les races ; ce qui fait sans doute qu'elle en est aussi la dominatrice ? Tout vient à l'appui de l'affirmative. Malgré toutes les théories et toutes les hypothèses qui veulent absolument faire une égalité absente dans la nature, on ne peut pas nier le fait patent et visible, il faut s'y soumettre. La vérité ne repose pas sur les sentiments humains, quelques généreux qu'ils peuvent être : elle ne peut pas sortir du positivisme des faits naturels. Il est donc inutile de se cabrer l'esprit contre une chose que personne ne peut changer, ce serait se leurrer volontairement. Toutes les philosophies, tous les systèmes qui n'ont pas la nature pour base, ne peuvent qu'être faux, ne peuvent qu'égarer les esprits, et propager l'ignorance.—S'il ne suffisait aux hommes que de vouloir être généreux, pour pouvoir décréter l'égalité universelle, il est très probable que les égalitaires protesteraient les premiers contre le décret !

Personne, heureusement, n'a le pouvoir ni le droit de contrecarrer les décrets du Créateur : il faut accepter ses œuvres, telles qu'il les a données : la critique de l'homme n'y changera rien. Ils peuvent confectionner tous les systèmes possibles, ils peuvent inventer toutes les religions imaginables, ils ne renverseront pas le système de la nature immuable, ni la religión de la vérité éternelle.

La race noire est donc inférieure à la race blanche : elle est incomplète au morale, disgraciée au physique, mais elle est susceptible d'une certaine mesure progressive d'amélioration ; elle peut se civiliser et jouir des bénéfices de la race supérieure dans les proportions de ses facultés.—Ceci posé et admis, il faut se faire cette question : Cette race s'améliorera-t-elle, se civilisera-t-elle toute seule dans sa sauvage Afrique ? Parmi ses concitoyens barbares, anthrophages, cela n'est pas possible; donc, il faut que la race blanche remplisse sa mission; il faut qu'elle aille atteindre la race noire dans ses forêts, au milieu de sa barbarie; il faut qu'elle la prenne par la main, qu'elle l'amène dans sa civilisation, qu'elle la nourrisse et la transforme de manière à la rendre digne de faire partie de la grande famille civilisée, en la faisant contribuer par le travail régénérateur à la marche de la société, qui veut le bien-être de tous : — c'est une loi naturelle, c'est un devoir social.

On arrive à ce résultat par l'intérêt de chacun, qui fait pivoter l'humanité générale de tous. C'est avec le jeu de la nature humaine de l'homme que ce travail s'opère. Il importe très peu au fond, que ce soit l'intérêt particulier qui ait donné l'impulsion à ce mouvement de civilisation : la somme du résultat général n'a rien à voir dans les sommes d'intérêts partiels qui l'ont créée. Du moment que l'intérêt de tous y trouve son compte, l'opération est bonne pour chacun : les individus sont les molécules du corps social.—Celui-là satisfait, tous doivent l'être.

Que veut-on faire ? que peut-on vouloir de plus ? Bien des personnes répondront à cette question, que l'on devrait arriver aux mêmes résultats à l'endroit des sauvages africains, sans les rendre esclaves, sans les forcer au travail. Ce serait, ajouteront-ils, du vrai désintéressement, de la véritable humanité, marchant sur le sentiment, au lieu de marcher sur l'intérêt.

Dans la théorie abstraite du sentimentalisme, ce serait vrai, peut-être; mais, dans l'application pratique, ce serait faux, vu que le fait de cette application n'aurait jamais lieu. Cette théorie aurait certainement pour résultat d'entendre dire : plaignons les nègres dans leur barbarie, mais laissons-les crever dans leurs misères; regrettons l'absence du progrès que leur travail procurerait à la société, mais nous ne pouvons pas y suppléer; nous ne sommes pas faits pour ce genre de travail.—Voilà le résultat du sentimentalisme, le sort des théories qui ne satisfont pas les intérêts, c'est de n'être jamais appliquées. Aussi on ne risque rien d'en faire ! Et on ne s'en prive pas !

Combien trouvera-t-on d'individus assez désintéressés, qui consentiront à entreprendre de faire par générosité ce que les intérêts ont fait faire de progrès, au moyen de l'esclavage seulement?

Il n'y a que les Apôtres de l'Evangile, — il n'y a que le christianisme qui ait fait preuve d'un dévouement capable d'obtenir ce résultat désintéressé. Mais sa puissance d'action n'était pas assez forte, il s'est adjoint la puissance des intérêts, et c'est ainsi que l'esclavage fut adopté comme seul et unique moyen pratique d'obtenir les grands résultats, que l'on se plaît trop à ne pas voir, que l'on a l'ingratitude de méconnaître, en Europe comme ici. Il est démontré par les faits éternels de chaque instant, que l'amalgame des défauts et des qualités de l'homme, est le plus sûr instrument pour réussir à réaliser les grands bénéfices civilisateurs. On ne les obtiendrait certainement pas avec l'aide de ses qualités isolées de leurs défauts, car ce serait probablement la négation de l'action.

Il faut donc se résigner à faire de l'humanité avec ce qui n'en est pas, selon les abstractions chagrines, c'est-à-dire avec la nature humaine telle qu'elle est. C'est l'égoïsme de chacun qui fait qu'en recherchant son bonheur particulier, il produit naturellement le bien-être de tous,—sans s'en douter peut-être. S'il en était autrement, rien ne marcherait, il ne se produirait rien pour personne au-delà du strict nécessaire. Ce serait l'état du sauvage, qui maintient son existence avec ce que la terre veut bien lui donner sans ses efforts.

Jusqu'à ce qu'on ait trouvé le moyen de faire une nouvelle humanité, la vieille restera toujours ce qu'elle est, et tout ce que l'on fait ne l'empêchera pas de marcher, quoi qu'à vrai dire elle tourne beaucoup plus sur elle-même qu'elle n'avance, grâce, sans doute, aux efforts des théoriciens humanitaires!

IV.

Après avoir traité la question de l'esclavage au point de vue philosophique, il convient de l'envisager sous son caractère politique. On ne peut guère définir en quoi on trouve tant à se plaindre de l'esclavage, quand il n'en ressort que des avantages pour le monde et le progrès général. En effet, il semble que la nature ait mis des gradations de race, exprès pour faire l'harmonie universelle des hommes. Mais en tout, et quand même, l'homme trouve toujours à faire de l'opposition. C'est ce besoin d'opposition et de luttes continuelles qui arrive à forger des divergences, non-seulement d'opinions, mais d'intérêts.

C'est cette divergence d'intérêts, qui mène à tout. Seulement dans la question de l'esclavage, c'est la lutte de l'intérêt sectionnel qui veut prévaloir sur l'intérêt général, et cela sous divers prétextes hypocrites.

L'Américain du Nord, dont l'esprit d'absorption fut de tout temps le fond du caractère, a tout fait pour obtenir l'agrandissement des Etats-Unis vers les régions du Sud, dont la culture demande le travail des esclaves. Après s'être adjoint la Louisiane, la Floride, le Texas, le Nouveau-Mexique, et autres territoires très vastes, il lui prit la fantaisie d'interdire aux hommes du Sud leur admission dans certains territoires, avec leurs propriétés, malgré leurs droits constitutionnellement réservés, comme à tous les autres citoyens.

Les Etats du Nord prétextèrent l'immoralité de l'esclavage, qui, disaient-ils, dans une terre libre, déshonore l'humanité ; ils prétendent maintenant que les Etats-Unis et les territoires sont faits avant tout pour les blancs, et que le contact des noirs leur est odieux : donc, que les nouveaux territoires doivent être interdits à l'admission des propriétaires, à cause de leurs esclaves. — Un faux principe entraîne logiquement de fausses conséquences ; ainsi, d'un côté, les abolitionistes prétendent que le nègre doit être exclu des territoires, et, de l'autre, que leurs sentiments d'humanité et de fraternité les poussent à vouloir l'affranchissement de ces frères odieux ! Puis, viennent les lois locales, qui empêchaient les propriétaires de reprendre leurs esclaves fugitifs ! On peut se faire une idée des luttes parlementaires qui durent surgir d'une pareille prétention, — d'une pareille comédie de sentiments, démentis à chaque pas. Le Sud visait moins aux domaines territoriaux qu'à établir et étendre son influence politique dans certains territoires, afin qu'à leur admission dans le sein des Etats-Unis, il put y puiser des renforts parlementaires en envoyant des représentants dévoués aux intérêts de la contrée. Au point de vue politique et constitutionnel, le Sud était dans son droit. La Constitution est une pour tous ; le nègre y est reconnu comme propriété inviolable. Son maître devait donc pouvoir l'emmener là où ses droits de citoyen l'autorisaient à aller s'établir ; sauf à la population de l'Etat, dans un temps donné, à décider, par la souveraineté du vote, si l'esclavage doit être ou non admis. Le Nord prétendit avoir le droit de détruire cette latitude légale de la Constitution tout comme ses prêtres qui, encouragés par l'exemple, profitent de l'occasion pour faire de la théocratie. Ils prétendent aussi, à leur tour, avoir le droit de détruire les latitudes des lois divines ! Ils confectionnent des doctrines, dites les plus hautes lois, qui ordonnent aux chrétiens de courir sus aux gens du Sud ! On peut bien penser qu'avec ce système de destruction, légal et divin, on peut aller à l'infini et à la division du monde !

C'est ainsi que s'explique l'intrusion de la religion dans la question politique et le succès de l'abolitionisme. — Les hommes du Nord l'ont prise comme auxiliaire pour servir leurs intérêts, qui sont comme il a été dit : le maintien absolu des tarifs élevés; l'absorption des territoires sous leur influence, afin de cerner et rapetisser le Sud de plus en plus, de manière à ce que jamais le libre-échange n'ait lieu. L'esclavage est le prétexte humanitaire de cet égoïsme destructeur. Le tarif nouveau, dit de Morrill, est l'œuvre la plus absurde du monde. Il sera une source de troubles pour le Nord lui-même, après la paix.—Ses défectuosités pratiques ravalent de beaucoup la valeur des hommes qui l'ont adopté, et à qui l'on prête la réputation d'être des hommes d'affaires et d'Etat. Il est vrai de dire que ce tarif a été payé pour être escamoté à la hâte sans examen. Le Congrès l'a voté en l'absence de tous ceux qui s'y pouvaient opposer, et qui s'étaient retirés avec la sécession de plusieurs Etats.—Tant que le parti démocrate, qui était en fait le parti national, en raison de son étendue sur toute la surface des Etats-Unis, tant que ce parti est resté au pouvoir, toutes ces divergences d'intérêts ont pu rester attachées, quoique d'une manière bien filandreuse. Mais cette fragile ressource devait se heurter, se briser naturellement avec un parti sectionnel, anti-constitutionnel, anti-national, tel que l'est le parti républicain.

En effet, comment comprendra-t-on qu'une partie d'un pays aille s'attaquer, s'acharner à la destruction de l'autre partie, qui, cependant fait la richesse et la puissance du pays entier ? Il y a des moments où certains peuples se vicient le jugement, ferment les yeux à plaisir, et agissent comme s'ils étaient frappés de folie. Le Nord est dans une de ces crises fiévreuses qui aveuglent et font commettre des crimes. Il aura bien de la chance s'il en sort avec tous ses membres et toutes ses libertés intacts !

" Si paupertate vendiderit tibi se frater tuus, non eum opprimes servitute famulorum."

" Si la pauvreté réduit votre frère à se vendre à vous, vous ne l'opprimerez point par la même servitude que vos esclaves."

(LEVETIQUE, chap. XXV, verset 29.)

" Et de advenis qui peregrinantur apud vos, vel qui ex his nati fuerint in terrâ vestra hos habebitis famulos."

" Vous aurez aussi pour esclaves les étrangers qui sont venus parmi vous, ou ceux qui sont nés d'eux dans vos pays." (Verset 45.)

" Et hereditario jurè transmittetis ad posteros ac possèdibitis in æternum."

" Vous les laisserez à votre postérité, par droit héréditaire, et vous en serez possesseurs pour toujours."

(LOIS DE MOÏSE.)

V.

La race américaine des peaux rouges est supérieure à la race africaine. Elle est réfractaire à la servitude ; sa nature fière et rude s'oppose à la domination civilisatrice du blanc. A celle-là, qui est relativement intéressante, et qui sait défendre ses droits, les coups de fusils et la chasse, comme bêtes fauves! Voilà ce que les humanitaires lui donnent ; mais pour le noir abruti, incapable, les plaintes, les sermons et les coups de canon aux blancs! La race rouge reste dans son état originel. Elle vit isolée, et décroît sensiblement dans sa population. Elle refuse l'identification; aussi il est probable qu'elle disparaîtra d'entre les peuples du globe ; elle s'éteindra en restant en dehors du croisement et du mouvement général, qui fait la vie des races comme celle des individus; tandis que la race africaine se fusionnera, avec le temps, dans les autres races. Dans un temps donné, l'Afrique sera complétement envahie, comme l'Amérique l'a été, par les blancs. La civilisation cernera et étouffera graduellement la barbarie, en absorbant les Africains.

La civilisation peut se représenter par chaque individu qui veut améliorer son sort, et recherche ainsi le bonheur.

E'' brise les barrières, broie les obstacles, pétrit toutes les difficultés dans ses mille rouages, et se sert de tous les éléments pour arriver à son but, qui est de chercher à perfectionner ses progrès, toujours et sans cesse.

C'est ainsi qu'elle retire des êtres humains qui souffrent et meurent dans l'anarchie sauvage, pour leur donner tous les grands avantages qu'offre la société, mais à la condition qu'ils lui garantiront leur travail. Le travail, chez le noir, n'est pas comme chez le blanc, un besoin ou une satisfaction.—Le centre d'inaction d'où le nègre sort a mis la paresse et l'indolence dans son acabit. On ne peut corriger ces défauts qu'avec le temps, et par des transformations régénératrices. En attendant, il faut le forcer au travail. C'est ce qui a obligé l'emploi de l'esclavage comme moyen de garantie. Il n'y en avait pas d'autre, sans sortir de la logique. La praticabilité de l'échange entre le civilisateur et l'être à civiliser l'exigeait. C'est le moyen transitoire, du reste, qui fait sortir le nègre du règne de l'instinct pour le faire entrer dans le règne de l'intelligence, sans laquelle il ne peut pas être un homme.

L'esclavage n'a en lui-même qu'un vice réel : c'est son mot. Ce mot est un épouvantail qui paraît d'autant plus odieux, qu'on est éloigné du fait qu'il représente. C'est ce qui explique pourquoi les Européens, en général, ne sont plus abolitionistes du moment qu'ils ont vu l'application de l'esclavage. C'est ce qui explique, par conséquent, pourquoi les Américains qui professent l'abolitionisme, sont et ne peuvent qu'être de faux abolitionistes. C'est un mot qu'ils exploitent comme tout le reste, sans avoir ni le sentiment, ni la sincérité de leur doctrine. C'est pour eux l'objet d'un calcul, sans mettre en compte les conséquences à défalquer. Le mot esclavage produit une certaine sensation sur l'âme, c'est qu'en effet, il apporte à la pensée d'amers souvenirs. Il a le tort de rappeler les dures vicissitudes traditionnelles de la race caucasienne. Là, encore, nous trouvons que l'esclavage a dû précéder la civilisation. Il semble que la liberté des races soit une profession qui leur impose un apprentissage, comme l'éducation précède l'exercice d'un état. — Il faut que la faiblesse soit élevée par la force, l'ignorance éclairée par la civilisation. Aussi, en prenant la société à son berceau, on trouve que les serviteurs d'Abraham, les Hébreux des Egyptiens, les Ilotes des Grecs et les Servus des Romains étaient des esclaves de la race qui, aujourd'hui, domine le monde. L'esclavage a donc été une filière civilisatrice.

Les Grecs et les Romains avaient fait de l'esclavage une institution politique. Les Athéniens envoyaient des esclaves à la guerre ; la liberté était la récompense de ceux qui s'y conduisaient bien. L'Etat possédait un grand nombre d'esclaves ; on a eu à Athènes jusqu'à 400 mille esclaves, sur 31,000 habitants libres dont une partie n'était que des alliés. Les Romains avaient organisé l'esclavage sur une échelle non moins extraordinaire. Des citoyens Romains avaient jusqu'à 20 mille esclaves. Rome et la Grèce appuyaient la moralité de l'esclavage des hommes de leurs races, en disant qu'il était le prix légitime de la vie laissée aux vaincus. Ayant ainsi des ennemis égaux en courage et en intelligence, la discipline était difficile à maintenir. Ils coururent souvent de grands dangers. Les lois sur l'organisation des esclaves étaient des plus sévères, et les précautions étaient prises à l'extrême pour la sécurité de l'Etat et des citoyens. Aussi, pour un Romain trouvé mort-assassiné dans sa maison, tous ses esclaves devaient périr sans exception. Une minutieuse divisibilité était établie dans les travaux des esclaves, afin d'éviter tout point de contact et de réunion. La mort d'un esclave à Rome était une chose insignifiante, et n'était même pas considérée comme une perte. Elle devenait même l'objet d'un plaisir pour certains Romains ; ils faisaient quelquefois décapiter des esclaves ou en faisaient jeter de vivants aux murènes de leur vivier. " *Servus homo non est* ": Un esclave n'est pas un homme, disaient-ils.

Si tel était l'esclavage chez les anciens civilisés, il faut reconnaître que le progrès de nos jours n'est pas mince. L'esclavage des noirs, race inférieure, n'est plus rien devant l'esclavage des blancs, race égale, aux maîtres d'alors. C'est donc plus qu'un progrès, c'est un bonheur relatif pour les nègres d'aujourd'hui.

L'esclavage, chez les anciens, était le fruit de la guerre. Il n'avait rien de fixe, rien de dégradant chez des nations guerrières de mêmes races, qui s'absorbaient tour à tour. Il ne pouvait pas être de longue durée : il n'avait pas sa raison d'être, comme une cause ou un moyen de civilisation, au contraire ; la race caucasienne, Dieu merci, n'a jamais été sauvage.

On fait donc sortir, de nos jours, par l'esclavage les noirs de la barbarie, tandis que les prisonniers blancs y entraient, en sortant de la liberté.

Le christianisme a trouvé dans son génie, et ce sera son éternelle gloire, le moyen d'améliorer le sort des deux races par des méthodes opposées. La race caucasienne lui doit sa délivrance ; il a brisé ses fers et l'a rendue à sa dignité naturelle en lui rendant sa liberté. La race africaine lui devra d'avoir trouvé sa civilisation, sa foi et son élévation vers les êtres supérieurs, en passant par l'esclavage, filière inévitable, mais tellement adoucie par les mœurs chrétiennes, qu'elle n'a plus aujourd'hui rien de dur que son nom ! Le mot seul est le vice de l'esclavage des noirs en Amérique. On assimile à tort, sans s'en douter, la race africaine, avec sa propre race, avec sa propre nature, on l'a voit souffrir là où l'on souffrirait soi-même. C'est de là que vient l'erreur principale. Les âmes généreuses voient dans l'esclavage des noirs les mêmes douleurs, la même dégradation, que les traditions rapportent de l'esclavage des. blancs. Ce premier sentiment est honorable et chrétien, sans doute, mais il n'en est pas moins le fruit du mirage, et d'une générosité mal employée. Les nègres ne souffrent pas, et ils ne sont nullement plus dégradés, plus maltraités, dans leur état d'esclaves, que les ouvriers blancs dans l'état de prolétaires libres. L'imagination, qui toujours se plaît à transporter au loin les vapeurs de la sensibilité, fait croire à des misères bien cruelles, bien amères. Chez les noirs, ce sentiment vaporeux augmente d'intensité, souvent à notre insçu, dans la proportion du carré de la distance qui nous sépare de ces maux illusoires, et cela d'autant plus que notre éducation première est faussée par des rapports exagérés sur la position des nègres. Ainsi, le cœur se soulève à la pensée que bien loin sont de malheureuses créatures humaines, enlevées à leur patrie, entraînées en Amérique, qui marchent d'un pas chancelant au travail forcé, par les coups de fouet d'un homme bien féroce, bien impitoyable, qui se rit des pleurs amers et des chairs pantelantes de l'esclave suppliant. Puis, on se représente en soupirant, une mère alarmée, folle de douleurs de l'enlèvement de son enfant, que l'on vient d'arracher de ses bras pour le vendre et l'emmener pour toujours ! On repaît sa douleur à l'idée qu'une jeune fille, timide. douce et belle peut-être, est tout à coup ravie aux caresses d'une mère, à l'orgueil d'un père ! pour être vendue et devenir la proie du premier enchérisseur venu !

Le tableau déchirant que l'on se fait ainsi, avec tant de complaisance, est en effet de nature à émouvoir les âmes sensibles. Seulement, s'il arrive que l'on puisse un jour comparer la réalité avec cet effet de mirage, on trouve bientôt que tout cet échafaudage de douleurs imaginaires est tout bonnement un leurre sentimental qui frise le ridicule. Car tout y est faux ; on a été dupe de fausses impressions ; on a subi l'influence de l'erreur mise en charité.

Il est vrai que ce sentimentalisme larmoyant a pu être bibliquement provoqué dans ces dernières années par Mme Harriet Beecher Stowe, en livrant son ridicule martyr d'Oncle Tom en pâture à la fausse sensibilité, à l'ignorance. Cet ouvrage s'adressait d'ailleurs à un public prévenu par des préjugés ou des intérêts de parti pris.

Il entre assez dans la nature humaine d'être porté à toujours voir de grandes victimes d'un côté, pour trouver de grands criminels de l'autre.—En dehors de la pauvreté esthétique de l'original de cette œuvre, on a trompé le monde et faussé l'opinion en leur donnant comme faits un amas d'inventions plus ou moins absurdes. Ce livre insulte à l'humanité et injurie le bon sens. Il déshonore la Bible qui lui sert de manteau, et il ravale les saints Evangiles à divers titres. On a emmailloté le saint Oncle Tom de toutes les vertus théologales, au moyen desquelles on lui fait calomnier les chrétiens du Sud, en voulant prouver qu'ils martyrisent leurs esclaves. Voilà sur quoi roulent les rapports contenus dans ce livre. Que la raison écoute : Oncle Tom est un vieil idiot de nègre qui chante les hymnes du Seigneur pendant que son féroce cornac lui administre une volée de coups de fouet tous les jours; et comme l'évangélique patience de son nègre l'offusque, il applique des acides sur les plaies saignantes du martyr enchaîné qui chante toujours, et quand même, les psaumes de David, ce qui fait jurer le cornac comme un damné furibond. Un autre ange survient, c'est Evangélina, âgée de 4 ans, qui, comme le vieux, est frappée d'illuminisme, et ne parle plus que par des chants ou des silences extatiques, dans le genre de sainte Thérèse. Son papa, qui n'a rien à refuser à une enfant si extraordinaire, qui ne fait que des révélations prophétiques, délivre l'Oncle Tom, en l'achetant coûte que coûte. Après avoir rempli sa mission et fait maintes révélations dans le genre des inspirés et des trembleurs, l'ange retourne au ciel, d'où elle avait bien voulu descendre un moment, en ce bas et méchant monde, pour lui dire son fait et son avenir. Maintenant vient l'esclave fugitif Georges, qui a, bien entendu, toutes les qualités humaines, comme son vieil oncle a toutes les vertus divines. On a tué son chien, son seul ami, par simple cruauté ; il s'en vengera ; il s'en flatte d'abord. Il a laissé, de plus, une femme belle et noble, comme on n'en voit pas, et un fils tout petit, mais chéri comme on en voit peu. Ce sont ces deux êtres que l'on met à la vente.—En raison de leurs qualités respectives, les enchères montent jusqu'à $5000.

Mais la femme se sauve aussi, et va rejoindre son mari, qui se conduit en héros, en se battant contre les chasseurs d'hommes. Il est, du reste, en compagnie d'un sénateur qui se vante d'avoir voté pour le maintien de l'esclavage, mais qui cependant se bat pour le fugitif, et qui lui fournit tout ce qu'il lui faut pour se sauver, ce que le fugitif s'empresse de faire sans sa femme, qui est restée en arrière par accident. Mais celle-ci arrive, malgré tout, au bord de l'Ohio gelé, et dont les glaces se détachent en roulant avec fracas. Rien ne l'arrête : elle s'élance, et de glaçons en glaçons, sautillant avec son enfant, elle aborde de l'autre côté ; si bien qu'elle est sauvée. On avait martyrisé l'Oncle Tom, on n'a jamais pu savoir pourquoi ; mais on avait persécuté le neveu Georges, parce qu'il avait une jolie femme, ce qui fait que celle-ci valait $5000 pour son jaloux prétendant, riche planteur. Tout cela est orné de tous les genres de souffrances morales, en dehors des coups et des chaînes, et de toutes les péripéties de la chasse avec les chiens, et la passion du féroce cornac, qui veut faire souffrir quand même tout ce qui est nègre, pour s'abreuver de vengeance. Toute l'affaire est saupoudrée d'une pincée de toutes les doctrines sectaires de la Nouvelle-Angleterre, avec tous les plus grands mots possibles. Les hymnes, les versets, les prophéties n'en finissent plus dans l'original.—Heureusement pour l'auteur, que les littérateurs d'Europe ont déshabillé cette œuvre des oripeaux bibliques dont elle était empêtrée.

On a pu ainsi rendre cette lecture moins indigeste, moins ridicule, sans cependant en rendre le sujet moins faux, surtout sur la scène, où les nègres et les négresses d'emprunt peuvent, en bons acteurs, surprendre l'opinion publique par l'illusion, qui laisse croire que les sujets représentés sont des hommes de la même intelligence et ayant les mêmes sentiments, exprimés avec tant de sonorité! Il est dommage que tout cela soit aussi trompeur que possible!

Les peuples d'Europe ont ainsi pu goûter avidement ces scènes attendrissantes; ils pleuraient là-bas, tandis qu'on riait aux Etats-Unis du même sujet, qui, du reste, est devenu nauséabond comme goût littéraire et scénique. Le malheur est que l'ignorance et la mauvaise foi ont trouvé leur compte dans l'effet produit par cet ouvrage. On a cru, de confiance, bien entendu, à tout ce qu'il rapportait; on n'a certainement pas pris la peine de réfléchir, ni d'analyser le contenu de ce ballon, qui cependant devait crever au contact du bon sens et du raisonnement. En effet, il suffit pour cela de se poser quelques questions: Quel est le propriétaire qui consentira à démolir sa maison de gaîté de cœur? Qui donc va tuer son cheval dans le simple but de le voir souffrir ? Quel homme enfin, viendra meurtrir son esclave et l'empoisonner par-dessus le marché, au moyen du raffinement de cruauté, en mettant des acides sur ses plaies ? A-t-on jamais vu un blanc avoir de la haine pour son esclave ? C'est un honneur dont le nègre serait certainement très heureux et très flatté ! Et ces $5000 pour cette négresse ? Il est naïf, peut-être, de discuter ces questions de simple bon sens : c'est faire tort à la raison. Que l'on fasse un roman avec des faits, si on en trouve, ou avec son imagination, si on en a, c'est le droit de tout écrivain ; mais que l'on invente des monstruosités qui tendent à déshonorer tout un peuple, et à détruire la paix et les institutions d'un pays, c'est une conspiration : ça devient par trop intolérable pour les honnêtes gens: ça devient dangereux pour la société! On ne le voit que trop aujourd'hui.

L'auteur de cet inique et cruel réquisitoire a senti combien son sujet était dangereux, et combien le poison de la calomnie serait difficile à faire prendre, si on ne l'introduisait pas au moyen de la capsule d'un faux sentiment d'humanité, abrité, en outre, du manteau de la religion. Aucun écrivain, moral et consciencieux, n'avait osé encore exploiter un pareil sujet et d'une telle manière; il a fallu que ce fût le nom d'une femme qui couvrit cette œuvre mensongère, pour éviter les orages de la critique, et la vengeance des parties lésées; car il faut dire qu'en Amérique, la femme peut tout dire impunément : elle a toujours raison; elle est infaillible; c'est ce qui explique le déluge de bas-bleus dont les Etats-Unis s'honorent, sauf les maris et les enfants qui n'y trouvent pas leur compte.

Pour celui qui connaît le Sud et l'application de l'esclavage, ainsi que le caractère de la Nouvelle-Angleterre, le foyer sectaire de l'abolitionisme, d'où l'ouvrage en question est sorti, on verra que ce livre dénote une ignorance affectée du sujet. Ce n'est ni l'imagination du cœur généreux, qui est sincère dans son erreur, ni l'indépendance de l'esprit qui croit voir la vérité, et sent le besoin de la dire pour le bien social, non, c'est le fanatisme puritain, haineux, qui sape son ennemi avec tous les moyens de Bazile. C'est l'antagonisme de l'intérêt sectionnel qui inspire la plume, comme c'est le parti-pris et la politique qui la soutiennent. La passion populaire ainsi exploitée, fait le reste, et la guerre civile marche ! L'œuvre a pu tomber dans l'oubli, mais la fausse impression est restée dans les esprits atteints par ce tissu d'ignorance et d'absurdités, surtout chez la classe d'hommes qui ne raisonnent pas, ou de ceux qui ne veulent pas raisonner, de peur de perdre le prétexte de faire une révolution et d'arriver à leur but.

La plume inconnue qui écrit ces lignes-ci n'est, Dieu merci, à la solde de personne, elle s'est engagée à dire la vérité jusqu'au bout, elle la dira.

Entre le rapport d'une plume française désintéressée, et le rapport d'une plume de la Nouvelle-Angleterre, ennemie naturelle du Sud, le monde jugera laquelle des deux offre le plus de garanties à la vérité.

En admettant un moment qu'il soit prouvé, quoique le bon sens le repousse, que quelques monstruosités isolées, pareilles à celles qui sont rapportées par l'auteur de l'Oncle Tom, aient eu lieu, est-ce à dire que la chose est générale? Serait-ce une raison pour flétrir toute une institution, pour déshonorer toute une section de pays? De quel droit, sur quelle raison viendra-t-on imputer plus de crimes chez les hommes du Sud, envers les nègres qui sont leur propriété, leur capital, que chez les hommes libres, envers les travailleurs blancs qui ne leur sont rien, qui ne représentent aucune valeur pour leurs maîtres? Ne voit-on pas des monstruosités, des crimes, des hontes, et des ignominies plus nombreuses dans les Etats libres, que dans les Etats à esclaves? Que l'on prenne la *Police Gazette* de New-York; que l'on suive les annales judiciaires, et l'on verra *qu'en proportion de la population*, les Etats à esclaves n'ont *pas pour leur compte la moitié de la somme* de l'immoralité qui appartient aux Etats-Unis. Ils n'ont pas la moitié des prisonniers, ils n'ont pas la moitié des mendiants et des vagabonds, ni des idiots qu'il y a au Nord. Il y a même, sur ce point, un fait remarquable entre les nègres du Nord et les nègres du Sud.—Les Etats libres ont un nègre idiot sur 870 têtes, tandis que les Etats à esclaves n'en ont pas davantage sur 1821 têtes: on ne trouve au Sud qu'un seul idiot sur ce dernier nombre. La mortalité des noirs libres au Nord suit les mêmes proportions que pour l'idiotisme à l'endroit des nègres du Sud.

Sur 10 mille nègres, les Etats à esclaves fournissent 13 têtes aux prisons; les Etats libres en fournissent 28 sur le même nombre. Ces chiffres sont officiels. En fait d'humanité, s'il le fallait, on pourrait montrer, par des faits attestés et nombreux, les marques de dévouements vrais, de la part des blancs, en faveur des noirs qui, souffrants, ne trouvent plus de distance pour être soulagés. On confondrait aisément les calomniateurs du cœur des gens du Sud qui, cependant, ne se vantent pas d'être des philantropes, et ne réclament pas le titre d'humanitaires, comme le font les gens qui poussent à la destruction des blancs, sous le prétexte de soulager les noirs ; qui veulent détruire la liberté de leurs égaux, sous le prétexte de la donner à leurs inférieurs ; mensonge grossier, qui fomente la discorde et la guerre civile, pour satisfaire au cupide intérêt mercantile des fabricants et des marchands, qui mettent leurs chiffres au-dessus de l'intérêt national ; — fanatisme corrupteur, aveugle, qui, chez certains ministres protestants, cache le but d'arriver à la théocratie ! Une nation peut-elle être plus asservie que par les prêtres ? Peut-elle jamais être régénérée par l'intérêt de boutique ? Ces deux motifs agitent seuls la question, et font faire la guerre intestine et religieuse, chez le peuple qui se donne le titre d'être le plus éclairé du monde !

Honnêtement parlant, de quel droit vient-on forcer un peuple de dix millions d'âmes à se ruiner sous l'obligation imposée par les puritains et les humanitaires, qui trouvent que le Sud les déshonore et se damne, et que la loi divine ordonne de le réformer par la force ? Ne dirait-on pas que nous sommes retournés aux siècles où le subterfuge et l'hypocrisie étaient de mises pour faire brûler tout vifs des êtres humains, pour la plus grande gloire de Dieu !

Comment l'Empereur de Russie trouverait-il le procédé, si on allait lui forcer la main pour mettre ses serfs en liberté ! Le Sud veut en ce moment donner au Nord l'occasion de n'être plus sous le poids du prétendu crime de l'esclavage ; de quel autorité ce dernier lui fait-il violence pour maintenir leur association? Voilà la liberté, la constitution américaine;—voilà l'humanité des coups de canon ! — et la comédie politique !

> " Les guerres civiles détruisent tous les sentiments généreux et toute idée de morale."
> (BARBAROUX.)
>
> La guerre, aux Etats-Unis, est une contagion des dernières guerres d'Europe.—L'intérêt en fait naître l'occasion, et la mauvaise foi en fournit le prétexte.

VI

L'auteur de ce volume, qui défend l'esclavage, est aussi généreux de cœur, aussi libéral d'esprit que qui que ce soit. C'est peut-être même son affection pour la famille humaine, qui lui inspire l'amour de la vérité, et le courage de la dire, surtout à la veille d'une catastrophe que des hommes criminels et aveugles s'acharnent à vouloir amener. Mais, *aures habent, oculos habent, et non audient, et non videbunt !*

Il a examiné avec soin et avec une conscience indépendante, l'application de l'esclavage des noirs aux Etats-Unis. Il a vu et observé attentivement la position des nègres qui sont libres au Nord, et celle des nègres qui sont esclaves au Sud.

Eh bien ! la vérité est, qu'au fur et à mesure qu'il s'est avancé dans ses observations, dans ses recherches, il a dû laisser tomber une à une toutes les idées philantropiques européennes, qui composaient le bagage de son éducation à l'endroit de la race africaine.

Il s'est prouvé, d'abord, la vérité de l'infériorité de l'espèce; il en a déduit, ensuite, que l'inégalité naturelle entraîne logiquement l'inégalité sociale, puisque déjà, chez les blancs, l'inégalité des intelligences entraîne l'inégalité des conditions. Il s'est ainsi convaincu d'une chose, c'est que l'état de l'esclavage, tel qu'il est appliqué aux Etats-Unis, pouvait seul améliorer cet être humain, sans doute, mais certainement incomplet. Il en a conclu, enfin, que l'esclave nègre est dans une condition aussi convenable que possible à sa nature : son intelligence sans génie, s'y éclaire, sa nature brute s'y dégrossit, et, de plus, sa race s'y mélange et s'identifie, avec le temps, dans la race noble. De là, l'auteur s'est appliqué à découvrir si la fibre naturelle au cœur du blanc, existe et résonne chez le nègre, à l'endroit du sentiment, de la famille et de la liberté. Point ! Le sentiment de la dignité, qui annonce l'existence de tous les autres, est absent chez l'Africain. Il ne souffre ni de son état, ni de celui des siens ; il n'a pas le sentiment de sa condition d'esclave : si les blancs malveillants ne l'instiguaient pas il ne songerait jamais à la liberté, dont il n'éprouve d'ailleurs aucune jouissance réelle. Son apathie et son indifférence naturelles s'y opposent, en le suivant partout et dans toutes ses conditions ; enfin, le sentiment de la liberté lui manque, et les affections du cœur sont faibles. La statistique raisonnée de la mortalité des noirs en Amérique appuie cette assertion. Jamais un nègre ne s'est suicidé par chagrin ! Jamais il n'en est mort à la suite de ces tortures de l'âme qui font les poitrinaires ! La chaleur de son sang le fait user de la vie de bonne heure et vite. Il s'use et vieillit, il meurt naturellement: il finit, rien n'a été abrégé dans le fil de son existence.—Tandis que, chez la race caucasienne, la moitié meurt de privations et de chagrins, et l'autre moitié trouve encore de quoi abréger sa vie par les ennuis et les excès.

Ceci posé, il reste à savoir si, par suite de son esclavage, il manque quelque chose dans le domaine du matérialisme, qui seul fait le bonheur des nègres en général.

Tous ceux qui ont vu les nègres libres du Nord, et les nègres esclaves du Sud, peuvent affirmer que les esclaves sont de beaucoup les plus heureux sous tous les rapports. Il est d'ailleurs évident, que celui qui a le moyen d'acheter un nègre, a aussi le moyen de le nourrir et de l'entretenir. Mais répondons d'abord aux faux humanitaires, qui voient des chaînes et des fouets, des misères et des douleurs partout, excepté là où il y en a. Les travailleurs nègres, soit de la ville, soit de la campagne, vont librement à leurs travaux, tout comme les blancs de tous les pays : on les voit aller aux champs tout comme nos paysans d'Europe, seulement ceux-ci accomplissent le double d'ouvrage, et mangent une fois moins, travaillent plus longtemps, vont plus vite à la besogne, et sont certainement moins bien nourris et moins heureux. Les paysans d'Europe mangent de la viande une fois par mois, et ils ne sont guère vêtus que les jours de grandes fêtes, avec de la cotonnade surannée. Les nègres ont de la viande au moins une fois par jour. Ils ont du superflu en toutes choses ; ils ne sont rationnés sur rien ; ils travaillent dix heures par jour et à la moitié de leur force ; ils ont un jour par semaine, au moins, de repos ou de plaisir. Ils sont endimanchés d'habits et d'argent de poche, comme peu de prolétaires le sont en Europe. Que veut-on de plus pour eux ?

On les voit, hommes et femmes, garçons et filles, s'ébattre le dimanche et s'amuser librement dans les villes ou les campagnes. Ils dansent jusqu'à extinction, ils festoyent jusqu'à la bombance, ils se donnent des bals, des banquets, et tout ce qui s'en suit. Ils ont certainement plus d'argent à dépenser que les ouvriers blancs d'Amérique. La gente africaine a son aristocratie, ses rangs, ses considérations sociales dans la société noire, comme dans la société blanche. Les visites de bon ton, les présentations ne manquent pas : miss Picayune est présentée à miss Cherokee, le gentleman Congo est introduit auprès de lady Macaque, etc. Tout est copié, singé avec une sincérité sérieuse, admirable, qui fait tout leur bonheur moral. Les nègres des Etats-Unis ont des meetings, des speakers, et de la franc-maçonnerie; les nègres des Antilles françaises ont des empereurs, une cour et des marquis, et les nègres espagnols sont joueurs. On peut être assuré que ce petit monde noir, vit et jouit de la vie, plus franchement, plus naturellement que le grand monde blanc: leurs rires, leurs jeux, leurs danses sont d'autant plus sincères et naturels, que les soucis et les inquiétudes ne les empoisonnent pas. L'existence et le bien-être du lendemain n'est jamais chez eux à l'état de problème, en ce qui concerne les besoins de la vie, comme chez nos prolétaires. Leur providence est toute faite : le pain, le gîte, et les soins du médecin ne leur manquent jamais. En dehors de la question d'intérêt, la sincère sympathie du cœur des blancs fait rarement défaut au nègre, surtout, à qui il arrive malheur. On le console, on l'encourage, on oublie sa distance ; c'est là où brillent le christianisme et la civilisation ; c'est là où l'on voit les sentiments d'humanité et d'affection des gens du Sud. Les mauvais traitements, si complaisamment racontés et commentés, n'ont lieu que dans l'imagination des esprits faux et chagrins, ou dans le parti-pris des gens intéressés à fausser l'opinion publique. Il n'y a pour l'esclave qu'une discipline, nécessaire et salutaire pour tous, et appliquée d'une manière *ad hoc* à la nature et au caractère du nègre. On emploie toute la douceur et la raison possibles, avant d'avoir recours aux pénalités physiques : c'est l'intérêt moral et naturel du maître, d'employer les moyens les plus propices à améliorer son esclave sans le détériorer. La discipline militaire en Europe est certainement plus dure que la discipline des nègres en Amérique, relativement parlant, surtout chez les Anglais, les Autrichiens et les Russes, où la peine de la schlague est en vigueur. D'ailleurs, les esclaves sont protégés par des lois, qui sont plus équitablement appliquées à propos des noirs qu'à propos des blancs démocrates. La justice est la sauvegarde de l'institution, et aucun excès de la part du maître n'est toléré ; on l'interdirait ; tandis que l'on considère l'inintelligence du nègre, pour lui faire bonne part. L'intérêt et l'amour-propre du maître sont, d'ailleurs, en jeu dans les progrès de son esclave; car, en outre de l'honneur d'avoir de bons sujets, il en retire de grands avantages, soit dans son service, sa culture, ou en donnant à son esclave un emploi d'artisan, de cocher, de barbier, de cuisinier, etc. Il le place chez des particuliers qui paient l'esclave en location ; dans ce cas, celui-ci n'a qu'une redevance à payer à à son maître, et il fait ce qu'il veut de l'argent qu'il gagne en surplus, et il en gagne toujours, et souvent beaucoup, de manière à se faire un pécule grossissant, au moyen duquel il se rachète ou se donne des agréments. C'est ainsi que l'on voit des hommes de couleur devenir riches et ayant des esclaves à leur tour. Le trafic est donc dans la logique de l'esclavage : il est ainsi la clef de la liberté de ceux qui en sont devenus dignes, et qui le prouvent par leur aptitude à en gagner le prix; c'est une sécurité de non charge pour lui et la société. Dans les campagnes, les esclaves ont, pour la plupart, une allocation de terrain, qu'ils exploitent à leur corps défendant ; ils ont plusieurs heures par jour, et un jour au moins par semaine, pour s'occuper de leurs champs particuliers ; ils en vendent les produits, dont la valeur vient grossir leur *peculium* ou leurs plaisirs. Tout est bénéfice, vu qu'ils n'ont aucun débours d'entretien à leur charge.

Un esclave venant du Texas disait à l'auteur que nombre des esclaves de cet Etat possèdent de larges portions de terrains, avec un nombre variant de 20 à 40 bêtes à cornes chacun. Le maître n'a nul droit à ces propriétés, bien entendu ; ils se font ainsi au moins de 2 à $300 de bénéfice net par saison, tout en restant complètement à la charge et aux frais de leurs maîtres. L'esclave qui racontait ce fait avait gagné lui-même jusqu'à $50 par mois à exercer divers services extra.

Un artisan esclave, pris au hasard, lui a affirmé, en outre, que tous les travailleurs intelligents loués en ville, dans les ateliers, sur les bateaux, dans les hôtels et autres établissements, pouvaient, en moyenne, se mettre $ 20 par mois de côté, toute redevance payée. Cette émulation de l'avantage personnel n'est pas un des moindres agents civilisateurs du nègre. On peut juger ainsi si la somme générale du bonheur chez les esclaves n'est pas plus grande que la somme du bonheur chez les travailleurs libres. Il faut, en vérité, que les hommes qui prêchent l'abolitionisme, sous le manteau de l'humanité, soient ou bien ignorants, ou bien fourbes sur la question. Il faut être bien insensé et bien cruel, pour faire tant de bruit et tant de mal, à propos d'une chose dont personne n'a à se plaindre sérieusement.

Voilà quatre millions d'êtres, qui sont aussi heureux qu'ils doivent et peuvent l'être en ce monde, et on veut les déplacer de leur condition!—Les bouleverser de leur paisible existence ! Mais au nom de la véritable humanité, que l'on dise au moins ce qu'ils y gagneront eux, noirs ? ce que nous y trouverons, nous, blancs ? Les vides et faux principes ne sont pas admis à répondre ici ; arrière, laissez passer la vérité ! il faut des faits positifs.— Il est avéré et reconnu, qu'étant une fois libres, les nègres ne travailleront plus : leur nature indolente et paresseuse le dit assez, en outre des nombreux exemples que l'on a sous les yeux.—Ils n'auraient donc de la liberté que juste ce qu'il en faut pour se faire voleurs ou pour mourir de faim. — Les voilà donc devenus une charge pour eux-mêmes, et un danger imminent pour la société.

Maintenant, que fera-t-on des 40 ou 50 millions d'individus blancs, dont le travail, c'est-à-dire l'existence, se trouve enchaînée aux productions du continent américain ?

Viendrez-vous, philantropes et philantropomanes, prendre la place des noirs, sous un soleil tropical, pour travailler ce sol et en braver les fièvres pernicieuses ? Viendrez-vous cultiver, récolter, emballer, et charger sur les navires, le coton, le tabac, le riz, le sucre, les bois, et tous les autres produits méridionaux ? Puisque vous êtes prêts à démollir, vous devez au moins l'être aussi pour rebâtir ? Que ferez-vous ?

Comment comptez-vous pouvoir suppléer au chômage des millions d'armateurs, de marins, de négociants, de commis, d'iudnstriels et d'ouvriers qui attendent ces produits pour travailler, pour vivre ?

Puis, derrière eux, la société n'a-t-elle pas besoin de leurs divers produits, pour se nourrir, se vêtir, et vivre enfin ? Puisque l'on a établit ainsi le lien de l'existence et du commerce dans les échanges des deux continents, comment peut-on le rompre sans désastre ? Comment comptez-vous pouvoir satisfaire toutes ces exigences naturelles et péremptoires ? Comment comblerez-vous, enfin, les immenses lacunes que causeront les criminelles perturbations que vous prêchez, c'est-à-dire l'abolition du bien-être et de la tranquillité des Deux Mondes ? Est-ce que, par hasard, votre amour pour vous-même ou pour les Africains serait poussé au point d'étouffer dans vos cœurs tout sentiment d'affection et de justice en faveur des caucasiens, vos égaux ? Est-ce que votre pensée philantropique ne s'est jamais représentée les massacres, les douleurs et les misères des Français de Saint-Domingue ? Cette idée ne fait donc pas le contre-poids de votre négrophilisme ? — On ne sait que penser ; on ne sait que dire devant de pareilles aberrations ! devant le délire des cerveaux humanisphères !

" Quand les hommes ont une fois acquiescé à des opinions fausses, et qu'ils les ont enregistrées dans leur esprit, il est tout aussi impossible de leur parler intelligiblement, que d'écrire lisiblement sur un papier déjà brouillé d'encre."—THOMAS HOBBS, *Traité de la Nature Humaine.*

Sin autem dominus dederit illi uxorem et dederit filios et filias : mulier et liberi ejus erunt domini sui, ipse vero exibit cum vestitu suo.

Mais si son maître lui a donné une épouse, et si elle lui a donné des fils et des filles, la femme et les enfants appartiendront au maître.

(BIBLE, Exode, Chap. XXI.)

VII.

L'auteur ne se propose pas de prouver que l'esclavage est une perfection ici-bas, où rien n'est parfait.—Cette institution a ses désavantages, ses inconvénients, son détritus enfin, comme toutes les institutions humaines ; mais il pretend qu'elle apporte au monde une très grande somme d'avantages moraux et matériels, en regard d'une très faible somme d'inconvénients effectifs. Il soutient, d'ailleurs, que l'esclavage est le fait d'une transition nécessaire pour le bonheur et l'avenir du nègre, tout en étant une utilité et une nécessité pour le bien-être du blanc. Tous deux doivent en être satisfaits : il y a raison. On se fait donc la guerre à soi-même, comme au nègre, quand on prêche l'abolitionisme. Le noir, en passant par l'état d'esclave, passe des ténèbres et de la sauvagerie dans la lumière et l'aisance ; le blanc développe ses progrès, accroît ses richessses par le travail de son intelligence, qui dirige le travail et la force de l'autre.—C'est l'accouplement de l'idée avec le labeur ; c'est l'association de l'intelligence avec la force. Il s'agit de savoir si le nègre n'achète pas ses avantages par des souffrances infligées ou des privations imposées en dehors de l'apport de son travail.

L'homme de race africaine n'éprouve pas de peines morales d'une manière sérieuse : il n'a pas le sentiment de ce genre de souffrances. Son bien-être matériel est tout ce qu'il lui faut, tout ce qu'il désire pour faire son bonheur : il n'en espère et n'en attend pas d'autres, vu qu'il ignore s'il existe un autre ordre de jouissances. Les mêmes causes de satisfaction et de souffrances morales, qui règnent dans le cœur du blanc, n'ont presque pas d'action sur l'âme du noir. Son horizon, vers les perceptions et les conceptions heureuses, se bornent à la matière ; si celle-ci ne manque pas, rien ne manque à sa félicité; qu'il soit dans son désert ou parmi les blancs, libre ou esclave, sa nature est à peu près la même à ce sujet : or, comme ses besoins sont faciles à satisfaire, et qu'on les satisfait, le nègre est une des plus heureuses créatures de la création. Aussi, le voit-on toujours dans une tranquillité d'âme, dans une sécurité d'esprit à faire envie aux philosophes !

Son organisation matérielle en profite: tout chez lui reste dans le domaine physique. Il n'éprouve ni les chagrins amers, ni les inquiétudes d'esprit, *qui brisent l'âme, qui rongent le cœur, et usent les facultés du blanc.* Le nègre est toujours dispos pour le plaisir et la joie ; jamais la pensée n'absorbe ses dispositions naturelles au matérialisme et au repos de l'inertie. C'est, en un mot, un mollusque humain.

Il souffre moins de son état d'esclave durant toute sa vie, que l'ouvrier blanc de son état de prolétaire pendant un jour.

La race africaine doit cette heureuse disposition naturelle et philosophique à son manque de génie : l'étincelle lui a fait défaut. Elle y trouve des compensations par l'exemption des peines qui sont inhérentes aux natures supérieures et délicates. Le nègre ignore l'existence des *facultés élevées qui se créent des sentiments et des besoins, dont la non satisfaction crée, par suite, la souffrance morale et la douleur de la privation.*

Revenons maintenant aux prétendues misères et aux traitements des nègres esclaves.

> Quod si dixerit servus, diligo dominum meum et uxorem, ac liberos, non egrediar liber.
>
> Offeret eum dominus diis et applicabitur od ostiam et postes, perforabitque aurem ejus subulà.
>
> Si l'esclave dit: "J'aime mon maître mon épouse et mes enfants; je ne veux point sortir pour être libre".
>
> Son maître l'offrira aux dieux; et il sera placé entre la porte et le poteau, et il lui percera l'oreille avec une alène, et il sera esclave pour un siècle.
>
> (Bible, Exode, Chap. XXI.)

VIII.

La séparation des familles esclaves en déprécie la valeur d'une manière tellement considérable, qu'on ne les divise pas; si cela arrive quelquefois, ce ne peut être que par accident. Donc le mal n'est pas là, car le maître a tout intérêt à tenir les familles unies, à les élever et à en faire de bons sujets moralement et physiquement.—En dehors de la valeur qu'elles en acquièrent, la prospérité de sa maison, la paix et l'ordre de son intérieur lui commandent assez d'améliorer le sort et l'esprit de ses esclaves.

Les enfants nègres sont élevés avec ses propres enfants; ils partagent leurs jeux et leur nourriture : *les mères de ceux-là sont les nourrices de ceux-ci.* Les jeunes négresses intelligentes sont attachées au service de leurs maîtresses et les jeunes nègres à celui de leurs maîtres. On fait des unes des femmes de chambre, des cuisinières, et des autres des valets, des cochers et des artisans pour les services divers de la maison.—Ceux qui sont moins avancés en intelligence continuent les travaux des champs. Il y a ainsi environ trois millions de nègres qui font ce que les garçons de ferme, les laboureurs, les bouviers et les valets de charrue, loués à l'année, font en Europe. — Entre les mercenaires blancs et les esclaves noirs la différence n'est pas si grande qu'on le croit. Ils n'ont, en fait de liberté, que ce que leur caractère, leur nature et la nécessité veulent bien leur laisser.

" Qui percusserit servum suum, vel ancillam virgâ, et morti fuerint in manibus ejus, crimine reus erit".

"Si quelqu'un a frappé son esclave ou sa servante avec une verge, et s'ils sont morts dans ses mains, il sera coupable de crime".

(Bible, Exode, Chap. XXI).

IX.

Comment peut-on admettre la possibilité que des mauvais traitements, que de cruelles et injustes tortures soient appliquées sur des êtres à qui l'on confie son existence de chaque instant ? Où serait donc la sécurité des blancs, si ce n'était dans un certain attachement et dans l'espoir de quelques nouveaux bienfaits qu'ont les esclaves vis-à-vis de leurs maîtres ? Les noirs ne forment-ils pas la moitié de la population du Sud ? Que ne pourraient-ils entreprendre ?

A côté de la question d'intérêt et de sécurité personnels, les sentiments humains et religieux n'existent donc pas dans le cœur des hommes du Sud aussi bien que chez les abolitionistes de la Nouvelle-Angleterre ou d'ailleurs ? Les planteurs sont donc plus méchants et plus cruels que les négrophiles,—les ministres qui prêchent le massacre de leurs familles et le pillage de leurs propriétés ? Et la femme du Sud est-elle donc dépourvue des sentiments de bonté, de douceur et d'affection qui sont naturellement dans le cœur de toutes les femmes ? Elles sont donc plus capables de voir souffrir et plus cruelles que les femmes du Nord? Que l'on vienne un peu voir quand les nègres et les négresses sont malades, dans les familles, s'il leur manque quelque chose, si les consolations, les encouragements et les soins de la part des blancs leur font défaut ?—Jamais. On verra que le malheur fait disparaître la distance, on verra que la charité des blancs du Sud ne s'arrête pas à la couleur quand le bien se présente à faire. Et cependant, si ce n'était leur cœur, rien ne les empêchent de laisser les noirs malheureux ou souffrants entre les mains des leurs, sans intérêts lésés.—Peut-on en montrer autant au Nord ?

Le nègre valide y est repoussé comme un chien galeux, et on l'ignore; quand on ne le voit plus on s'inquiète peu de son absence, ou s'il souffre ou s'il meurt. On est même heureux, en secret, d'être débarrassé de son odieuse présence. Il est la bête noire du Yankee; on ne peut le sentir nulle part, ni dans l'église, ni dans l'omnibus, ni dans le théâtre, ni dans les ateliers. C'est un paria pestiféré; on ne lui permet de remplir aucune profession lucrative; on lui laisse à peine les plus infimes et les plus répugnants travaux à faire. On lui arrache des mains les vrais métiers, tels que charpentiers, serruriers, cordonniers, peintres ou toutes autres positions d'artisan. Un blanc ne consentira jamais à travailler dans le département où se trouve un nègre : il y a une ligue tacite entre tous les travailleurs à ce sujet; on les a vus déserter immédiatement les établissements à la première tendance de l'introduction des nègres.—On lui a laissé, au noir, le dernier degré du prolétariat indigent.—Le nègre, dans l'âge mûr, est en général ramoneur de cheminées et blanchisseur de murailles! Les plus jeunes sont domestiques, décrotteurs, manouvriers chez les maçons; quelques-uns sont chiffonniers et porteurs publics, etc. Ils sont cantonnés à part, dans des quartiers où ils n'ont pas de rapport avec les blancs;—ceux-ci se croiraient déshonorés si on les voyait parler amicalement ou donner la main aux noirs. En somme, les nègres sont tous tenus, au Nord, dans le dernier degré, dans la lie abjecte de la populace; aussi ils croupissent dans la misère, le vice et les prisons.—La mortalité prématurée, l'idiotisme, la justice et la mendicité se partagent cette classe d'hommes libres, au milieu des philantropes et des négrophiles à tout prix, qui veulent absolument égorger les blancs pour le bonheur des noirs!

Pour tout honnête homme, qui connaît la position de l'esclave et celle du nègre libre au Nord, le caractère du Yankee et celui de l'homme du Sud, il y a lieu de s'indigner quand on entend dire que cette guerre est une croisade humanitaire de la part de l'homme généreux du Nord, — l'homme qui méprise le nègre, qui ne connaît que le gain, pour qui le principe est un mot, chez qui le cœur et le patriotisme sont absents, l'homme enfin qui n'a, en fait de patrie et de religion, que son office et le tout-puissant dollar!

L'absence de tout sentiment national et de probité, est le plus terrible fléau d'un peuple civilisé.

X.

On entend dire à chaque instant, et à tout propos, que l'esclavage des noirs est un fléau, mais on se borne à lâcher ce grand mot, sans que l'on puisse seulement le traduire par des faits sérieux. Un fléau cause des malheurs et fait des victimes. Eh bien! où sont donc les malheurs et les victimes de l'esclavage des nègres ? Ils sont heureux, mille fois plus heureux en étant esclaves, qu'en étant libres ! Libres de quoi après tout? d'être dévorés dans leur pays, ou maltraités et méprisés dans les Etats du Nord, où ils meurent dans la dégradante misère en toute liberté ; dans la crasse ignorance, tout en payant des taxes ! pour les écoles publiques, où ils ne sont pas admis ; pour la citoyenneté publique, dont ils ne jouissent pas. Que l'on demande au premier esclave venu s'il trouve qu'un fléau quelconque pèse sur lui, il ne saura pas ce que vous voulez lui dire; que l'on essaye de lui prouver qu'il est bien malheureux, il vous répondra en dansant une jig. Si l'on s'apitoye un moment de plus, il chante *Dixie*, pour consoler les amateurs de fléaux !

Il est vraiment pitoyable, ridicule même, de vouloir prouver la présence de fléaux et de misères, là où les sauvages trouvent le bien-être, la paix, la civilisation et le christianisme ; là où l'homme civilisé décuple ses progrès, améliore le sort de tout ce qui l'entoure et satisfait aux besoins urgents de la société. Où est donc le fléau en question ? C'est en vain que l'auteur le cherche depuis dix ans parmi les nègres ; ce n'est pas là où est le fléau de l'Amérique.... En Europe, on n'a pas besoin de le chercher : là, le fléau de l'humanité vous saute à la gorge : à Londres, à Manchester et dans les mines, on le voit à l'œuvre, ainsi qu'à Lille, Turcoing, Mulhouse, Lyon, et à Paris, où il y a peut-être 50 mille individus, qui en se levant ont leur repas à l'état de problème pour toute la journée, et à New-York, Philadelphie et Boston, où les affamés sont à la veille de faire main-basse sur la propriété !

L'impitoyable vanité des humanitaires veut faire du bruit avant tout. Les misères présentes, l'offusquent ; les maux imaginaires et lointains seuls ont le privilége d'attirer son attention : il est si doux d'ouvrir son cœur et de fermer sa bourse !

L'esclavage des noirs n'a de mal que son nom ; mais on veut en créer des malheurs.

XI.

Toutes les vraies et profondes misères, chez les humains blancs, sont inaperçues par les philantropes occupés des humains noirs. On meurt, de misère, de faim, de honte à leur porte ; ils ne le voient point ; leur générosité veut d'abord la liberté de ceux qui n'ont besoin de rien ; de ceux qui ont du pain et de la liberté autant qu'il leur en faut !

Admettons et supprimons, un instant, la présence de ce fléau, absent en réalité. Donnons la liberté aux 4 millions de nègres qui sont esclaves; qu'en fera-t-on alors? Qui les nourrira, les instruira, les maintiendra dans les voies légales et civilisatrices, où ils sont entrés à peine ? Qui pourra protéger la société des désordres inévitables qui seront causés par une telle agglomération de parasites inutiles, incapables de se gouverner, hors d'état de se mettre volontairement au travail ? Que ne feront-ils pas, quand ils seront en force ? Seront-ils, heureux, seront-ils libres réellement, ces demi-sauvages? Et le manque de production, comment le comblera-t-on pour les blancs ? Quels sont, et où sont les travailleurs qui voudront et qui pourront remplacer les nègres ? Mais, en admettant qu'on les trouve, ces 4 millions de travailleurs, la première chose qu'ils feraient, serait d'exterminer les noirs sur leur chemin ! Ceci est d'autant moins exagéré, que les agriculteurs de l'Ouest ne se cachent pas pour dire tout haut que la déportation ou l'extermination des noirs est le but qu'ils se proposent, et pour lequel ils se battent aujourd'hui : ils voient dans le nègre un ennemi, un obstacle aux riches territoires. Ce qu'on appelle l'abolition, sous le nom de l'humanité, c'est l'annihilation, la suppression de la race africaine que l'on veut : et; non pas son bonheur, et non pas sa liberté. On parle d'un fléau qui n'existe pas pour en amener un certainement ; et si l'abolitionisme est pratiqué, on peut s'attendre à une sainte Barthélemy blanche et noire : l'un défendra sa propriété, et l'autre l'exterminera, vu que ce moyen coûtera moins que la déportation.

La population de couleur des Etats-Unis, est de 5,000,000 de têtes, en chiffres ronds, sur lesquels il y a 1 million de libres qui, par leur avancement dans la civilisation, et par leur dissémination peuvent vivre sans être un danger, ni une trop lourde charge pour la société. — Les 4 millions qui sont esclaves, représentent, au moins, une valeur de 400 millions de dollars. C'est un capital actif qui fructifie au profit de tout le monde ; car s'il y avait le double d'esclaves travailleurs, la production serait également doublée, et l'abaissement du prix des marchandises et des matières premières en ressortirait naturellement, ainsi que les bienfaits du libre échange. Tout le monde y gagnerait, à commencer par les peuples des Etats-Unis, qui pourraient couvrir leurs dépenses d'importation, pour finir par les Européens, qui essuieraient moins les faillites provenant du déficit américain. — Ces esclaves ont produit, en 1860, 4,500,000 balles de coton, 80,000 tierçons de riz, et 130,000 boucauts de tabac pour le commerce du monde. Par la raison qu'ils développent la prospérité générale, les nègres en ont certainement leur part ; qu'auront-ils du moment où ils ne produiront plus rien ? Ils auront la misérable et l'abjecte existence des nègres de la Jamaïque, où les coolies viennent leur faire concurrence par l'habile subterfuge des Anglais. On les verra s'entre-égorger comme à Haïti, avec la différence que la générosité du sol des Antilles les nourrit à rien faire, tandis qu'ici, où il faut se mouvoir, ils manqueront de tout, sans parler du conflit probable des deux races. N'est-ce pas bien charitable, bien religieux, bien humanitaire, de mettre ces malheureux dans une telle position, et cela tout en ruinant, tout en saccageant les blancs ! Il ne manque rien aux nègres, mais on veut absolument leur retirer leur pain et les mettre sur la paille, sous le prétexte qu'ils sont malheureux ; on veut absolument prouver au monde et à eux-mêmes qu'ils sont des martyrs à délivrer ! Encore une fois, où sera la réforme, le bénéfice, l'avantage pour le monde blanc et noir ? que l'on prouve avec des chiffres, et non avec des mots vides et sonores. Franchement, qu'a-t-on besoin de forcer le sort naturel de cette race? S'ils sont des hommes comme nous, ils n'ont besoin de personne pour savoir ce qui leur convient. Ces 4,000,000 d'esclaves sont entre les mains de 2 millions de propriétaires; ils sont donc en force, et n'ont besoin de secours de personne pour demander leur liberté, s'ils en ont le droit et s'ils en ont le désir et le courage. Si, au contraire, ils ne sont pas des hommes comme nous, capables et dignes de jouir de la liberté, il est absolument nécessaire de les tenir en tutelle, dans l'intérêt et pour la sécurité de tous, et de ne donner la liberté, au fur et à mesure, qu'à ceux qui en sont dignes et qui savent le prouver. On a tort de nier les bienfaits généraux de l'esclavage ; quand il n'y aurait que l'œuvre de l'identification de la race, ce serait déjà un progrès : ainsi les mulâtres sont d'un huitième sur le nombre des noirs; ils prouvent déjà la supériorité que leur donne le sang caucasien; ils sont le double en nombre de libres sur les noirs non esclaves. Les nègres libres, en Louisiane, possèdent pour une valeur de $300,000, tandis que les mulâtres libres possèdent une valeur de $ 4,000,000 en propriétés.

Sur quatre millions d'esclaves, il y en a trois millions employés aux travaux des champs et divisés ainsi : sur cent travailleurs, 2 sont au chanvre, 5 au riz, 6 au sucre, 14 au tabac, 3 aux divers petits produits, et 70 au coton. Sur ces cent travailleurs, il n'y a que 2 mulâtres, vu que leur intelligence plus développée, leur nature moins apathique, les font rechercher pour les travaux qui demandent plus de capacités. Il y a donc, devant ces chiffres, une amélioration et un acheminement incontestables, qui ressortent de l'esclavage, pour l'extinction de la race noire. La fusion des raecs et des intelligences fera l'extinction naturelle de l'esclavage ; et, en attendant ce résultat, les esclaves sont aussi heureux qu'il est permis à leur nature de l'être. Ils le sont sous tous les rapports, répétons-le encore, et en tout état de cause, plus que les prolétaires libres. Où est donc alors la grande calamité, le fléau de l'humanité ? où voit-on les grands malheurs qui dérivent de l'esclavage? On parle d'immoralité. Est-on plus moral en Europe qu'aux Etats-Unis ? Est-on plus moral au Nord qu'au Sud ? Est-ce que la nature humaine n'est pas la même partout ? Qu'elle ait des esclaves blancs ou noirs, changera-t-on l'humanité, parce que l'on aura fait disparaître le mot et le nom de leur condition ? "L'ouvrier est un esclave à terme," a dit Aristote.

La loi naturelle, c'est-à-dire l'organisation de l'homme, est la source de l'inégalité entre les hommes.

(J. J. Rousseau.)

Quicumque sunt sub jugo servi, dominos suos omni honore dignos arbitrentur ne nomen domini et doctrina blasphematur.

Que ceux qui sont esclaves, sous le joug, regardent leurs maîtres dignes de tout honneur. pour que le nom du Seigneur et sa doctrine ne soient point blâmés.

(St-Paul, Ep. à Timothée, Chap. VI.)

XII.

Résumons-nous. L'esclavage des noirs est le fait du christianisme, de la civilisation et de la nécessité : il en ressort des bienfaits incontestables pour les deux races. On n'y rencontre d'inconvénients que le détritus naturel de toute chose dans un monde où rien ne peut-être parfait. Les véritables sentiments d'une humanité réelle et efficace doivent se dégager de tous les préjugés qui ne s'appuient que sur des mots et non sur des faits. Si l'on veut s'éclairer sur la question, il suffit de se poser ces questions :—Faut-il laisser pourrir cette race dans son ignorance misérable et dans sa révoltante barbarie? Si elle fait partie de la race humaine, faut-il souffrir qu'elle reste dans l'état d'anthropophagie bestiale qui déshonore réellement l'humanité et la civilisation du siècle?

Ou bien faut-il retirer cette race de son malheur, pour la soigner, l'améliorer et en faire une catégorie réellement humaine? N'est-il pas nécessaire alors que l'on mette ces êtres à la place ou dans la condition qui leur convient, pour que la société en tire le parti désirable, dont ils seront eux-mêmes les premiers à profiter? N'est-ce pas enfin le seul et unique moyen de les rendre dignes du nom d'hommes?—La moralité, la justice et l'humanité ordonnent certainement de prendre ce dernier parti : il y a tout à gagner pour le monde et pour la propagation du progrès.

On ne doit donc pas s'arrêter à des préjugés, ni sur des abstractions sans fondement; on ne doit pas reculer devant les vaines considérations de principes, encore plus vains, qui portent à faux, qui ne reposent sur rien que le néant des mots, qui prêchent l'inaction et l'inconséquence. Où sont les bases de ces abstractions de principes ? Montre-t-on des faits, des chiffres, de vrais résultats qui puissent démontrer la décadence du progrès connu ? On peut montrer, au contraire, sa marche ascendante, morale et matérielle, et la part contribuée par l'esclavage. — Que l'on prouve une bonne fois ce qu'on perd en l'ayant, et que l'on montre ce qu'on gagnerait en ne l'ayant plus. — Que le prétendu malheur soit démontré, que le prétendu déshonneur de l'humanité soit prouvé, et qu'enfin la prétendue réforme soit déclarée nécessaire par d'autres autorités que celles des phrases.

> Si votre frère a dû se vendre à vous, vous le traiterez comme un mercenaire et un colon, et jusqu'à l'année du jubilé il travaillera pour vous. (Lévitique, Chap. XXV.)
>
> La classe des travailleurs est la dernière dans le vocabulaire insensé de l'orgueil. Elle est la première aux yeux de la saine politique. (BENTHAM).
>
> Celui qui ne travaille pas est un malhonnête homme. (J. J. ROUSSEAU).

XIII.

Nous sommes tous sur la terre pour y travailler. Le travail est notre maître absolu à tous. Il est le conservateur de la société et de ses progrès. Il est le propagateur de l'intelligence, il agrandit les idées, il développe le jugement, et accroît ainsi les facultés humaines.

Il n'est permis à aucun individu de rester oisif : une nation ne peut s'exempter de la loi commune, et aucun peuple ne peut rester en dehors du grand travail social. Il faut que tout le monde contribue au grand mouvement universel, d'autant plus que les individus, les nations et les peuples qui s'avoisinent sont solidaires : ils s'enchaînent dans le tournoi civilisateur. On a donc raison d'aller aider et forcer, au besoin, la race africaine à subir la loi commune : il faut qu'elle remplisse sa mission pour prendre sa place au banquet de la vie civilisée. On l'élève ainsi du règne de la brute au règne de l'homme. Elle est la première à y trouver son bénéfice, à tous les points de vue. C'est ainsi que l'esclavage a pris sa source dans la nécessité naturelle, comme étant le seul moyen transitoire de la transformation de cette race.—On n'observe pas assez qu'avant les lois humaines il y a des lois naturelles qui gouvernent le monde.—Ce sont des lois mystérieuses qui, heureusement, ne se discutent pas, qui ne se décrètent et ne s'imposent jamais comme un écrit public. On y obéit sans s'en douter, en dépit de l'homme orgueilleux qui n'y peut rien changer. Il se débat en vain contre la forme et le nom de la chose ; le fond est inébranlable comme le roc. C'est la nécessité naturelle, c'est la loi du travail, auxquelles nous sommes tous assujettis.—En Amérique, en Asie, en Afrique, en Russie, en Pologne, en Turquie, on nomme les travailleurs esclaves ou serfs ; en Angleterre, en France et ailleurs, on les nomme ouvriers, domestiques, laboureurs, artisans. La chaîne n'en existe pas moins ; et si l'on considère les facultés, les droits naturels et l'intelligence du prolétaire blanc, on verra que, comparativement, il est plus esclave que le noir d'Amérique. "En d'autres temps, en "d'autres pays, sans lui ôter sa liberté, on a fait en sorte que le "fruit de son travail revint presqu'en entier à ceux qui le tenaient "sous sa dépendance. Mieux eût valu pour lui un complet escla"vage, car le maître au moins nourrit, loge, vêtit son esclave, le "soigne dans ses maladies."—F. DE LAMENNAIS, Livre du Peuple.

Pour se donner le prétexte de troubler l'ordre de la société, on ne veut pas voir que l'organisation sociale, dont on trouve tant à se plaindre, est le fait de l'organisation de l'homme : l'une, est en grand ce que celui-ci est en petit. On ne peut améliorer le tout qu'autant que les détails moléculeux de ce corps le permettent par leur progression propice : selon la maturité morale des individus. C'est ce qui fait la lenteur des réformes;—elles ne peuvent s'opérer que lorsque le grand nombre est prêt à recevoir l'action naturelle du progrès, qui ne se peut brusquer impunément.

Tant que l'esclavage aura sa nécessité naturelle, il aura sa raison d'être. Du jour où l'on pourra vivre aussi bien ou non moins mal qu'aujourd'hui à ne rien faire, on pourra espérer de ne plus voir d'esclavage noir ou blanc. Du jour où l'action du monde sera arrêtée, il n'y aura plus d'abus ; tout sera parfait, et l'égalité régnera. En attendant que cela vienne, il y aura toujours deux classes de travailleurs, l'une blanche et l'autre noire. Le climat réglera leur position et leur place respectives. L'intelligence réglera leur condition sociale, et chacun recevra en raison de ses propres mérites. A chacun selon ses œuvres.—C'est la loi naturelle, et c'est la force motrice du progrès universel.

Si le Nord a jugé convenable de vendre ses esclaves, pour n'employer que la main-d'œuvre des blancs, c'est qu'il y a trouvé son avantage réel, comme le Sud trouve encore, jusqu'à présent, le sien à employer la main-d'œuvre des nègres. L'esclavage, au Sud, a autant de droits et de raisons d'être, que le travail libre au Nord.—C'est l'intérêt du maître qui fait pivoter le sort du travailleur partout, et personne n'a le droit de s'ériger en réformateur, aujourd'hui, d'une chose reçue, admise et consacrée. En un mot, l'esclavage du noir n'a rien de plus extraordinaire que la liberté du blanc. Ils ont chacun, logiquement, ce qu'ils peuvent avoir et ce qu'ils peuvent user, d'après leur intelligence et leur nature.—Toute disproportion de bien devient aussi dangereuse que le mal même.

Les esclaves, répétons-le, sont à tout prendre au moins aussi bien partagés par le sort que les prolétaires blancs. — Que l'on donne la liberté à ces 4,000,000 de têtes, et l'on verra, par l'usage qu'ils feront de cette liberté, si leur nouveau sort répondra aux théories humanitaires. Par suite de leur nature et de l'agglomération des noirs, il arrivera de deux choses l'une : ou leur déportation, ou leur extermination en masse du milieu des blancs ! N'est-ce pas ce qu'on a fait avec les Indiens, qui cependant sont supérieurs en intelligence, et qui certainement ont les sentiments de la dignité naturelle à l'homme libre.

En dernier résumé, l'esclavage des noirs est un fait naturel et humain, que l'on a tort de déplorer,—car c'est un bonheur pour ceux que l'on place en victimes dans l'opinion, comme c'est un bienfait pour ceux-là même qui le détractent.

Il n'appartient pas aux faibles humains de contrecarrer les vues de la Providence. Il leur est impossible d'entraver la marche du temps et de la nature, qui seuls sauront bien faire le nécessaire pour la transformation et l'affranchissement du nègre.

C'est encore à tort que l'on nie les avantages recueillis par les Africains transportés sur le continent. Que l'on prenne les dix millions de nègres d'Amérique, et qu'on les compare, au moral et au physique, avec les dix autres millions de la Péninsule, et que l'on dise la vérité sur la différence de ces deux masses d'êtres d'une même souche. Il suffira de voir ceux qui arrivent d'Afrique, pour s'assurer du fait que les esclaves gagnent cinquante pour cent d'amélioration, sous tous les rapports, après quelques années de contact avec les civilisés.

On verra, par l'esquisse de l'histoire de Haïti, que rien de bon ne peut sortir de la violence dans cette grave question. On ne peut sainement vouloir forcer la main à la nature : on ne peut réellement désirer le malheur des noirs avec la misère des blancs. L'abolitionisme est un jeu d'intérêt sectionel et petit, une comédie politique ! L'abolitionisme ne peut être qu'une grande erreur ou une fourberie sociale.

ESQUISSE SUR HAÏTI.

I.

Il est bon de donner ici un aperçu du résultat obtenu par les philanthropes, à Haïti. Cette île appartenait primitivement aux Espagnols, qui en avaient détruit les insulaires caraïbes,—auxquels ils faisaient exploiter les mines en leur imposant des traitements qui eurent pour effet d'en annihiler la race. Quelques établissements français s'y étant formés, dans la partie occidentale de l'île, la France se la fit céder par le traité de Ryswick (1697).

Cette portion de St-Domingue devint très florissante et prit de grands développements par le travail des nègres, bien dirigés par les Français.

Dans le courant d'un siècle, les mélanges des deux races avaient pris assez de développement pour former une classe de mulâtres qui, par une disposition naturelle, se trouvait placée entre le noir et le blanc. Le mulâtre détestait la suprématie de celui-ci, tout en méprisant l'infériorité de celui-là. La révolution française de 1789 et ses doctrines d'égalité leur donnèrent de l'enthousiasme. Leur exaltation était, d'ailleurs, nourrie par les "Amis des Noirs", société composée de Français et d'Anglais, en faveur de l'émancipation et de la suppression de la traite des nègres.

La révolution avait jeté le désordre et la désunion parmi les blancs de la colonie, qui pour la plupart se mirent en désaccord avec le gouverneur. Les tergiversations de l'Assemblée Nationale, qui tantôt accordait certains droits aux hommes de couleur et qui tantôt les retirait, ne contribuèrent pas peu à provoquer un soulèvement.—La révolte des mulâtres et des nègres, dirigée par ces premiers, éclata le 23 août 1791, dans les environs du Cap Français. Les blancs, toujours divisés, ne purent ni lutter ni obtenir du secours de la mère patrie, avec laquelle ils s'étaient mis en hostilité ouverte.—Cette imprudence assura même aux insurgés la coopération des représentants du peuple, Polverel et Santhonax, qui avaient été envoyés dans l'île comme administrateurs. Avec leur appui, les nègres se saisirent du Cap Français, et, du 21 au 23 juin 1793, ils en égorgèrent tous les habitants blancs, mirent les propriétés au pillage; l'incendie vint compléter l'œuvre de destruction et faire disparaître les victimes avec les traces de leurs atrocités, au fur et à mesure des horribles progrès de ces féroces vandales.

Presque tous les colons furent massacrés ! Très-peu réussirent à s'échapper.—Vieillards, femmes et enfants, rien n'arrêtait la fureur de ces forcenés sauvages !......

A la faveur des guerres de la république française, l'Angleterre ne tarda pas, bien entendu, à attaquer la colonie. En 1793, de concert avec les Espagnols, elle vint pour s'emparer de ces riches possessions dévastées et peu défendues par la France. Cependant, le général Lavaux arriva avec un corps d'armée, et secondé par les nègres insurgés, tournés à présent contre les Anglais leurs amis, il put empêcher toute entreprise sérieuse.

Pour reconnaître les services de ces esclaves, le 4 février 1794, la France proclama l'émancipation générale des noirs dans les colonies, et leur accorda les mêmes droits qu'aux blancs ! — Le Directoire nomma en même temps, le nègre Toussaint-Louverture pour général en chef de toutes les troupes de l'île. Mais bientôt Toussaint voulut aussi se rendre indépendant, et le premier consul dut envoyer le général Leclerc avec un corps d'armée de 25,000 hommes, pour le réduire à l'obéissance. Toussaint essaya de s'opposer au débarquement des troupes françaises, mais il fut repoussé dans l'intérieur et dut bientôt se soumettre. Arrêté pour trahison, il fut envoyé en France. Les nouveaux colons et ceux qui avaient échappé aux massacres, essayèrent de rétablir l'esclavage, mais une nouvelle insurrection éclata, et ne permit pas de réussir. — Les troupes françaises, décimées par les maladies, dont Leclerc avait été victime, durent se rembarquer en 1803 ; avec leur départ, cessa la domination des blancs à St-Domingue. Le nègre Dessalines se fit couronner empereur, sous le nom de Jacques Ier ! Mais bientôt il fut tué dans une émeute provoquée par ses barbaries. Le nègre Christophe lui succéda, sous le nom du roi Henri Ier, après avoir été le chef de la conspiration, avec le mulâtre Pétion. De là date le renouvellement de l'ancienne haine des deux castes, dont la rivalité est la cause première des luttes intestines qui dévorent ce pays. Bref, depuis ce moment jusqu'aujourd'hui, les nègres de St-Domingue ont été continuellement en guerre civile, et les divisions de territoires en sont la moindre conséquence. Après avoir goûté de toutes les formes de gouvernements, sous le nom de république Dominicaine et d'empire (Soulouque), ils sont tombés dans l'anarchie, et ils vont probablement se remettre de bonne volonté sous la tutelle d'une puissance européenne. Ils arriveront d'eux-mêmes à reconnaître leur incapacité de pouvoir marcher seuls ; ils préfèreront au besoin reprendre l'esclavage avec le repos, que la liberté avec l'anarchie, jusqu'au moment où leur amélioration morale leur permettra d'être libres en réalité. La décadence commerciale a suivie la décadence politique de l'île ; les mulâtres, pas plus que les nègres, n'ont satisfait aux espérances que leur émancipation avait fait concevoir; sous le rapport matériel, comme sous le rapport intellectuel, ils n'ont rien fait ; ils sont toujours d'une paresse presque invincible, d'une incapacité native. Ils ne trouvent de plaisir que dans les jouissances sensuelles ; ils sont tombés dans une position pire que ce qu'ils étaient sous l'esclavage. L'agriculture, l'industrie, le commerce sont extraordinairement déchus, et une foule de cantons, autrefois florissants, sont aujourd'hui déserts. En 1789, on comptait dans la partie française, 813 plantations de sucre, 3,117 de café, 3,151 d'indigo, 789 de coton et beaucoup d'autres. La valeur des exportations pour la France était de

135,600,000 f. Celle des importations de 7 millions, et le commerce de France y occupait 710 navires, montés par 18,466 matelots.. L'île, avant l'émancipation, rapportait 141 millions de livres de sucre, et 70 millions de livres de café. L'exportation du sucre a presque cessé ; celle du café n'est plus que de trois millions, et le reste en proportion. La décadence est complète ; — la démoralisation est croissante.

Les Haïtiens s'en consolent en imitant les vanités et les manières des blancs : ils ont une cour où l'on voit l'aristocratie nègre et mulâtre ; on y trouve tous les titres voulus, depuis le baron de Cassonnade jusqu'au duc de la Caféière !

Les blancs y sont rares; ils n'y jouissent d'aucun droit politique; les Indiens et les Africains, seuls, sont citoyens ! Les guerres intestines leur donnent des petits tyrans qui s'oppressent tour à tour. Ils vivent dans une anarchie qui ressemble un peu à la barbarie de leur pays natal. Il paraîtrait d'ailleurs que ce doit être là le sort réservé à toutes les républiques du continent américain : elles sont toutes en guerre civile.

FIN DE LA TROISIÈME PARTIE.

QUATRIEME PARTIE.

SUR L'ABOLITIONISME.

" Superbus est nihil sciens, sed languens
" circum questiones et pugnas verborum; ex
" quibus oriuntur invidiœ, contentiones, blasphe-
" miæ suspiciones malœ."

C'est un orgueilleux qui ne sait rien; il
languit autour des questions et des combats de
paroles, desquels naissent l'envie, les contesta-
tions, les blasphèmes et les mauvais soupçons.
(St-Paul, Ep. à Timothée, Verset 4).

I.

La fureur de se distinguer pousse souvent, en effet, l'homme à détruire son semblable. Il sacrifie tout, jusqu'à lui-même, pour donner satisfaction à son orgueil.

On voit des hommes de talent n'employer leurs capacités que sur les sujets les plus propres à jeter de l'éclat autour de leur nom aux yeux du vulgaire. Il en est de même de certains cœurs généreux, qui ne le sont que là où ils peuvent se faire hautement valoir. La pure moralité, chez ceux-là, et la vraie générosité, chez ceux-ci, sont des questions secondaires ou inconnues.

L'ostentation est, chez la plupart des hommes, le pivot moral, comme l'intérêt est, en général, leur pivot matériel.

L'abolitionisme offre des exemples frappants, et malheureusement trop nombreux, de cette vérité.

Comment expliquer autrement cette affluence d'individus qui font de l'abolitionisme en tout, sans avoir de raisons directes, ni de motifs sérieux, ni même les connaissances voulues du sujet qu'ils veulent détruire ou réformer ?

Comment peut-on raisonner autrement la conduite de ces prêtres et de ces magistrats, qui prêchent la subversion des principes reçus, des lois consacrées, des règles de la morale et de la religion, dont ils sont les premiers gardiens ?

C'est pourtant chez le peuple qui a la réputation d'être le plus religieux et le plus respectueux du monde pour les lois divines et humaines, que l'on voit les premiers magistrats violer la Constitution, et les prêtres souffler le feu de la guerre civile ! Et tout cela pour obéir à l'esprit de l'orgueil, qu'on nomme esprit de parti, ou l'amour de soi. Là où les passions excitées devraient rencontrer l'auxiliaire médiateur, conciliant de la religion chrétienne, de la loi équitable, on trouve des énergumènes, fanatiques, qui, pour l'honneur de l'humanité, vont exterminer une partie de la famille humaine ! qui, au nom du Dieu créateur, vont massacrer une partie de ses créatures ! L'Eternel punira-t-il, au moins, les crimes qui se commettent ainsi en son nom ? L'humanité admettra-t-elle donc toujours qu'on l'honore en la détruisant ?

II.

Ceux qui connaissent et jugent impartialement l'Amérique et les Américains, souffriront plus que d'autres en voyant avec tristesse ce qui se passe ici. — Jamais comédie humaine, hypocrisie sociale, ne furent plus tristement jouées que dans la cause de l'abolition de l'esclavage, qui en partie sert de prétexte à la guerre fratricide des Etats-Unis.

Dans un sujet pareil, contenant tant d'intérêts opposés, et par conséquent tant de passions diverses, les écrivains abolitionistes ont trouvé de l'argent à gagner et une mine inépuisable à exploiter, en agitant sans cesse cette question pleine d'orages.

Les politiciens, de leur côté, y ont trouvé un beau motif de parti.—Les sentiments humains furent mis à l'usage d'un marchepied tout fait pour monter au pouvoir, c'est-à-dire aux places lucratives.

Les fabricants y ont vu, comme il a été dit, le moyen de maintenir leur protection douanière.

Les discoureurs, et il y en a aux Etats-Unis, y ont trouvé des sujets magnifiques pour pérorer *ad infinitum*, et les prêtres ont saisi l'occasion d'arriver enfin à faire peser leur puissance théocratique dans la balance politique ; puis sont venus les Don-Quichottes humanitaires, et les pécheurs en eau trouble. Ainsi s'est formé le cortége d'intérêts des abolitionistes qui devaient tuer l'Union.

On est dupe, quand on croit aux sentiments généreux des Anglo-Saxons vis-à-vis de l'humanité noire.—Il n'y a pas cinq abolitionistes sur cent, qui soient sincères dans leur doctrine.—En voici une des plus faibles preuves : aux dernières élections pour la présidence, on soumit au vote, à côté du nom de M. Lincoln, dans divers Etats du Nord, la question de savoir si les hommes de couleur seraient admis au vote, comme tout autre citoyen. Le résultat du scrutin a donné 4 oui pour cent non ! Et si l'on considère que cet essai fut fait dans le Massachusetts, le Connecticut et le New-York, c'est-à-dire au milieu du foyer de l'abolitionisme, on peut, sans peur de se tromper, affirmer que du nombre des adhérents de Lincoln, il n'y a pas 2 pour 0[0 qui soient en faveur de donner des droits politiques aux nègres. Et cependant, le parti républicain prêche l'abolition, l'égalité, et il est en train de mitrailler ceux qui ne sont pas de son avis ! Il a été dit ailleurs quelle est la manière dont ils traitent les nègres, et on peut être assuré qu'il y en aurait bien plus long à dire sur les rigueurs et le mépris dont le nègre libre est l'objet chez les professeurs d'abolitionisme. On peut remarquer une chose, chez tous les partis violents, c'est qu'ils agissent toujours au contre-pied de la lettre de ce qu'ils professent. Y a-t-il au monde des gens plus despotiques que ceux qui professent le républicanisme ? N'est-ce pas chez les théoriciens égalitaires que l'on rencontre l'orgueil le plus tyrannique, la morgue la plus aristocratique ? Il est reconnu que tous ces gens-là, avec leur aristocratie d'argent, sont des tyrans; tandis que les gens du Sud, avec l'esclavage, sont des libéraux. Les hommes du Nord veulent absolument renverser les lois, au nom de la légalité, dont ils sont les premiers à abuser pour leur bénéfice particulier.—Tous ces démollisseurs ne sont pas, ne peuvent pas être sincères à leur doctrine d'émancipation ; autrement, ils prêcheraient d'exemples d'abord.—Y a-t-il un exemple à citer, chez les Yankees abolitionistes, d'avoir donné la liberté aux nègres dont ils héritent quelquefois de leurs parents du Sud? Ils les font bien vite vendre, et ils en empochent l'argent encore plus vite. N'est-ce pas là, du reste, ce qu'ils ont fait lorsqu'ils avaient des esclaves? Ils les ont bel et bien exploités jusqu'au moment où l'immigration leur a apporté le travail intelligent et à bon marché des blancs. Alors ils ont vendu leurs nègres aux Etats du Sud, auxquels ils font aujourd'hui la guerre, au nom de l'honnêteté, de la moralité, etc.

La doctrine de l'abolitionisme est faite, cependant, pour rencontrer une certaine catégorie d'adeptes sincères.—Les esprits peu éclairés, les cœurs trop généreux, vifs et les têtes exaltées, mais sans raisonnement, s'enflamment, en effet, à ces grands mots de délivrance, d'égalité, de liberté, etc. C'est parmi cette classe d'enthousiastes illuminés, que les meneurs puisent leurs instruments pour exploiter leurs entreprises. Ils ont ainsi fourni au monde un fanatique plus insensé et surtout plus brave que ses chefs : John Brown, ce nouvel Erostrate, a pris la doctrine au sérieux, et a tenté de s'en faire l'apôtre sacrifié, pour laisser son nom, d'une manière ou d'une autre, à la postérité.—Ce malheureux s'est jeté à corps perdu dans la sotte cause d'une race stupide et lâche, indigne d'une goutte du sang caucasien que l'on verse pour elle.

On a sanctifié, au Nord, la mort de John Brown ; l'esprit de parti en fait un martyr de l'humanité. Il faut pourtant s'expliquer sur l'application de cet autre mot, que l'on prodigue à tort et à travers, ou selon les besoins de la cause.—On ne saura plus bientôt ce qu'il représente, excepté l'inverse de ce qu'il doit être, —C'est au nom de cette humanité, que l'on tue aujourd'hui des blancs pour des noirs, — tout comme on emprisonne et fusille au nom de la liberté.— Ces choses contradictoires peuvent, en effet, avoir quelquefois leur raison d'être, en faveur du grand nombre, qui doivent en recueillir les effets. Mais, est-ce là le cas, chez le noir, où il n'y a rien à réformer que sa nature, où la liberté prématurée sera un fardeau, sinon un malheur? L'apprécie-t-il, la liberté? La désire-t-il? Saurait-il s'en rendre digne, comme les blancs, par la conquête?

Les circonstances qui ont fait échouer le but de la conspiration de John Brown, sont tout un monde d'expériences et de révélations, à l'endroit de la nature et du cœur du nègre.—Que l'on en juge.

John Brown était un abolitioniste pratique, dans le genre de ce Montgomery, qui, dans les Etats du Sud-Ouest, a organisé une bande de guerillas, avec laquelle, depuis des années, il commet des déprédations et vole des nègres, dont il se fait des auxiliaires pour dévaster les propriétés. — On dit, cependant, que John Brown faisait ce métier plutôt par goût, par besoin de satisfaire son caractère aventureux, que par l'appât du lucre et du pillage. —Accordons le bénéfice du doute à sa mémoire. Toujours est-il qu'il était habile et routiné dans l'art d'organiser un soulèvement. Aussi, il avait choisi l'endroit le plus propice, sous tous les rapports, pour être le théâtre de ses exploits.

Harper's Ferry contient, comme on sait, un arsenal bien garni d'armes et aussi bien mal gardé en temps de paix. Il est, de plus, situé sur la frontière des Etats libres, et sur le sol des Etats à esclaves, où les nègres dominent en nombre, — la Virginie et le Maryland. En outre de ces avantages naturels, bien choisis par le connaisseur flibustier, il avait encore l'avantage d'avoir affaire aux nègres les plus propres et les mieux préparés, d'entre tous les esclaves, aux idées de liberté, vu leur contact constant avec les noirs libres et les abolitionistes. C'est dans ces dispositions favorables qu'il fit choix de 300 à 400 conjurés noirs, organisés et disciplinés parmi les nègres d'élite des environs ; ils avaient chacun leur grade et leur poste. Toutes les mesures étaient donc prises avec discernement; toutes ces combinaisons donnaient certainement plus des trois-quarts des chances au succès.—On devait réussir, c'était infaillible : on s'emparait de l'arsenal ; on armait les nègres en général, et au moyen de lignes établies d'habitation en habitation, on enveloppait les deux Etats désarmés, sans défense, d'un réseau de bayonnettes ; on massacrait tout venant ; on s'emparait des propriétés, et on dictait des lois; on renouvelait enfin les événements de Saint-Domingue, et ici, comme là-bas, la victoire était gagnée pour les nègres et les abolitionistes. Qu'en auraient-ils fait, c'est une question. Mais la victoire ne devait pas venir. J. Brown avait oublié le principal, c'est qu'il avait affaire à des demi-brutes.

Enfin, le grand jour arriva ; rien ne manquait, il n'y avait plus qu'à s'avancer, aucune résistance sérieuse ne devait s'opposer à la prise de l'Arsenal ; l'heure du moment décisif sonna : le signal de la révolte fut donné. La masse des conjurés devait se montrer. Eh bien ! il en vint 18 en tout, et ils s'enfuirent au premier coup de feu ! John Brown et ses deux ou trois lieutenants blancs, furent pris, en combattant, par les habitants. John s'était couvert d'une triste gloire et de cruelles blessures. Il fut jugé et pendu avec ses acolytes, malgré les cris irréfléchis d'un grand poëte français, en exil.

N'est-ce pas là une pierre d'achoppement décisive sur la valeur de cette race? N'est-ce pas tout un enseignement, toute une preuve irréfragable que ces êtres sont à leur place, et que ce serait un malheur que de les en retirer avant qu'ils le sachent faire eux-mêmes ? Peut-on soutenir que Dieu a fait les hommes égaux et libres en naissant ? Si Dieu avait voulu la liberté et l'égalité des nègres, il leur aurait fourni les moyens de s'en rendre dignes ; il leur aurait donné les facultés qu'il a donné aux blancs, qui surent conquérir leur liberté, et en faire un bon usage. Les blancs n'ont jamais été ni sauvages, ni lâches, ni stupides : Dieu a donc voulu les douer d'une manière manifeste. Sur quoi s'appuie-t-on pour prouver que le Créateur a fait tous les humains égaux indistinctement et à son image? Que l'on réponde avec des preuves patentes, et non avec des sentiments, des abstractions, et des systèmes d'imagination. — On ne peut pas même invoquer les lois de Moïse ; elles règlent l'esclavage au nom du Seigneur. Dieu a donc voulu faire l'inégalité et l'assujettissement des inférieurs aux supérieurs. N'est-il pas au moins orgueilleux à l'homme de se proclamer d'avoir été fait à l'image de Dieu ? Cette image est donc faite de toutes les couleurs, animée de toutes sortes d'intelligences, encadrée et variée à l'infini de toutes les défectuosités morales et physiques des créatures humaines ? Si le blanc s'adjuge à lui seul le privilége d'avoir été fait à l'image de Dieu, il reconnaît donc par ce fait les infériorités des espèces disgraciées, auxquelles il donne le nom d'hommes? Rien n'est donc plus faux et plus inconséquent de dire, que les hommes sont tous égaux, tandis que l'on s'approprie individuellement tous les titres possibles de la supériorité.

Si le Créateur avait jugé convenable de satisfaire les égalitaires à système, aurait-il fait cette gradation de l'espèce humaine, qui commence par l'ourang-outang qui, d'après le grand Linné, est une espèce d'homme (homo troglodytes)? Cet homme sauvage des îles Moluques, ressemble en tous points à l'homme noir Africain ; celui-ci ressemble à l'homme rouge d'Amérique ; ce dernier ressemble à l'homme jaune d'Asie, qui, enfin, ressemble au blanc d'Europe. Cette gradation est dans l'état moral comme dans le règne physique.—En supposant, avec les anciens, que les hommes soient issus primitivement d'une souche également quadrumane pour tous ; pourquoi alors, Dieu aurait-il donné aux uns les facultés de perfectionnement qu'il a refusé aux autres, à ceux qui sont restés en arrière ? Ce serait encore de l'inégalité manifeste, et les hommes ont dû, en tous les cas, y baser, y calquer forcément leur organisation sociale. C'est donc à tort que l'on veut prouver que les inégalités sont le fait des vices et de la perversion des hommes ; au contraire, ils ont subi durement une loi naturelle ; ils ont obéi aux vues harmoniques du grand artiste universel. Il est bien orgueilleux, bien téméraire l'homme, de croire qu'il a été mis sur la terre sans être assujéti à aucune loi naturelle, et proclamer qu'il lui est permis de régler sa destinée selon sa fantaisie, en décrétant le renversement du système divin, par lequel il est si invinciblement régi avant tout.

La plupart des hommes ne sont malheureux que parce qu'ils pensent faux ; conséquemment, la plupart des malheurs n'arrivent que parce que les actions des hommes portent à faux.

En effet, n'en voit-on pas encore, chez les Américains, un nouvel et triste exemple ? Voilà un peuple jeune, intelligent, énergique, qui gaspille son temps, ses libertés, son honneur et son sang, à propos des principes les plus faux du monde. Il est vrai de dire que, chez la plupart de ces combattants, c'est le jeu de la spéculation : le principe est absent ; il n'y a qu'un prétexte.—Mais en est-il moins pitoyable de voir ainsi sacrifier en pure perte du sang noble, de l'intelligence et du courage, en faveur d'une race sans âme, sans dignité, sans caractère, tandis que nous avons tant de nobles cœurs, tant de vaillants hommes, tant de frères enfin qui sont dignes de la liberté et qui ne l'ont pas ! Que fait-on de cette noble Pologne ? On la rabat à coups de baïonnettes quand elle lève un genou vers la liberté ! on étouffe son cri de détresse par la voix du canon, qui la mitraille ; on y fauche les têtes qui rêvent la résurection nationale ; on noie ainsi la pensée de liberté dans le sang.—Les chevaux et les lances cosaques piétinent et éventrent le peuple, qui veut être libre !

Pour aider le courage de la Pologne, de la Hongrie et de Venise, pas de John Brown, pas de Greeley, par de Gerrit Smith pas de ministres protestants, pas d'humanitaires américains ni anglais. Mais pour la race africaine, incapable d'être autre chose qu'esclave, pour celle-là, le carnage, la ruine et le malheur des blancs. Voilà ce que, de nos jours, on appelle faire de l'humanité. L'esclavage des noirs déshonore l'humanité, dit-on ! Alors, que font donc le servage et le meurtre des blancs ?

III.

L'ignorance dans laquelle sont restés la plupart des Européens, sur la nature du nègre, n'est pas un des moindres agents de l'abolitionisme. Ainsi, on entend dire sérieusement, en Europe, que les Africains se lèveront un jour, et qu'ils auront leur page dans l'histoire des nations civilisées !

On ne demanderait pas mieux que cela fut possible ; personne n'aurait à objecter d'admettre que les Africains sont exactement des hommes égaux aux blancs, ou même seulement des gens capables de se gouverner librement, sans danger pour personne; mais tous les systèmes de la métaphysique, tous les sentiments généreux et toutes les analyses de l'idéologie du monde ne pourront pas changer la vérité. Malgré la bonne volonté de tout le monde blanc, le monde noir n'en sera pas moins un monde disgracié, inférieur en tous points aux autres races,—et par conséquent incapable d'avoir et de jouir des privilèges réservés aux blancs, jusqu'à ce que l'identification et la régénération soient accomplies.

Un écrivain a fait paraître, dernièrement, à Paris, un pamphlet intitulé : " *Un grand peuple qui se relève* ", à propos de la guerre civile des Américains qui, selon l'auteur, aurait pour but l'abolition de l'esclavage.

D'abord, le peuple américain n'était nullement tombé, ni abaissé, en quoi que ce soit, avant cette guerre, au contraire ; il n'avait donc pas à se relever.

Un peuple libre ne se relève pas en se détruisant ; et loin de s'élever, en se faisant la guerre, en mésusant de sa Constitution et de ses libertés, il se ravale, il se déshonore, il se rapetisse, quand toutefois il ne s'annihile pas, comme les Grecs et les Romains ! Une nation démocratique, qui est tombée dans l'esprit de faction, qui a substitué la force à la justice, une nation, enfin, dont le Nord veut dévorer le Sud, n'est plus un peuple libre, n'est plus un grand peuple ; et loin de se relever, il s'engloutît dans l'immense tombeau des républiques anciennes et modernes !

L'auteur du pamphlet en question s'est diamétralement trompé. Le peuple américain n'avait rien à diviser, rien à détruire, rien à renverser ; au contraire, il avait tous les avantages possibles réunis dans ses mains pour développer les ressources de son immense territoire et de ses belles institutions. Jamais peuple ne fut plus heureusement doué, sous tous les rapports, que le peuple américain ; mais la fortune retire ses faveurs à ceux qui ne la respectent pas.

Si l'auteur en question a cru voir un nouveau bonheur à accumuler pour le pays, dans l'abolition de l'esclavage, il s'est laissé entraîner dans l'erreur du mirage.—Ce serait l'abolition du peu de bonheur qu'ont les blancs et les noirs, sur le continent, et rien de plus. Ce serait, en revanche, de nouvelles scissions et de nouvelles discordes infinies.—Les Etats-Unis en deviendraient ce qu'est le Mexique depuis près d'un demi-siècle : ils tomberaient dans une guerre civile indéfinie ; et cependant, les Mexicains n'ont pas la question de l'esclavage pour les diviser.—Ils ont décrété l'abolition de l'esclavage en se rendant indépendants de l'Espagne ; en sont-ils plus heureux? Y a-t-il au monde un pays plus riche, et un peuple plus misérable, plus abatardi ?

Pense-t-on, sérieusement, que l'annihilation politique de l'esclavage des noirs l'abolira de fait ? Pense-t-on que les nègres, une fois libres, tout le monde en sera plus heureux, l'humanité plus honorée et le peuple américain plus grand? En quoi ces résultats pourraient-ils se produire ? Sur quoi base t-on cette hypothèse ? Sur le changement d'un mot. d'un nom! Peut-on, sincèrement, logiquement croire, proposer la suppression d'un malheur réel, effectif, par la suppression de l'esclavage ? Peut-on, enfin, démontrer les avantages et le bonheur, qui prendront la place de ce prétendu malheur de l'humanité ?—On abuse d'une étrange manière du langage ; on pervertit à volonté le bon sens, la raison, par des mots à effet et des théories à système, et cependant, on ne peut pas prouver le premier point important, qui est de savoir si, en réalité, l'esclavage des noirs est un plus grand mal que l'abus de la liberté des blancs.—L'esclavage des noirs est une conséquence naturelle, avant d'être un malheur,—s'il en est un. Il est inhérent à la nature, comme les souffrances le sont à l'existence de l'homme. Peut-on supprimer les souffrances naturelles de l'homme ? Peut-on supprimer les inégalités humaines ? Eh bien, là, comme dans l'esclavage des noirs, on peut tout au plus en changer le nom, mais on n'en supprimera jamais le fait, avant que la nature ne l'ait ordonné.—Tout ce qu'on peut et doit faire sur la terre, c'est d'améliorer là où il y a lieu ; c'est d'aider ceux qui demandent à être aidés, et d'abolir enfin les vrais maux, qui sautent aux yeux, avant d'abolir ce qui est relativement bien, ou du moins ce dont le mal n'est pas prouvé.

Pour en finir avec le pamphlet d'*Un grand peuple qui se relève*, nous lui demanderons ce que l'on penserait d'un Américain qui irait déclarer que l'institution de l'armée française est un déshonneur pour l'humanité, et que l'empire qui s'en sert comme instrument destructeur est un peuple immoral et abaissé ?

Le peuple français serait-il plus grand qu'il ne l'est, en renversant ses institutions ? Se relèverait-il, en détruisant le gouvernement qui l'a fait plus grand qu'il ne l'a jamais été ?

Eh bien, l'institution de l'esclavage, chez le peuple américain, a été un instrument de grandeur et de prospérité pour les Etats-Unis, dans un ordre qui est, certes, non moins appréciable que l'institution de l'armée et de l'empire pour la France.—Et cependant, dans ces deux points de comparaison, il y a certainement des abus, d'un côté comme de l'autre, qui, d'après les abstractions idéologiques, ne devraient pas exister sur la terre.—A ce point de vue-là, l'homme serait le premier à être supprimé du globe, car il en est le premier fléau.

Les-Américains abolitionistes qui se posent si fort, aujourd'hui, en Don-Quichottes pour la liberté des noirs, qu'ont-ils fait de la liberté et de la propriété des Peaux-Rouges ? Les Indiens n'ont pas voulu se laisser enchaîner dans l'esclavage ; Dieu leur avait donné un sentiment de dignité d'hommes, que l'on ne trouve pas chez les noirs, et cependant, malgré leur mérite intéressant, les Indiens n'en sont pas moins pourchassés et décimés à coups de fusil, comme bêtes fauves, et leurs propriétés n'en sont pas moins prises et partagées par les blancs avides. — Quel enseignement ne peut-on pas tirer de la conduite passée des envahisseurs ? Ne serait-ce pas, aujourd'hui, une attaque nouvelle à la propriété des riches planteurs du Sud, que cette guerre d'invasion ? Cette querelle de noirs, ne serait-ce pas l'idée de faire aux maîtres d'esclaves ce que l'on a fait avec les Indiens Peaux-Rouges ?—Il est permis de faire toutes les plus tristes réflexions sur les assaillants d'un pays qui ne demande que sa liberté et son isolement, à part de ses antagonistes déclarés.

Le libéralisme des abolitionistes américains, pour la liberté des hommes, peut encore se peser par l'histoire du passé, vis-à-vis du Vieux-Monde. Ont-ils jamais fait quelque chose pour aider à la liberté des blancs d'Europe, d'où ils ont tiré la leur ? Ont-ils aidé à l'affranchissement de la Grèce? Ont-ils seulement été sympathiques aux défenseurs de la Turquie, en Crimée? N'ont-ils pas encore été opposés aux armes libératrices de l'Italie ? N'a-t-on pas lu, en tous temps, leurs ridicules prophéties stratégiques, tirées de leurs sentiments de jalousie contre les alliés ? N'a-t-on pas senti leur mécontentement, leur dépit du succès des Français et des Piémontais sur le Mincio comme à Sébastopole ? N'ont-ils pas, enfin, toujours été en faveur de la Russie et de l'Autriche ? Pas merveille donc s'ils sont aujourd'hui Autrichiens et Cosaques vis-à-vis de leur propre pays !

IV.

Il est aisé à l'Europe d'être abolitioniste et de crier à l'horreur sur l'esclavage, dont elle ne connaît l'application que par ouï-dire ; il lui est facile d'y être opposée, car elle n'en sent pas la nécessité, ni même les bienfaits, dont cependant elle jouit plus que toute autre, peut-être sans s'en rendre compte. En effet, elle recueille tous les avantages de l'esclavage, sans en éprouver ni les inconvénients, ni les risques, ni la responsabilité. Ce n'est pas une petite tâche, que d'avoir une telle race sous sa tutelle.—C'est pourtant en raison de l'esclavage, qui développe les richesses du pays, que l'Europe fait un commerce si immense avec l'Amérique. —C'est avec le Nouveau-Monde que l'Europe emploie et fait vivre la moitié de sa population, surtout la France, démunie de ressources coloniales. Sans l'esclavage, que serait l'Amérique ? Que ferait-on avec ces immenses territoires incultes ? Que l'on consulte la statistique ci-jointe plus loin.

Que deviendrait, en Europe, cette population croissante, industrielle, encombrée d'elle-même et de ses produits, si elle n'avait pas le continent américain pour écouler non-seulement ses produits presque forcés, mais encore pour dépenser cette force qui serait un danger sans l'emploi qu'en fait l'industrie ? Que ferait-elle, sans les matières premières d'Amérique, qui complètent ses moyens d'existence, par un va et vient d'absorption et d'impulsion ? Elle ne pourrait pas plus vivre sans ce mouvement d'échanges, que sans l'action d'aspirer et de respirer.—Il y a quatre siècles, avant la découverte de l'Amérique, l'Europe pouvait peut-être vivre, en partie, sur elle-même ; mais maintenant, elle ne le pourrait plus. L'agglomération de sa population et les échanges établis ont créé des liens et des besoins de solidarité avec les pays d'outre-mer, qu'elle ne pourrait pas briser,—ou bien alors si les débouchés d'Amérique venaient à manquer à l'Europe, le courant des intérêts européens aurait à se rejeter, comme un reflux naturel, sur les Indes, trop monopolisées par l'Angleterre. Il n'est donc pas trop de l'intérêt de celle-ci de fomenter les troubles qui pourraient détourner ce courant, en amenant une décadence pareille à celle des Egyptiens, des Grecs et des Romains, au Nouveau-Monde.

Quant à la question humanitaire, il n'y a pas lieu, répétons-le encore, de l'invoquer à l'endroit de la race africaine. Jamais sentiments d'humanité ne furent placés plus mal à propos, ni ne furent portés plus à faux que sur les nègres d'Amérique. L'Europe ne se rend pas plus compte de ce qu'est et comment est cette race dans l'esclavage, que des avantages qu'elle en retire en le conservant, ni de ceux qu'elle perdrait en le détruisant.—Jamais la vérité, la rationalité n'ont été plus violentées, que dans cette malencontreuse doctrine de l'abolitionisme.—Si toute l'Europe pouvait se transporter en Amérique, elle serait esclavagiste après huit jours; il n'y a que l'ignorance, la spéculation et la mauvaise foi qui, seules, peuvent arriver à pervertir le bon sens à ce point chez les peuples lointains; et cependant, il n'y a pas deux Français sur cent qui, après avoir vu et observé l'application de l'esclavage, ne s'en retournent parfaitement, sincèrement convaincus que la chose à sa raison d'être et qu'elle doit être pour le bien de tous.—Les Français sont cités ici, parce que ce sont ceux qui n'y mettent ni parti-pris, ni mauvaise foi; parce que le libéralisme et la lumière ne leur font pas défaut. — Tous les autres peuples ont leurs raisons particulières pour être plus ou moins abolitionistes,—selon leurs intérêts et leurs vues politiques.

Que manque-t-il, pour faire prévaloir la vérité? De connaître les nègres, de voir l'application de l'esclavage, et de citer des exemples en fait d'expériences d'émancipation. Que ceux qui le peuvent viennent voir l'esclave et l'esclavage; ils y gagneront. Que ceux qui ne le peuvent pas veuillent, au moins, examiner la position des affranchis de la Jamaïque, de Haïti et du Mexique, et que l'on dise si, réellement, la moralité et l'humanité y ont gagné quelque chose, sans parler des progrès matériels dont le monde se trouve privé, à commencer par ces êtres dévoyés, désœuvrés, sans valeur et sans utilité sur la terre, du jour où la tutelle du blanc leur manque.

Les abus qui détruisent les bonnes institutions ont le fatal privilége de faire subsister les mauvaises. (LEMONTEY.)

V.

Quant aux réformateurs d'Europe et ailleurs, qui veulent absolument exercer leur charitable imagination en faveur des nègres d'Amérique, ne feraient-ils pas mieux de prendre à partie le mal à sa racine, et d'aller civiliser les nègres en Afrique? Ils verront là des maux réels, des horreurs complètes ; ils pourront peut-être arriver à faire comprendre aux noirs qu'ils doivent travailler à cultiver la terre en bon père de famille, pour nourrir leurs enfants et leurs femmes, au lieu de les vendre et de les laisser périr; qu'ils doivent se faire bons chrétiens et paisibles citoyens, au lieu de faire la guerre à leurs voisins et de manger les vaincus, lorsqu'ils sont invendables! Ils réussiront peut-être à fléchir la féroce barbarie des petits despotes sauvages, tels que celui de Dahomey, dont le palais est orné de milliers de crânes humains. Sur leurs exhortations, ceux-ci consentiront sans doute à ne plus faire d'hécatombes de nègres, pour montrer et faire craindre leur puissance. — Il est probable même qu'ils donneront des nègres pour rien, afin d'en faire des mercenaires, des décrotteurs, etc., pour rapporter la civilisation d'Europe en Afrique.

Si les humanitaires trouvent que la réussite est trop incertaine, et les difficultés trop dures, ils n'ont pas besoin d'aller si loin pour exercer leur philantropie ; Londres est un théâtre immense, où les misères et les dépravations les plus hideuses sont sans fond. Les mines de la Grande-Bretagne, avec les villes manufacturières telles que, Manchester, Birmingham, etc., leur fourniront de la besogne inépuisable. Ils y verront des millions d'hommes blancs dans l'esclavage de l'industrie, qui mangent à la moitié de leur besoin ; qui boivent du gin pour assouvir leur faim, et pour oublier leurs maux dans l'abrutissement. Ils vivent de dix à quinze ans de moins que la moyenne de l'existence de l'homme partout ailleurs. — Le travail le plus opiniâtre et les fatigues les plus destructives ne pouvant leur fournir les moyens de subvenir aux besoins d'une demi-existence ; perdant tout espoir de pouvoir jamais améliorer leur sort quelque jour, ces prolétaires se laissent aller au découragement, à l'ivrognerie, aux vices les plus immondes, trop heureux d'être emportés, bien vite, du milieu d'une lèpre sociale, dont ils sont à la fois sujets et victimes. L'Angleterre est le pays où les extrêmes de la misère et de la richesse, sont le plus scandaleusement accouplés. Sa richesse territoriale est entre les mains de quelques-uns ; la richesse mercantile entre les mains d'un nombre moyen ; mais la majorité est entre les griffes de la misère. Le paupérisme de l'Angleterre est le plus grand, le plus grossier, et le plus immoral de toute l'Europe. La mendicité y est passée à l'état de profession, d'où une certaine classe d'individus ne peut pas sortir. C'est héréditaire.—Ainsi, ceux qui vivent exclusivement de l'aumône, dans les trois Royaumes-Unis, est de un individu sur six, c'est-à-dire que le sixième de la population de l'Angleterre est dans le dernier degré de l'indigence.

Le paupérisme en France et en Allemagne, est de un individu sur vingt ; dans les Pays-Bas, de un sur sept ; en Suisse, de un sur dix ; en Autriche et en Danemark, de un sur vingt-cinq, et en Russie, de un sur cent. Le nombre total des individus qui vivent de la mendicité, en Europe, représente la vingt-et-unième partie de la population. Ces chiffres sont puisés dans *l'Economie politique chrétienne*, de M. de Villeneuve de Bargemont, et dans les essais de P. Schmidt, sur la *Population, les Salaires et le Paupérisme d'Europe*.

Si les Anglais sont aussi philantropes qu'ils le proclament, en faveur des noirs, on doit s'étonner de ne pas les voir donner un peu de cette sollicitude à ceux de leurs nationaux, qui sont abrutis par la misère et les vices ; et cependant, la généreuse Angleterre paraît penser plus au bonheur des autres qu'à celui de ses propres enfants. Elle ne veut pas que les Américains se déshonorent plus longtemps par leur institution de l'esclavage ; elle ne peut pas souffrir que les Français se ruinent dans leur folle entreprise, en perçant l'isthme de Suez ; par bienveillance pour ses amis, elle empêche ainsi l'œuvre la plus grandiose des siècles, comme elle a empêché naguère encore la réussite de l'établissement projeté sur l'unité des poids, mesures et valeurs monétaires, et cela au moyen d'une sortie sarcastique que lord Brougham a cru être très spirituelle et bien placée, en faisant la remarque aux délégués américains, MM. Dallas et Longstreet, que là, parmi eux, à ce Congrès international, siégeait aussi un nègre délégué par son pays. Devant cette remarque, trouvée insultante, les Représentants des Etats-Unis se sont retirés, et le Congrès international fut rompu. Est-il bien permis à une nation, dont le sixième de sa population meurt de faim, d'aller faire de la fausse philantropie chez des voisins où la mendicité et la faim sont inconnues? Que fait-elle avec les coolies, les Indiens et les Irlandais, l'Angleterre? sinon des esclaves.

Les coolies sont des Hindous d'une caste inférieure, dont les Anglais proclament eux-mêmes l'infériorité et l'inégalité. En conséquence, ils ont des agents recruteurs dans les Indes orientales, qui embauchent les coolies par contrat, et par tout autre moyen, pour les transporter, la plupart sans femmes, sans familles, au travail forcé des possessions de la Grande-Bretagne. Ces coolies remplacent avec tout avantage les nègres ; aux îles St-Maurice, ancienne Ile de France, de la Trinité et de la Jamaïque, ils travaillent, 10 heures par jour, au salaire de 8 sous au maximum. S'il arrive qu'ils ne travaillent pas, on les met à l'amende de cinq shelings, et comme généralement ils ne peuvent pas payer cette amende, on les met en prison.

La transportation des coolies a remplacé la traite des nègres; le travail forcé a remplacé l'esclavage, et tout cela se pratique sur une très vaste échelle, seulement tout se fait à petit bruit, afin de ne pas éveiller l'humanité que d'ailleurs on tient occupée aux Etats-Unis, pour bien d'autres raisons.

Il résulte de ce déguisement, que le nègre est supplanté aux Indes occidentales. Aussi y pourrît-il dans sa crasse misère et sa paresse naturelle.

L'Angleterre a trouvé d'autant plus son avantage dans l'abolition de l'esclavage des noirs de ses îles, que les coolies travaillent mieux et à meilleur marché, sans laisser la moindre responsabilité peser sur leurs maîtres.—Les Anglais philantropes ont ainsi découvert le moyen d'avoir les bienfaits de l'esclavage, sans y rencontrer ses inconvénients. S'il s'agissait de faire un relevé des souffrances, des causes et des genres de mort chez les coolies des Antilles anglaises, on y verrait de curieux détails à mettre en opposition à la condition des noirs esclaves des Etats-Unis, à commencer par le genre de suicide des mangeurs de terre.

Si les humanitaires sont réellement humains, à côté de tout cela, que ne s'occupent-ils d'abord de la classe non moins intéressante, sans doute, des populations laborieuses d'Europe qui, plus elles travaillent, plus elles sont malheureuses, vu que leur dégradation et leur misère augmentent en raison directe des progrès de leur industrie. On peut vérifier ce fait par le spectacle qu'offre tous les grands centres manufacturiers. Il y a longtemps que l'économiste Malthus l'a démontré à son pays.—Voici, d'ailleurs, ce que dit à ce sujet M. de Villeneuve de Bargemont, dans son *Economie politique.*

" Le développement de l'extrême indigence au sein des populations les plus nombreuses et des Etats les plus avancés dans les voies de l'industrie et de la civilisation moderne, et l'inquiétude qui tourmente les classes ouvrières, sont des faits qu'il n'est n'est plus possible de contester ; ils sont la plaie la plus dangereuse de la grande famille européenne ; ils sont également les phénomènes les plus remarquables de l'époque actuelle, car leur apparition remonte à l'ère des progrès que la philosophie, la politique et l'économie politique se vantent d'avoir obtenus au profit de la civilisation. Depuis un quart de siècle seulement, on avait commencé à soupçonner son existence ; aujourd'hui le paupérisme montre à nu ses colossales et hideuses proportions. "

Le fanatisme aveugle d'un sot, même honnête homme, peut causer plus de maux que les efforts de vingt fripons. (GRIMM).

" Point de fanatisme plus dangereux que celui de l'hypocrisie."

VI.

Platon, qui lui-même fut accidentellement esclave, dit, avec Aristote, que l'esclavage, de leur temps, était une nécessité politique. De nos jours, celui des nègres est une nécessité sociale pour les blancs, et une nécessité civilisatrice pour les noirs. Et encore, cette nécessité n'a-t-elle rien de dur, rien de cruel. Les résultats qu'on en obtient sont réellement obtenus à bon marché pour la morale et l'humanité qui, certes, ne rencontrent pas, dans l'esclavage, la centième partie des atteintes qu'elles reçoivent dans le prolétariat libre.—Les prolétaires blancs et les esclaves noirs sont, à tout prendre, comme le dit Sénèque, à propos des esclaves romains, des mercenaires à perpétuité.

On fait réellement beaucoup de bruit pour rien, pour un mot. Le nom de l'esclavage, chez les noirs, en est le seul désagrément. Pour peu que l'on veuille se donner la peine d'examiner sérieusement la question, on verra qu'il en est ainsi, et que l'on a été dupe de ces courants de fausses opinions et de ces inexplicables préjugés, qui masquent le vrai, qui détruisent le bien dans l'intérêt partiel de quelque politique prédominante sachant exploiter l'erreur. Certes, il n'y a pas déjà trop de bien sur la terre, pour qu'on se le cache ou qu'on se le rende odieux, en s'appuyant sur des détails. Il y a bien assez de maux réels, chez les blancs, sans en chercher d'imaginaires chez les noirs.

C'est à tort que l'Europe croit que la guerre civile des Etats-Unis a pour cause primordiale l'esclavage : il en est tout au plus le prétexte. Son abolition peut résulter de cette guerre, mais ce ne sera que d'une façon accidentelle, comme bien d'autres événements qui surgiront, sans doute, de ce conflit d'idées, d'intérêts, d'opinions et de passions, formant une confusion tellement déraisonnable et embrouillée qu'on ne peut y voir qu'un immense amas de sottises humaines, accumulées depuis près d'un siècle.—Dans un pays où la population est composée de toutes sortes d'éléments, avec des lois sans force et un pouvoir sans unité d'action, on pouvait bien prévoir ce choc, sans qu'il y ait pour cela l'esclavage pour motif. Les peuples, comme les individus, savent bien trouver des sujets de querelles, quand une fois la fièvre des combats leur a tourné la tête ; et cela d'autant plus, en Amérique, que l'Américain est sous l'empire d'un extrême besoin de lutte. Il lui faut de l'opposition quand même.—Après avoir succombé dans ses tentatives d'accès aux positions administratives, ou après avoir été défait dans ses luttes parlementaires, il invente de nouveaux systèmes, il confectionne de nouveaux principes, comme il fait une machine à sa convenance. C'est ainsi que les nouveaux partis se sont bâtis,—depuis le parti de la tempérance, qui veut qu'on ne boive que de l'eau, jusqu'au parti du know-nothingisme, qui veut balayer les droits politiques des populations d'origine étrangère, sinon elles-mêmes. De ces divers partis, l'abolitionisme a survécu. Il est composé des esprits les plus remuants du pays, des hommes qui éprouvent, à divers titres, le plus le besoin de faire de l'antagonisme en tout, mais principalement contre le Sud. Le Sud, adversaire malgré lui, a voulu s'échapper du terrain ; mais le Nord, antagoniste, vient de lui courir sus, et ne veut pas le lâcher. De ce qui n'était qu'une opposition parlementaire, on en a fait ainsi une guerre à outrance.

C'est dans la longue lutte congressionnelle, graduellement grossie des excès précurseurs de cette guerre, que l'on a pu juger de l'incompétence du système politique des Etats-Unis pour maintenir l'Union.—L'Union, sans l'unité, était-elle possible ? Pouvait-on la guérir de ses premières blessures ? Pouvait-on la sauver des dernières atteintes ? Non ; aucune puissance humaine ne reconstituera une chose qui est anti-naturelle dans son organisation.—Il a manqué à l'Union, entre autres choses, une soupape de sûreté et un cheval de fougue, qui pussent opérer la déperdition salutaire des forces de ce jeune peuple, malade de trop de santé, gâté de trop de bonheur.

Cette maladie a pénétré partout. Des masses populaires, elle s'est glissée dans le corps politique, puis dans le corps religieux, pour retomber sur le corps social.—Le renversement, le désordre, la démolition des lois, la subversion des principes, sont dans tout et partout.—Ne voit-on pas des ministres de la religion du Christ transformer leur chaire évangélique en tribune politique ? Ne sont-ils pas les tribuns du peuple, les chauffeurs de la guerre civile ?

Depuis des années, on a pu entendre, dans les églises, les élucubrations les plus anti-religieuses, les plus révolutionnaires possibles. Non-seulement le fanatisme interprète à sa façon et à sa convenance les lois de la Bible ; non-seulement ce qui avait été considéré jusque-là comme les vues de la Providence est tout-à-coup déclaré blâmable, mais encore, après toutes les abrogations possibles des lois reçues, ces nouveaux législateurs confectionnent et décrètent, au nom de la théologie, les plus hautes lois divines, les lois suprêmes, qui désormais domineront toutes les lois humaines, en général, et la Constitution des Etats-Unis en particulier.

L'histoire religieuse raconte comment on a brûlé, dans le temps, des hommes tout vifs, pour avoir voulu prouver l'illégalité de ces sortes d'excès théocratiques. L'histoire politique rapporte qu'un monarque a payé de sa tête de moindres atteintes portées à la Constitution anglaise, que celles de M. Lincoln et Cie à la Constitution des Etats-Unis.

C'est dans les cruelles épreuves de ces crises populaires, qu'en fait de religion on peut juger le bon grain d'avec l'ivraie : on voit d'où vient l'exercice pratique des maximes évangéliques de la charité et de la conciliation, que le christianisme enseigne.— " Les plus grands maux viennent souvent de l'abus des plus grands biens : la religion et la liberté", a dit un philosophe.

On est arrivé à pervertir tant de choses, en Amérique, que les lois religieuses sont, comme les autres règles, appliquées à l'usage et à la convenance des partis.—Le parti du Nord veut attaquer et forcer le Sud à rester son associé ; il trouve dans la Constitution le droit de tout faire à ce sujet, et d'être approuvé par la populace.

Les prêtres de l'abolitionisme veulent la destruction de la propriété du Sud ; ils trouvent une manière d'interpréter la Bible, qui leur permettra de tout commettre, en tout repos de conscience.

La Constitution n'est plus, ainsi, qu'un grand acte d'iniquité et d'illégalité, où chacun puise des armes à sa taille ; la Bible n'est plus qu'un codex à prescriptions diverses pour guérir d'avance tous les maux de la perversion, pour absoudre toutes les hérésies, et, enfin, les grands et illustres patriotes, à commencer par Washington, ne sont plus que des faiseurs, qui n'ont fait qu'une Constitution qui tourne à tous les vents. Ils ne sont plus que des grands criminels, vu qu'ils ont eu des esclaves ! crime prévu et condamné par la plus haute loi des puritains de la Nouvelle-Angleterre, pourvoyeurs et aumôniers de l'armée des abolitionistes.

Il est bon de citer ici un des préceptes des lois de Moïse, qui fait la base des législations divines et humaines :

Non concupisces domum proximi tui, nec desiderabis uxorem ejus non servum, non ancillam, non bovem, non asinum, nec omnia quœ illius sunt.

Tu n'envieras pas la maison de ton prochain ; tu ne désireras pas sa femme, ni son esclave, ni sa servante, ni son bœuf, ni son âne, ni rien de ce qui lui appartient. (Exode, Chap. 20).

Qui ergo solverit unum de mandatis istis minimis, et docuerit sic homines minimus vocabitur in regno cœlorum, etc.

Celui qui violera un de ces moindres commandements, et qui apprendra aux hommes à les violer, sera le dernier dans le royaume des cieux, etc. (St-Mathieu, Chap. V).

D'où les prêtres abolitionistes prennent-ils leur autorité pour faire les plus hautes lois ? C'est en faisant venir le vieux Satan sur la terre, dans le Sud ; c'est là, qu'avec les hommes, il a fait un contrat, par lequel l'enfer permettrait l'institution de l'esclavage, mais en y conservant la plus haute juridiction. Il fallait donc faire les plus hautes lois, pour renverser le contrat passé entre le Sud et l'enfer !

Les élucubrations les plus renversantes roulent ainsi dans les églises, au grand ébahissement des fidèles, sur le " *Covenant with hell* ! "

Il faut dire aussi, pour l'intelligence du sujet, que les grands prêtres ne montent en chaire sur ce grand point, que moyennant une redevance de 25 cents d'entrée ! Le jour de ces grandes séances s'annonce, à son de trompe, par la voie des journaux abolitionistes, et les masses d'Irlandais, d'ignorants et d'affamés, de toutes sortes, accourent se rassasier de la parole du Seigneur, dans sa maison, à 25 sous le cachet ! Cette nouvelle industrie est très-florissante à New-York. La Compagnie Beecher et consorts, qui l'exploite, est dans une position prospère ; elle a fondé des succursales dans les autres villes du Nord. Les *speakers* des premiers rôles y font des tournées très profitables ;—le prix est le même partout. Les théâtres ne sont pas contents ; ils vont réclamer. Mais le bon peuple est sous le charme ; il portera quand même ses 25 sous aux éloquents révolutionnaires théologiens, qui font la guerre à l'enfer.

Servi, subditi estote in omni timoré dominis, etc.

Esclaves, soyez soumis, avec toutes sortes de craintes, à vos maîtres, etc. (St-Pierre.)

Les jalousies de famille, l'envie des richesses, la haine du passé, les convoitises des contrées fertiles, font les Caïns modernes.

VII.

L'esclavage des noirs en Amérique, répétons-le, est non-seulement le fruit de la civilisation et du christianisme, mais il en est aussi un des plus puissants agents propagateurs. En effet, le travail fait sortir une partie des inépuisables richesses du sol américain ; ces produits établissent des courants d'échanges avec les contrées lointaines ; ce commerce rapproche les peuples,—croise et identifie les idées,—fait mouvoir les masses ; il fait enfin connaître et fusionner les races de la grande famille humaine. C'est ainsi que le commerce, développé par l'agence de l'esclavage, contribue puissamment au grand mouvement qui fait marcher le monde vers l'unité et l'identification universelle de tous les peuples. Et tout cela, en leur apportant le bien-être des produits de la terre, et les bienfaits de la civilisation et de la foi.

A quoi les Américains doivent-ils d'avoir ces milliers de navires, qui circulent sur tous les points du globe, avec un tonnage de plus de cinq millions de tonnes ? N'est-ce pas au développement et à la prospérité de leur agriculture ? L'agriculture n'est-elle pas la source de tous les autres développements, de tous les autres genres de prospérité ?

Que peut-on raisonnablement demander de plus? Que pouvaient-ils désirer encore, les Américains ? L'homme a des facultés si faibles, que la plupart de ses actions portent à faux ; mais il a aussi un orgueil si grand, qu'il faut qu'il fasse la guerre à quelque chose, à quelqu'un, à la nature, à son bonheur, à lui-même enfin. Il n'a de respect pour rien ; il n'épargne personne : c'est un casse-cou. Encore un pas, et le peuple américain sera rétrogradé derrière ses insulaires primitifs ; et cependant, il se dit le plus civilisé ! il se proclame le plus éclairé des peuples du monde ! Il l'imprime sur ses cartes de géographie, à l'endroit de l'ethnographie !

Quand une fois les sophismes et l'esprit de parti se sont emparés du tempérament d'un peuple, on peut s'attendre à toutes les subversions ; le mal devient le bien ; le faux, le vrai ; la liberté, le despotisme. Les Américains du Nord ne parlent plus que d'emprisonnement et de pendaison dans leurs discours, dans la presse, et jusque en plein Congrès ! Encore un moment, et l'inquisition et la torture seront rétablis. Et cela, parce que des Etats indépendants et légalement souverains ne veulent plus vivre dans leur compagnie !

Le peuple qui se faisait passer pour le plus respectueux observateur des lois religieuses et de la Constitution, est le premier qui donne l'exemple des plus iniques et des plus flagrantes violations en tous genres.—La Constitution n'a jamais permis ni autorisé le Président à faire la guerre, ni à décréter les blocus, ni à lever des troupes, et encore moins à opérer l'invasion armée d'aucun des Etats qui veulent se retirer paisiblement, sans révolte, sans attaque contre qui ou quoi que ce soit. En outre du grand principe qui établit que les gouvernements ne tirent leur autorité légitime que du consentement des gouvernés, la Constitution a encore prévu le cas éventuel de la séparation ; elle s'oppose explicitement à ce qu'aucune mesure de coërcition ne soit appliquée aux Etats qui se soustrairaient à l'autorité fédérale qui, comme on le sait, n'est qu'une autorité des plus relatives et simplement de pure forme, quant aux questions d'intérieur. En effet, le Congrès ou l'Exécutif qui, vis-à-vis des puissances étrangères, peut envoyer des ambassadeurs, contracter des emprunts, conclure des traités de paix et de commerce, et déclarer la guerre, ce même pouvoir, vis-à-vis de l'intérieur, ne peut rien ordonner au gouverneur d'un Etat, ni même au maire d'une ville; il est absolument sans pouvoir sur les gouvernements respectifs des Etats : il les représente, mais il ne les commande pas. Ainsi est organisée la démocratie américaine, qui se résume dans un seul mot : "*self-government*", le gouvernement de soi-même, c'est-à-dire la division en principe. Pourquoi se plaindre, alors, de son application pratique ?

Servus et ancilla sint vobis de nationibus quæ in circuitu vestro sunt.

Ayez des esclaves et des servantes pris parmi les nations qui sont autour de vous.
(LEVETIQUE, Chap. XXV).

Le terrorisme promit l'égalité de fait, et la donna dans le commun esclavage.
(FERGUSSON).

Il n'y a qu'une seule égalité qui dépende de l'homme : c'est celle des vertus.
(DE MALESHERBES).

VIII.

Si la nature avait créé tous les hommes libres et égaux, pourquoi aurait-elle donné aux uns tout ce qu'il faut pour être libres et supérieurs, et aux autres tout ce qui est nécessaire pour être inférieurs et esclaves ? Peut-on voir une preuve plus manifeste de cette différence, qu'entre un noir et un blanc?—Les traditions et les lois les plus anciennes montrent que l'inégalité et l'esclavage ont existé de tous temps.—Moïse et les patriarches ont eu des esclaves, les Grecs et les Romains, St-Pierre et St-Paul ont eu des esclaves blancs, leurs pairs, et cependant ce n'est pas cette institution que l'on reproche aux temps et aux civilisateurs anciens.—Et de nos jours, est-ce même, à propos des noirs, une faute, en comparaison des crimes et des infamies qui se commettent ailleurs, sous d'autres noms? Si l'esclavage est un abus, c'est un des moindres que le monde supporte ; c'est un de ceux qui ne font de mal à personne, qu'à ceux qui veulent bien s'en faire, par la jalousie et la cupidité. Sur cent individus qui font partie de l'esclavage, il n'y en a pas deux qui en souffrent de fait. Mais admettons un moment,—pour faire la partie belle,—que la moitié des esclaves sont malheureux ; leur libération les rendra-t-elle plus heureux? Qui pourra venir garantir ce fait, et prendre cette responsabilité ? A-t-on bien le droit de bouleverser l'existence, assurée et régulière, des gens, sous le prétexte qu'il se peut qu'ils soient malheureux, pour les jeter dans l'inconnu, sans leur donner garanties que ce changement sera une amélioration réelle? Se plaignent-ils, demandent-ils quelque chose ? Certainement, non; ils ne craignent qu'une chose, par instinct, et ils ne se trompent pas, c'est que toutes ces perturbations, de la part des blancs, ne viennent, en fin de compte, les rendre misérables et persécutés, là où ils sont heureux et tranquilles.

Il est bien probable que le noir sera l'âne de la fable, si toutefois l'affection des humanitaires n'arrive pas jusqu'à l'exterminer.— L'artiste de New-York qui a représenté le parti républicain par un bûcheron qui fend l'Union, avec une tête de nègre pour maillet, ne s'est pas trompé.

La traite est encore un mot dont on a fait un préjugé et un épouvantail, par toutes sortes d'expressions bizarres et boursouflées. C'est un honteux trafic, en quoi ? Il y en a de bien plus honteux à détruire dans la société, on devrait bien commencer par ceux-là. On a appelé les négriers marchands de chair humaine ; le besoin de faire des mots à effet pour faire passer des abstractions est poussé jusqu'à oublier tout esprit de logique dans l'expression. Ainsi on ne peut appeler chair, que celle qui, inanimée, saignante, est destinée en général à être mangée ; or, loin que les négriers en soient les marchands, ils en sont, au contraire, les libérateurs, vu que les Africains se mettent en chair eux-mêmes pour s'entre-dévorer. Le christianisme et l'humanité d'il y a trois siècles, n'y voyaient pas toutes ces finesses de l'abstraction; plus éclairés et plus honnêtes qu'aujourd'hui, ils n'obéissaient pas alors à la politique d'un seul pays ou d'un parti sectionnel, les hommes ne s'arrêtaient pas devant les grandes phrases, plus ou moins creuses, pour remplir leur devoir de chrétiens et de civilisateurs. On n'a pas alors rencontré les haines, les jalousies, l'égoïsme qui seuls font mouvoir la question aujourd'hui. On s'est dit, avec raison, que si les noirs étaient des hommes, ils ne devaient pas vivre comme des bêtes, et que si les civilisés étaient des chrétiens, ils n'avaient pas le droit de laisser des créatures humaines vivre et périr dans la barbarie et l'anthropophagie. Mais ce qui était alors un devoir, est devenu un crime aujourd'hui, car les sentiments changent avec les intérêts.

On s'autorise de la philosophie pour pervertir l'action et le résultat de la traite. Eh bien, qu'on lise cette lettre de Voltaire. Le philosophe de Ferney écrivait à M. Michaud, armateur de Nantes, à propos d'un intérêt de cinq mille livres, que celui-ci lui donnait dans l'expédition d'un navire négrier, le *Congo*.

" Je me félicite avec vous du succès du navire le *Congo*, qui est arrivé fort à propos sur la côte d'Afrique, pour soustraire à la mort tous ces malheureux noirs. Je sais d'ailleurs que les nègres embarqués sur vos bâtiments sont traités avec autant de douceur que d'humanité, et dans cette circonstance, j'ai à me réjouir d'avoir fait une *bonne affaire, en même temps qu'une bonne action*."

Voltaire ajoute, ailleurs, que l'esclavage est aussi ancien que la guerre, et la guerre aussi ancienne que la nature humaine. Le philosophe est, avec raison, opposé à l'esclavage des blancs, mais il est loin de s'opposer en rien contre l'esclavage des noirs.

La traite des noirs est l'abolition de leur barbarie ; l'abolition violente de leur esclavage transitoire serait l'extinction de leur bien-être et de leur civilisation, tout en entraînant de grands désastres pour les blancs. Tous auraient à souffrir et à perdre dans la révolution de l'état actuel des choses, sans que personne au monde n'en retire le moindre avantage. Il faut bien croire que les Etats du Nord ont beaucoup de gens qui sont pour cet avis, d'alimenter l'esclavage, puisque tout ce qui se fait de traite pour le continent américain, s'opère en grande partie par les soins de certains armateurs de la Nouvelle-Angleterre, de New-York et de Philadelphie, dont les fins voiliers et les habiles marins réussissent mieux que quiconque, à mettre en défaut la surveillance des croiseurs anglais sur la côte d'Afrique. Les Etats-Unis ont une trentaine de navires négriers, dont la plupart sortent régulièrement des ports du Nord, pour aller desservir le Sud, l'île de Cube, Porto-Rico et le Brézil. A côté de la question d'humanité, ces armateurs et ces marins du Nord, ont encore, au moins, le bénéfice net de cinquante mille dollars, en moyenne, sur chaque voyage réussi. Ces détails raccourcis proviennent d'un capitaine français, négrier, fait prisonnier et acquitté moyennant finance, il n'y a pas long-temps.

Les mots de traite et d'esclavage offusquent, il est vrai, de manière à ce que l'institution déplaise. Il suffit alors de rayer ces mots du dictionnaire, et dire avec les Anglais à propos des coolies, que ce n'est plus que la transportation des travailleurs et le travail forcé par contrat. L'abolitionisme et la Grande-Bretagne trouvent toujours les bons moyens pour sauver les apparences qui choquent, et pour conserver le fond qui donne le bénéfice réel. Quand elle percevait un droit de 10 £ sterling par chaque tête de nègre qui entrait dans ses colonies, qui sont aujourd'hui les Etats-Unis, la philantropie britannique n'avait pas encore mis le mot abolitionisme dans le dictionnaire de sa politique. Ce n'est qu'après avoir perdu les colonies et la taxe en question, qu'elle a trouvé le mot à l'aide duquel elle a contribué depuis à mettre le feu chez ses cousins et amis d'Amérique.

Le négrophilisme de l'Angleterre a en effet plus fait pour amener la division des Etats-Unis, que les Américains eux-mêmes. Elle a, depuis leur indépendance, conservé une dent contre eux et des vues politiques sur leurs territoires. Les Etats-Unis et l'Angleterre n'ont jamais été franchement amis depuis leur ancienne rupture. La diplomatie anglaise, qui cherche plutôt à diviser pour régner, qu'à unir et voir la prospérité de ses voisins, vient enfin d'obtenir, pour ses efforts et ses desseins, une sorte de satisfaction. Tous les potentats et les monarques d'Europe, peuvent, à d'autres titres, se frotter les mains avec joie devoir les résultats de la démocratie républicaine ; mais l'Angleterre cherchera, sans doute, à tirer un parti plus palpable de ces événements, On en voit déjà remuer les symptômes ; elle fait des speechs *ad hoc* ; elle concentre ses forces au Canada ; elle surveille quelque chose qui pourrait bien-être le monopole du coton des Etats du Sud qui, peut-être, à ce qu'elle espère, viendront se mettre sous sa protection, si la détresse arrive ; et puis, on ne sait pas, le hasard est si grand ! Dans tous les cas, il est probable que l'Angleterre n'est plus abolitioniste à l'heure qu'il est. On ne fait parade de ces doctrines que jusqu'à la frontière de l'intérêt. Quand elle avait les colonies, elle n'était pas abolitioniste ; ses navires ne faisaient pas la guerre aux négriers. Donc, au moment où un

13

rayon d'espoir colonial paraît à l'horizon, on rengaîne l'arme de la discorde. N'a-t-on pas déjà entendu un noble lord s'amender, en déclarant dans un discours que, toute réflexion faite, les Américains du Sud ne pouvaient pas être responsables de la qualité, ni de la nature de leur héritage ; que leurs pères seuls étaient les délinquants envers les lois de l'humanité, et que vu l'absence de ces derniers, ils se trouvaient exonérés, de fait, par les humains survivants. N'a-t-on pas lu les correspondances de Russell au *Times*, annonçant que les Carolines comptent sur la Grande-Bretagne pour leur fournir un monarque tout fait ! C'est déjà un commencement qui prépare le revirement du public sur l'humanité britannique. On la connaît, cette philanthropie, on l'a vue sur ses affreux pontons faire mourir à petit feu les soldats et les marins français, on l'a entendue mitrailler les Hindous, liés par centaines à la gueule des canons. L'Irlande peut en dire quelque chose de l'humanité anglaise, ainsi que les Indiens qu'elle tient dans les fers sous les 200,000 bayonnettes des cypayes-cosaques. Peut-on dire que le peuple indien est comme le nègre, indigne de la liberté et de sa nationalité ? Qu'était donc cette dernière révolte si ce n'est un cri de liberté, un suprême effort de résurrection que l'Angleterre a étouffé et noyé dans le sang asiatique? On ne dira pas que des abolitionistes quelconques avaient fomenté, instigué cette révolte contre le despotisme anglais. N'est-ce pas encore à force d'intrigantes divisions semées par elle qu'elle domine les Indes?

N'est-il pas dérisoire de voir une nation qui, soi-disant libérale, va faire partout de la philantropie révolutionnaire, quand l'Irlande et l'Asie gémissent sous son oppression, quand elle déguise l'esclavage sous un autre nom, une autre couleur ; quand le 6ème de sa population mendie et meurt de dégradation, et quand elle fait tout enfin pour empêcher l'accomplissement de cette œuvre immense de progrès, — qui est le percement de l'isthme de Suez. Puisque l'Angleterre se proclame si humaine et si libérale, pourquoi ne le prouve-t-elle pas alors auprès de la Porte Ottomane qui n'a rien à lui refuser pour empêcher l'affaire de Suez?—Pourquoi donc la chrétienne Angleterre n'use-t-elle pas un peu de cette influence pour faire abolir là, en Turquie, où elle est comme chez elle, l'esclavage inutile, non-seulement des nègres, mais celui des blancs, des Caucasiens, sortant du berceau des peuples civilisés ? Puis, il y a encore mieux à faire pour la généreuse Angleterre : Pourquoi n'empêche-t-elle pas aussi la mutilation honteuse de l'humanité? Pourquoi donc enfin, ne fait-elle rien pour mettre un terme à la castration ! Certes, l'abolition de cette barbare pratique, qui fait mutiler des hommes pour faire la sécurité des plaisirs de la polygamie; l'abolition de cette accumulation de hontes vaudrait aux yeux de l'humanité, certainement, mieux que de faire massacrer des blancs pour le prétendu bonheur des noirs. Mais la charitable Angleterre n'y trouve rien à gagner ; à toutes ces réformes, elle fait comme les Yankees : elle porte ses maximes humanitaires là où il peut lui en revenir quelque chose.

Le despotisme démocratique est le plus insupportable. Il fait pulluler les tyrans:

La démocratie est le despotisme de la populace. (VOLTAIRE.)

IX.

On pourrait croire, en Europe, que la dénomination du parti républicain indique le soutien d'une doctrine de républicanisme, comme on pourrait s'imaginer que le parti démocrate se compose d'opinions et d'idées démocratiques.

On a raison de s'étonner, en effet, que dans une république démocratique, que personne ne songe à renverser, il y ait des partis républicains en opposition à des partis démocrates, ayant tous une base commune et acceptée telle. C'est qu'aux Etats-Unis, les mots en politique, comme en bien d'autres choses, sont loin d'avoir la valeur universellement reconnue des dictionnaires. On leur donne ici une valeur et une convention locales auxquelles il faut être bien initié pour en saisir l'esprit.

Le parti démocrate est, en fait, le parti conservateur ; c'est le parti national, tandis que le parti républicain, son antagoniste, est le parti révolutionnaire. C'est le parti sectionnel, issu et composé exclusivement d'hommes du Nord. Le parti républicain, est une ligue ; son programme ou sa plateforme, c'est le mot, pour monter au pouvoir avait pour but, avant les élections, de rallier tous les intérêts de section, toutes les passions religieuses, tous les désirs d'emplois, toutes les convoitises, toutes les spéculations possibles. Il en a fait un faisceau et a montré le pouvoir aux uns, et les provinces du Sud aux autres comme étant la terre-promise. C'est le déchaînement de la section Nord, voulant réduire la section Sud, sous l'absolutisme de ses intérêts passionnés, inexorables: les tarifs élevés, la suprématie des territoires, le monopole des produits et du commerce méridionaux, la répulsion des nègres, la dictature des lois fédérales, l'exclusion des hommes politiques du Sud, et enfin, l'annihilation de son influence, afin d'en faire des colonies, machines produisant et reproduisant avec docilité, tous les avantages du Nord dictateur, et se soumettant humblement à la merci de l'autocratie populo-républicaine.

Le parti démocrate, au Nord, avait malheureusement prêté le flanc, depuis longtemps, à son ennemi ; après avoir régné si longtemps et si puissamment, il s'était démoralisé, usé, déshonoré, par une longue suite d'abus de toutes sortes, étant au pouvoir.—Les honnêtes gens n'en voulaient plus ; chacun demandait un changement, non de politique, mais d'administration ; tout le monde sentait l'extrême besoin d'une réforme radicale dans le corps politique, d'une régénération dans le corps social. La corruption était partout ;—on éprouvait instinctivement un profond dégoût à l'aspect de cette brutale populace de boxeurs, de spéculateurs, de meneurs salariés, l'effroi des honnêtes gens, sur laquelle ce parti soutenait, en dernier lieu, sa caducité. Cet état de choses donna de l'appui au parti républicain, qui sut s'en prévaloir avec trop de raison dans ses promesses d'avenir. Il vit donc ses rangs se grossir des honnêtes réformistes : c'est ce qui lui a assuré le succès. Mais cette victoire devait coûter chère au pays. Le peuple américain est, aujourd'hui, bien moins puni pour s'être jeté dans les bras d'un parti révolutionnaire, que pour s'être mis, par ses excès, dans la nécessité absolue d'avoir besoin de réformes.—La punition est qu'il ne peut sortir de l'impasse révolutionnaire sans la guerre, et qu'il ne trouvera son salut que par le sacrifice de l'Union.—La séparation seule peut encore assainir le pays et retremper la nationalité, dût-elle être même divisée en autant de sections qu'il y a de partis : de deux maux il faut prendre le moindre. La guerre civile prend certainement moins sa source dans l'esclavage, que dans la perversion des institutions et dans l'abaissement du peuple. Il y a bien loin, entre le peuple d'aujourd'hui et celui de Washington et de Jefferson.—Le peuple des patriotes était composé d'hommes : c'est, aujourd'hui, un peuple enfant, auquel il faudrait l'autorité d'un pouvoir solide par l'unité, par la centralisation. De l'unité seule, peut sortir une autorité paternelle et ferme, qui sache faire prévaloir ses grandes qualités sur ses gros défauts. Sa jeunesse, sa turbulence, sa composition, demandent l'application d'un frein salutaire. Il lui faut une régénération morale par l'énergique application de la justice et des lois de probité. — Tout ce qui fait l'honneur et la force d'une nation s'éteint à vue d'œil, depuis dix ans, aux Etats-Unis. —Les lois ne préviennent et ne répriment pas, et, par suite, le relâchement moral en est arrivé à n'avoir plus de point d'arrêt. —L'honnêteté est aussi méritoire qu'elle est rare, car rien n'oblige et ne stimule la probité ; — au contraire, — l'argent obtenu "*any how*", n'importe comment, tient lieu de toute moralité intime, de toute considération sociale.

Un honnête homme, aux Etats-Unis, peut se vanter qu'il en vaut quatre en Europe, car il faut qu'il le soit bien foncièrement pour résister à la profitable facilité de ne plus l'être.—Aux Etats-Unis, on met tous les jours son créancier au défi de se faire payer, et le fait est que, du moment qu'un débiteur ne veut pas s'exécuter, aucune puissance humaine ne l'y pourra forcer.—L'avocat le plus retors est mis en défaut; le juge le plus intègre, le plus courageux, est réduit à l'impuissance devant les règles aussi complexes que contradictoires de la légalité américaine. Ce n'est pas les honnêtes gens que les lois protègent aux Etats-Unis,—ce sont leurs adversaires. Que ceux qui trouveraient du paradoxe ou de l'exagération dans cette assertion, veuillent bien consulter les innombrables jugements recordés dans les quatre principales villes de l'Union, et ils verront que les exécutions efficaces ne réalisent pas 10 pour 100.—La justice est peut-être rendue assez équitablement par les Cours, en fait d'arrêts, mais l'exécution judiciaire de ces décrets rencontre sur le chemin des hommes et des lois si complaisants en faveur du débiteur, que jamais on ne peut l'atteindre.

En général, la magistrature est laissée à la décision élective du peuple. Que peut-on attendre de juges nommés par la classe qui fournit le plus à juger ?

Que doit-on espérer de magistrats qui relèvent de ceux contre lesquels ils ont à sévir ? Nous ne toucherons pas aux abus de la justice criminelle, il y en aurait trop long à dire.

La modification du suffrage universel, la restriction de certaines prérogatives populaires, la sage direction des masses dans une voie de libertés un peu moins licencieuses, et autres contrôles salutaires, sont des réformes que les honnêtes gens demandent tout bas ; pourquoi ne pas le dire tout haut ? Chacun sent le besoin de l'unité administrative et centralisée, qui fusionne les intérêts et fait prévaloir les bons éléments sur les mauvais.

On ne peut pas nier un grand fait dans ce qui se passe aujourd'hui : c'est que c'est en partie l'ouvrage du laisser-aller à la grâce de Dieu. Chacun pour soi ; c'est la doctrine du *self-government*, superbe, il est vrai, en théorie, mais qui produit des effets désastreux en pratique.

C'est le principe de la division, de la désobéissance ; pourquoi donc s'étonner, si la dissolution est sur tous les points de l'Union ?

Le pouvoir est partout et nulle part.—L'Exécutif est tellement divisé, que son action s'amortit sur le but. Le peuple se croit tellement souverain, qu'il se met au-dessus de la souveraineté des lois qu'il fait.—C'est dans le corps social comme dans le corps politique ! Y a-t-il un chef, dans les familles, qui représente le principe de l'autorité ? Y règne-t-il les liens de l'attachement moral et l'homogénéité des intérêts communs ? Cela se voit, par exception, mais en général, c'est le contraire : on y voit le divorce et la division complète des intérêts, et pas la moindre soumission envers les pères et mères. On entend dire, comme un axiome dominant : " *Every one must look for himself* ".—Que chacun s'occupe de soi. Chaque individu est une république indépendante, et ne relevant que de soi-même. Puis viennent les nombreuses religions, les infinités de sectes et les doctrines diverses. C'est le *self-government*, tout est là. Que ne doit-il pas produire? Il ne nous appartient pas de déclarer que le système est mauvais, vu qu'on le trouve bon ; mais puisque nous cherchons les causes de division qui déchirent le pays, après avoir tué l'Union, il faut bien que nous prenions en petit la base de ce qui se passe en grand dans le mouvement actuel.

Ajoutons que la vénalité et la démoralisation, sans exemple, de la grande partie de la presse, n'ont pas peu contribué à jeter le pays dans le gouffre où il est tombé.

X.

Le peuple de la section Sud, principalement des Etats du Golfe, paraît n'avoir pas eu le temps de s'imprégner tout-à-fait l'esprit de ces maximes, plus ou moins malfaisantes, pour la société et pour la démocratie. Il est issu, d'ailleurs, d'une souche qui n'est guère anglo-saxonne ; son origine est de cette race gallo-romaine, au cœur vif et plein de chaleur, et aux idées tant soit peu aristocratiques. En effet, on sait que ce fut dès 1535, que les Français et les Espagnols colonisèrent presque toute la partie Sud de la Virginie et des Carolines. Les premiers établissements furent fondés par des Français venus du Canada, d'où partirent les diverses expéditions des pères Marquet, Hennequin et autres, qui reconnurent le Mississippi, ainsi que l'expédition de Lassalle, qui vint périr en cherchant l'embouchure de ce fleuve.—Ce ne fut cependant qu'en 1688, que M. Morin d'Iberville y pénétra. Il y prit alors, en le remontant, possession de toutes les terres, au nom de Louis XIV, en l'honneur de qui ces magniqufies territoires furent nommés Louisiane. C'est dès cette époque, que le hardi projet d'unir la Louisiane au Canada, fut conçu par les Français et empêché par les Anglais. Le faible gouvernement de Louis XV céda les vastes possessions françaises du Canada à l'Angleterre, en disant que ces quelques arpents de neige ne valaient pas la peine d'une dispute. Il se débarrassa bientôt aussi, sans doute, sous les mêmes raisons, des immenses et riches contrées de la Louisiane, en faveur de l'Espagne. Le système de Law, qui consistait en partie à escompter l'avenir de ces colonies, ne se trompait que d'époque.—La grandeur coloniale de la France de Louis XIV ne put se soutenir longtemps, après ces deux gaspillages ; l'émancipation des nègres, à Haïti, vint, bientôt après compléter sa décadence, objet des soins assidus de l'Angleterre. En 1803, Napoléon se fit rendre la Louisiane par l'Espagne, pour la donner presqu'aussitôt aux Etats-Unis, moyennant $15,000,000.

Les hommes du Sud sont donc, pour la plupart, sortis d'une souche franco-espagnole, sur laquelle les Anglo-Saxons se sont venus greffer. Les mœurs et le caractère des premiers ont déteint sur ceux-ci, de manière à former un contraste frappant entre la catégorie du Nord et celle du Sud. Quoique réunis sous le même gouvernement, ils ne se sont jamais bien identifiés, ni par la similarité dans les goûts, ni par la sympathie dans les idées. La disparité de leur nature et l'opposition de leurs intérêts n'étaient pas choses faites pour les faire rester éternellement unis. Leur séparation, répétons-le, peut avoir un très heureux effet dans chaque section : c'est un grand pas vers la centralisation, qui reprend ses droits. et force la porte ; elle veut rentrer là où on l'a méconnue comme loi naturelle et dominante. On peut donc espérer d'en voir sortir l'autonomie sectionère, qui commencera à donner de la force aux gouvernants, afin de procurer la sécurité et la prospérité aux gouvernés. Du jour où un peuple démocratique se met à établir des partis et des points cardinaux dans la politique de son pays, on peut bien s'attendre à voir surgir des gouvernements du Nord, du Sud, de l'Ouest et de l'Est.

L'esclavage n'est donc, à tous les points de vue, qu'une des causes les plus secondaires des événements qui s'accomplissent actuellement. Disons-le encore : à défaut de ce prétexte, on en aurait trouvé un autre : la cause de la guerre n'est donc pas là.

Après avoir expliqué les quelques motifs du négrophilisme de l'Angleterre, ils convient de passer une légère revue sur la nature de l'abolitionisme des autres contrées d'Europe.

La France n'est pas abolitioniste-négrophile ; sa philosophie est éclectique ; son humanité ne donne pas une préférence de parti-pris aux nègres ; au contraire, elle sait porter d'abord son attention sur les classes et les peuples qui l'entourent et qui sont dignes de son appui. La France, généreuse et chevaleresque, pense, avec raison, que la race noble et civilisée est la première à mettre en liberté ; son épée est toujours au service des nobles et grandes causes qui savent s'annoncer et montrer leur mérite : les nations opprimées dont la délivrance était possible, n'ont jamais en vain frappé à sa porte.

L'abolitionisme de l'Allemagne, prend sa source d'abord dans l'éducation métaphysique des Allemands. Leur idéologie, pleine d'abstractions, puise des principes d'égalité dans l'infini et le néant. Ils sont tellement nuageux ou profonds, qu'on ne peut plus les suivre ni les comprendre ; on ne peut pas les atteindre sans s'engouffrer avec eux, au point de ne plus revoir la lumière. Aussi, comme il leur est impossible d'établir ces principes d'égalité dans leur pays, ils émigrent, et viennent chercher en Amérique une nationalité absente chez eux.

La classe allemande, aux Etats-Unis, est respectable, parce qu'elle est laborieuse, mais elle est jalouse et envahissante comme tous les peuples du Nord. L'Allemand fait assez d'honneur au nègre pour le détester, et voir en lui un ennemi, un obstacle ; l'esclave lui est odieux, parce qu'il est travailleur : il y rencontre un concurrent et une barrière aux régions du Sud. Les Allemands ont bien les régions non moins précieuses de l'Ouest à exploiter, mais leur naturel saxon est d'envier tout ce qui n'est pas entre leurs mains ; s'ils rêvent l'abolitionisme, c'est qu'ils en espèrent la suppression du nègre.

La Russie n'est pas abolitioniste, elle est progressiste avec lenteur, mais avec la mesure que nécessite la nature de son peuple, et de ses institutions.—L'affranchissement des serfs ne peut pas se comparer avec l'abolition de l'esclavage. D'abord, les serfs sont dignes de la liberté, comme tout homme de la race caucasienne; ils travailleront tout aussi bien, sinon mieux, après leur libération qu'avant ; le contingent de leurs produits sera fourni en tout état de cause. Le pays n'a donc rien à redouter, ni de la nature du serf libre, puisqu'il est civilisé et courageux, ni d'aucune perturbation dans les fortunes, vu que cet affranchissement s'opère avec graduation et prudence.

L'institution du servage des paysans russes n'est d'ailleurs pas plus à comparer avec l'esclavage des nègres, que la couleur et le caractère de ces deux races de sujets. Là où cette réforme est un bienfait pour la Russie avec les serfs, elle serait un désastre pour l'Amérique avec les noirs ; et ceux-là gagnent tout ce que ceux-ci perdraient par l'affranchissement.

C'est ainsi que les institutions qui n'ont plus leur raison d'être tombent d'elles-mêmes, sans secousse sociale, sans révolution politique, sans causer aucun mal.

L'Espagne défend, naturellement, le principe de l'esclavage des noirs : c'est une puissance essentiellement catholique ; si l'esclavage de ses noirs était un crime damnable, elle ne le commettrait probablement pas. Porto-Rico, la Havane et le Brésil sont tous probablement de cet avis.

Terminons ce chapitre, en répétant que si l'esclavage des noirs était un vice réel, ce ne serait jamais qu'un vice naturel. C'est donc à tort, que l'on accuse l'ordre social de l'avoir créé ; l'organisation sociale subit elle-même, plus qu'on ne pense, le joug de la nature, dont les lois sont dominantes, invincibles avant tout, et à tel point, qu'on ne peut sans danger, ne pas les prendre pour base dans toutes les lois, dans toutes les actions humaines. L'abolitionisme est tellement anti-naturel, que s'il réussit à donner la liberté à ces 4 millions de noirs, il se trouvera dans la position de celui qui devint l'acquéreur d'un éléphant chez un encanteur : après s'être longtemps disputé pour l'avoir à tout prix, il ne savait plus qu'en faire.—Il dut le lâcher, et la bête, dans sa liberté, commit des dépradations de telle sorte, qu'on dut la pourchasser, et finalement la tuer pour s'en débarrasser. La masse des nègres serait certainement dans la position de l'éléphant, si jamais l'abolitionisme s'en emparait.

L'esclavage est un levier qui a été prêté à la race blanche par la Providence comme seul moyen de monétiser un capital brut dans le creuset de la civilisation : ce capital brut est la race noire.

Si Allah t'a fait esclave ou eunuque, tu subiras ton sort en silence, ça devait arriver.
(CORAN.)

XI.

La Turquie est le seul pays où l'abolitionisme aurait réellement sa raison d'être appliqué pour l'honneur du siècle et pour relever celui de l'humanité, que l'on trouve si avili, en Amérique, par l'esclavage des nègres. A ce point de vue là, en Turquie, tout est à abolir, à bouleverser, et cependant on n'y fait pas attention. En effet, on entend bien les clameurs, sans frein ni mesure, des négrophiles en courroux contre l'esclavage des noirs ; on voit bien les humanitaires en chagrin, accablés de douleurs, pousser les plus gros soupirs, en frissonnant de pitié, à propos de leurs pauvres chers nègres, objets des élucubrations les plus absurdes, des sermons les plus faux, des simagrées les plus hypocrites et les plus ridicules du monde ; mais on n'entend pas la plus petite voix s'élever en faveur des esclaves blancs du Caucase, que l'on enchaîne dans l'esclavage oriental ! On ne rencontre pas la moindre sympathie pour ces belles circassiennes que l'on enlève, que l'on vole du berceau de la race noble, pour les vendre et alimenter la polygamie des Turcs ! A toutes ces ignominies infligées à nos égaux, l'humanité ne dit mot ; à toutes ces immorales iniquités, elle fait la sourde oreille, l'humanité ; elle se dit sans doute, que tout est bien en Turquie, puisque l'Angleterre philantrope y préside ! Ainsi les pirates de terre et de mer volent et vendent les blancs en Orient ; les hommes sont esclaves, et les femmes sont vendues pour faire l'ornement des harems si elles sont belles, si elles ne le sont pas, elles sont vendues comme des négresses ; puis, après tout cela, les Mahométans trouvent encore le moyen de faire périodiquement des hécatombes *"de chiens de chrétiens"*, pour la plus grande gloire d'Allah, et l'humanité ne trouve rien d'extraordinaire à tous ces faits. Elle n'est pas abolitioniste en Turquie, bien loin de là, elle fait mieux que de n'y rien voir, l'humanité, elle se cache la vue quand on fait des eunuques ! Des eunuques avec des blancs ou des noirs, peu importe, avec des hommes capables, intelligents, choisis exprès ainsi, afin qu'ils sachent bien surveiller, et *sans danger*, les femmes du sérail, afin de satisfaire la jalouse sécurité de la polygamie des Orientaux.

On confectionne ainsi un sexe neutre, on mutile la nature pour le service de l'immoralité, et cependant, à toutes ces mutilations morales, humaines et chrétiennes, la moralité, l'humanité et la philantropie ne trouvent pas grand chose à dire; elles ne se révoltent pas du tout ; leur abolitionisme est absorbé dans la question autrement importante des noirs d'Amérique; là, ils n'ont besoin de rien les nègres, c'est vrai, et c'est justement pour cela qu'on s'occupe d'eux ; tandis qu'en Orient, où l'esclavage des noirs est une inutilité, où l'esclavage des blancs est une honte, on ne sait pas seulement ce que le mot abolitionisme veut dire : l'Angleterre n'a pas encore jugé à propos de le jeter dans les jambes des Turcs, comme chez les Américains. Cela se comprend, la Turquie est un pays misérable où il n'y a rien à gagner; que pourrait donc y faire l'humanité britannique, elle n'y gagnerait que de l'eau claire, tandis qu'aux Etats-Unis, il y a de quoi... Il y a des raisons politiques, industrielles, etc.; on ne serait pas fâché de ruiner un peu ses cousins compétiteurs, tout en mettant la main dessus le coton, tout en faisant prédominer les produits anglais. Et puis, on a des établissements sur la côte d'Afrique, on ne peut guère voir, sans déplaisir, les Africains porter leur travail ailleurs ; ça dépeuple, et la prospérité desdits établissements peut en souffrir. On serait obligé alors d'y faire venir à grands frais des esclaves jaunes de l'Asie. Devant de pareilles raisons, périsse l'humanité en Turquie, et qu'elle fasse du bruit en Amérique.—Diviser pour régner, faire du bruit, jeter de la poudre aux yeux, pour qu'on ne l'entende pas marcher, pour qu'on ne la voie pas agir, tel est le fond de la politique en question.

Ainsi va le monde et l'humanité, sur cet éternel pivot que l'on nomme l'intérêt : aux horreurs turques, commises sur les humains, il y a tout au plus quelques faibles cris de désapprobation ; mais à propos de la civilisation des noirs en Amérique, d'où il ne sort que la richesse et du bien pour tous, c'est un haro de mauvais mots et d'invectives à perte de vue—C'est une honte !—C'est une infamie !—C'est odieux !—C'est une horreur, etc.; et ainsi bat la grosse caisse de l'humanité !

L'un des caractères de la bigoterie est de violer les droits les plus sacrés et les plus légitimes. (MOLIERE.)

XII.

L'esclavage des noirs n'est que transitoire, répétons-le ; il tire sa raison d'être dans leur nature et leur caractère, qui s'y prêtent comme d'une manière providentielle. Il rend des avantages matériels et moraux à la société, sans aucune souffrance extraordinaire, chez les nègres, à endurer. Il est vraiment extraordinaire que l'on veuille absolument voir des calamités là où il n'y en a pas, tandis que l'on ferme les yeux sur celles qui existent en réalité.

Il y a tout à croire que l'humanité serait bien plus heureuse, sous tous les rapports, si les généreux philantropes voulaient la laisser tranquille une bonne fois : elle saura bien faire son chemin toute seule.—On viendra répondre que personne n'a le droit de mettre des sauvages, quelque barbares qu'ils soient, en esclavage, et cela en raison de leurs droits naturels, et que c'est un déshonneur, etc. A cela, nous répondrons que les sociétés civilisées n'ont plus de droits naturels de ce genre-là : la civilisation n'en permet plus. D'un autre côté, si on accorde le droit aux Africains d'accomplir leurs propres actes de barbarie, on peut bien aussi allouer autant de liberté inverse aux civilisés, qui commettent l'action civilisatrice de les empêcher. Chacun est responsable de ses actes. Il est au moins étrange que, dans une nation libre, on veuille imposer à tout un pays une nouvelle manière de voir et de faire ses affaires, quand celle qu'il emploie n'offre que des bénéfices au monde, et après avoir été sanctionnée par les siècles, les lois et les coutumes.

La vérité dit, en résumé, que si l'abolionisme n'offrait pas quelques appâts d'intérêts, il n'y aurait pas d'abolitionistes.—Les pêcheurs en eau trouble, les comédiens politiques, les chercheurs de position, sont, en général, ceux qui jouent les grands rôles dans ce qui se passe ici ; seulement, cette comédie finit par se changer en drame; les dramaturges commencent à déclamer leur rôle et à le mettre en action. Que l'humanité veuille encore écouter un petit chef-d'œuvre, nouveau témoignage de la bonté des pieux philantropes des généreux réformateurs de la Nouvelle-Angleterre. Le journal intitulé : *Le Pin et le Palmier*, rédigé par des frères prêcheurs, à Boston, s'exprime ainsi, à propos de la guerre contre le Sud : " Si la liberté ne peut prévaloir que par l'agence de la " vengeance, qu'il en soit ainsi. Si le temple de la liberté ne " peut se tenir d'une façon sûre que sur les cadavres des proprié- " taires d'esclaves, qu'il en soit ainsi. Que la race blanche soit " plutôt balayée de la surface de la terre, plutôt que de souffrir " la perpétuité de la servitude des nègres. Nous n'hésiterons " devant aucune atrocité concevable. Nous n'épargnerons ni le " salon, ni le berceau, ni l'âge, ni le sexe, si nous croyons qu'il " faut qu'ils périssent, afin que l'esclavage périsse avec eux. "—Ceci s'imprime à Boston, qui se proclame la Nouvelle-Athènes, pour la civilisation, et le foyer régénérateur pour le christianisme.—Que l'on dise encore que l'homme n'est pas le plus féroce des animaux !

Un certain autre révérend, Granville Moody, de Milwaukie, s'exprime ainsi dans un de ses derniers sermons :

" Nous sommes accusés d'avoir amené la lutte actuelle. Je " désire que cela soit vrai. Je crois qu'il est vrai que nous en " avons été la cause, et je m'en glorifie, car c'est une couronne de " gloire autour de notre front."

Pourquoi donc le monde a-t-il plus d'une tête à offrir à ces honnêtes gens ! Où est donc Néron?

Il est un fait caractéristique à noter : c'est qu'en fait de guerre les républicains et les prêtres ne connaissent que l'extermination. —Heureusement que ces gens-là, quoique les plus méchants, ne sont pas les plus forts.—En attendant les résultats, les Etats-Unis peuvent se vanter d'avoir mis leurs libertés et leur religion entre bonnes mains.

Madame de Puisieux a dit, quelque part, que la liberté et la religion, mises à la merci des peuples corrompus, sont deux vierges livrées à des libertins.

"La nature et le temps sont les deux seuls grands maîtres qui puissent faire, en politique, des changements solides." (FERRAND.)

Les institutions qui sont réellement mauvaises s'abolissent d'elles-mêmes; la violence les perpétue, en provoquant la résistance.

XIII.

Le nègre, lui-même, est-il abolitioniste? Non; le noir veut conserver sa tranquillité: il sent, d'instinct, que l'abolitionisme est un grand danger pour lui; il ne comprend pas que l'on fasse tant de bruit pour son compte. Le fait est que les nègres ont bien sujet de craindre un peu la folie, la sottise des blancs, qu'on leur peint comme si intelligents, si grands et si bons!

Le nègre est loin d'avoir confiance aux abolitionistes, et il est tout prêt à suivre son maître, pour se défendre contre les envahisseurs. Il sent bien que cette liberté, dont il se soucie très peu, d'ailleurs, est un leurre; il n'est pas sans savoir ce qu'on a fait des Indiens, et il craint, avec raison, de trouver le même sort, ou bien la déportation, ce qui l'effraie le plus encore,—car le nègre a horreur de son pays natal: on fait peur à l'Africain en lui parlant de l'envoyer en Afrique. Il ne veut pas même entendre parler de la liberté, moyennant quitter le pays,—les nègres libres eux-mêmes refusent d'émigrer. Cette répulsion naturelle du sol natal est la peur de l'isolement; il sent qu'il ne peut se passer de la tutelle du blanc; il ne veut pas le quitter. Il préfère rester esclave auprès de lui, que libre dans l'abandon.

Ce fait est d'autant plus vrai, que, malgré les efforts des sociétés d'émigration pour peupler la Libérie, ils n'ont pas réussi, depuis un demi-siècle, à y expédier la centième partie des hommes de couleur libres aux Etats-Unis. Sur environ un million d'affranchis, il n'y a pas eu dix mille émigrants pour la Libérie depuis la fondation de cette colonie.—On prétend que cet insuccès est dû à l'acte impolitique, disent les négrophiles, qui déclare que, ne pouvant en aucun cas jouir d'aucun droit de citoyenneté aux Etats-Unis, les noirs libres doivent aller se faire une patrie ailleurs. Dans le fait, on veut se débarrasser de cette progressive agglomération d'individus qui, libres, déplaisent, et qui, esclaves, sont l'innocente cause des grandes sottises de la part des politiqueurs et des révolutionnaires, arrivés enfin à mettre leur pays en guerre civile.

Quoi qu'il en soit, les hommes de couleur ne veulent pas s'en aller, ni en Libérie, ni ailleurs, et ce n'est nullement parce qu'ils se trouvent humiliés de ce qu'on leur refuse des droits politiques, dont ils se soucient fort peu, du reste, ni parce qu'on veut les écouler du pays, mais bien parce qu'ils craignent l'isolement, parce que la faiblesse a peur d'elle-même.

Si les hommes de couleur étaient abolitionistes, ils auraient certainement beau jeu maintenant pour pratiquer l'abolitionisme; eh bien, il arrive tout le contraire; ils font les travaux du théâtre de la guerre; ils ont fourni entre eux plusieurs régiments de volontaires dans le Sud, et ils se sont mis sous les ordres d'officiers blancs. On voit aussi les esclaves travailler à la défense commune, et tout prêts à faire feu sur leurs prétendus libérateurs.

Ces faits, de pure vérité, quoiqu'on en puisse dire, ne sont-ils pas plus éloquents que tout ce qu'on pourrait ajouter pour prouver que les noirs ne sont ni malheureux, en fait d'existence, ni à plaindre, en fait de liberté? Ils ne demandent en aucune manière à changer leur sort; au contraire, ils le défendront contre les perturbateurs. Qu'on laisse donc les esclaves et l'esclavage tranquilles. Rien n'est plus ridicule, pour ceux qui connaissent cette institution, que d'entendre l'étalage d'un prétendu libéralisme en leur faveur. Si ceux qui font toutes ces élucubrations, à grands renforts de mots boursouflés, savaient combien ils sont à côté du vrai et du rationel, ils porteraient leur générosité ailleurs, sur les vrais maux des blancs, et ils laisseraient les noirs suivre la voie naturelle de leur sort, dont l'amélioration est seule du ressort de la nature et du temps, que rien ne peut, que personne ne doit forcer.

La pensée qui a présidé à la formation de la Libérie est certainement saine, en politique comme en morale, et c'est sur ce point de vue que Caldwell et Henri Clay ont fondé le comité de l'émigration des noirs, pour leur faire constituer un pays et un gouvernement à eux, après avoir été trempés dans le bain civilisateur de la société des blancs.

Après avoir passé par la filière indispensable de la servitude, on pouvait, en effet, espérer qu'ils porteraient la civilisation et l'industrie laborieuse des Américains sur la Péninsule, parmi les peuplades sauvages qui environnent la Libérie, vaste et fertile territoire acheté à dessein, d'un chef nègre, pour fonder le refuge en question.—Tout est des plus favorables pour le succès de cet établissement, situé sur la côte Poivre de la Haute-Guinée, au milieu d'une végétation luxuriante et d'un climat privilégié.—Les membres du comité firent tous les frais ; ils fournirent à chaque colon qu'ils y envoyèrent le passage gratuit, une maison, 30 acres de terre, et tous les instruments aratoires nécessaires à l'exploitation d'une culture déjà rendue facile par la nature : le sol est richement doué. On peut y cultiver le café, la canne à sucre, le coton, la cassave et tous les tubercules, légumes et céréales possibles.

On peut y produire l'huile de palme, la poudre d'or, l'ivoire, les bois de teinture, la cire et les cuirs de toutes sortes. ·En bien, avec toutes ces richesses, la République de Libérie ne fait pas grand chose : la population y est misérable. Les colons qui ont goûté de la civilisation retombent dans leur état d'apathie et d'indolence naturelles ; ils se prévalent, cependant, de leur peu de supériorité pour faire des esclaves avec les insulaires. Malgré toute la perspective de ces avantages exploitables, les affranchis d'Amérique ne veulent pas émigrer en Libérie, quoique l'on fasse. —Reconnaissons, cependant, que le peu qui y sont allés, par exception, y vivent tranquillement et heureusement, sans être ni un danger, ni une charge pour personne, car le nègre est heureux partout où il peut soutenir son existence matérielle. Reconnaissons donc un certain degré de progrès dans la marche de la république libérienne, qui tient chez elle un certain nombre d'insulaires, et admettons qu'il y a réellement un mouvement ascendant de civilisation. Eh bien, à qui et à quoi doit-on ce peu de progrès chez cette race, si ce n'est à l'esclavage, si ce n'est aux blancs, chez lesquels les nègres sont venus prendre des jalons civilisateurs. Les avantages recueillis par les nègres ne peuvent provenir que de l'esclavage ; donc, celui-ci à sa raison d'être encore de ce côté.

Cependant, comme nous l'avons déjà dit, ce n'est pas, à notre avis, dans l'autonomie de cette race que l'on verra son amélioration : ce sera dans sa fusion générale avec les autres races ; car il est manifeste qu'elle est providentiellement destinée à disparaître dans l'océan du monde civilisé, qui a pour mission d'effacer la tache de son infériorité naturelle, et de la relever de la malédiction qui semble, en effet, avoir frappé cette famille à son berceau. — Ce n'est ni la violence, ni les palliatifs, qui feront avancer ce grand résultat naturel. Les nombreux essais que l'on a tentés démontrent assez l'inutilité des efforts humains pour vaincre la loi naturelle. —Il faut que cette race fasse son étape, et elle le sent tellement, qu'elle est loin de s'y opposer ; elle recherche d'instinct ses libérateurs, ses rédempteurs naturels, dont les progrès seront sûrement la source des siens.—C'est l'ouvrage du temps.—Rien n'est bon, rien ne dure, que ce qu'il consacre progressivement. — La violence, pour avancer l'amélioration des nègres, est aussi insensée que d'infliger des coups à une plante pour la faire pousser plus vite. Terminons ce chapitre en disant, avec Bacon, que l'orgueil avec la faiblesse de l'intelligence de l'homme l'empêchent seuls de saisir les progressions secrètes de la nature.

Si l'esclavage des noirs leur **était aussi** odieux qu'aux négrophiles, les esclaves sauraient bien l'abolir eux-mêmes.

XIV.

On accusera peut-être l'auteur de vouloir l'esclavage éternel. Ce serait une erreur ; car il est convaincu que l'esclavage aura une fin ; mais une fin naturelle et satisfaisante pour tous. Il reconnaît que Dieu n'a donné cet auxiliaire d'utilité aux civilisés que pour faire faire la marche transitoire de la race qu'il a disgraciée, et dont la rédemption appartient au christianisme, à la marche invincible du progrès des blancs. L'extinction de l'esclavage a commencé du jour où le premier Africain fut affranchi sur le sol Américain. La rédemption de la race noire a dit son premier mot, lors de la naissance du premier mulâtre ; l'abolition de l'esclavage marchera de pair avec l'assimilation de la race.

On compte aujourd'hui, en chiffres ronds, cinq millions de têtes africaines aux Etats-Unis, dont un million environ sont libres, c'est-à-dire que la cinquième partie des êtres voués à la barbarie en Afrique, ou à l'esclavage chez le monde civilisateur, se trouvent affranchis, civilisés et capables de vivre en liberté. On compte dans ces cinq millions, un huitième d'individus qui ont du sang caucasien, c'est-à-dire que non-seulement ils s'élèvent vers la race noble du côté intellectuel, mais encore du côté physique ; obtiendrait-on ces résultats sans l'esclavage ? En prenant pour base la proportion progressive de cette amélioration, de cet affranchissement et de cette identification, durant ce dernier siècle, on peut aisément compter que dans quelques siècles. les quatre millions d'esclaves actuels ou leurs descendants, seront libres et à moitié identifiés. Ils auront ainsi passé par la voie régénératrice et libératrice en même temps ; il est vrai que ces esclaves affranchis se trouveront graduellement remplacés par de nouveaux arrivages, pris dans le grand stock de la péninsule ; mais là, encore, il y aura une fin, qui est peut-être plus rapprochée qu'on ne pense. Il sort de l'Afrique-nègre, cent mille individus chaque année, pour être dispersés de par le monde. Les luttes intestines et les sacrifices des potentats en exterminent peut-être, avec la décroissance qui en résulte, cinquante mille par année, on peut donc se rendre compte que dans un temps donné, cette population noire aura disparu de son pays natal. Quoique rien ne soit bien précis sur les données statistiques d'où ces faits sont tirés, il paraîtrait que la race noire a déjà diminué de moitié depuis les premières notions recueillies sur l'Afrique. On prétend qu'il ne resterait plus qu'une dizaine de millions d'habitants dans les catégories à esclaves, chez les Congos, les Caffres, les Nègres les Hottentots, les Aschantis, etc., qui forment les différents royaumes des Guinées et de la Sénégambie. Les plus grandes capitales n'ont guère au-delà de 20,000 habitants, et les divers Etats de quelqu'importance sont peut-être d'une dizaine en tout.

En dehors de l'Egypte et de toute la côte baignée par la Méditerranée, l'Afrique n'a pas d'histoire générale. Les Grecs n'avaient que des données très imparfaites sur le continent oriental, qu'ils nommaient la Libye et l'Ethiopie. Ils croyaient que les Colonnes d'Hercule (le Détroit de Gibraltar), étaient les limites du monde. Les Carthaginois sont les premiers qui ont pénétré assez avant pour exploiter la Côte-d'Or. Les Romains, après la chute de Carthage, furent les premiers étrangers qui pénétrèrent jusqu'au Niger. Des Français de Dieppe, commencèrent, en 1364, à y fonder les premiers établissements européens vers la Côte-d'Or. Les modernes ne connurent le contour de l'Afrique qu'en 1497, après la circumnavigation de Vasco de Gama, qui doubla le Cap de Bonne-Espérance ; ce ne fut qu'en 1588, que les Européens pénétrèrent dans l'intérieur de la péninsule. On estima dès lors la population de l'Afrique à 75,000,000, composée de types divers, dont les plus nombreux sont les Arabes, qui, comme les anciens Egyptiens, ont tous les caractères de la race caucasienne. Le second type africain indubitablement originaire de cette contrée, est la race dite nègre, aux cheveux crêpus, aux grosses lèvres, aux pommettes saillantes, au nez épaté, au front étroit, au crâne très épais et très dur, aux pieds longs et aux doigts épais;

quant au teint, il varie depuis le noir le plus foncé jusqu'au cuivré. Il est même à remarquer que ce ne sont pas les plus noirs qui offrent les formes et la face les plus rapprochées du singe chimpanzé : ainsi, le Moutchicongo, dont le teint est peu foncé, a le nez presque plat et les lèvres énormes, tandis que le Jolof, le plus noir de tous les nègres, est celui qui a le nez le moins épaté et les lèvres les moins grosses. Cette race se distingue par une grande perfection dans tout ce qui a rapport aux fonctions animales ; on y rencontre moins de difformités que dans toutes les autres races humaines ; elle est très robuste ; on y voit beaucoup d'individus d'une haute taille, et il est fréquent d'y trouver des hommes d'un âge très avancé. La race nègre est composée d'espèces particulières: les Peuls, les Cafres, les Hottentots, etc., sont des variétés; l'angle facial est encore plus déprimé chez ces derniers que chez les autres ; leur taille est plus petite et leur figure parfois hideuse, leur intelligence est aussi des plus inférieures. La femme Hottentote accouche avec la plus grande facilité ; sa structure naturelle diffère d'une manière remarquable d'avec celle des autres races; elle se rapproche sensiblement vers la forme quadrumane. Entre la race arabe et la race nègre, se place celle des Berbères, qui se donnent le nom d'Amazigs (nobles) ;—elle se compose des Coptes, au teint jaune foncé, au nez court et droit, au visage bouffi, des Abyssiniens et des Nubiens, au teint noir, au nez presque aquilin, ils offrent un certain degré de supériorité sur le nègre. En général, la race nègre indigène est rétive au progrès de la civilisation et du christianisme; les religions sont pour elle un culte dont elle n'a aucune intelligence des préceptes et des dogmes. Le fétichisme et la polygamie sont seuls compréhensibles à sa nature. Elle vit en peuplades, dirigées pour la plupart par une sorte de système féodal ; l'anarchie entre les indigènes désole continuellement l'Afrique.

Cet état de guerre et de cannibalisme, tient les Africains dans une sorte de férocité, qui en fait moins des hommes que des brutes. Il ne peut guère en être autrement, là où les connaissances utiles et l'étude d'aucune science, ne viennent pas faire le contre-poids moral à ces dispositions naturellement furieuses chez tous les sauvages, soit d'Afrique ou d'Amérique. La physiologie, assez éclairée aujourd'hui sur sur les fonctions de l'organe cérébral, nous apprend que l'état sauvage ou inculte laisse atrophier le cerveau des peuples barbares, et fait tomber les lobes cérébraux au point de les abaisser jusqu'au niveau de ceux des brutes. C'est l'absence de l'exercice mental qui détermine l'aspect de ces fronts déprimés et aplatis.

La vie civilisée, perfectionnée, au contraire, par une longue éducation, dès l'enfance, fait développer et agrandir les lobes cérébraux, surtout vers les parties du cerveau, qui sont essentiellement chargées des facultés intellectuelles.—Chacun sait et peut voir, par l'aspect des hommes d'études, que ces organes grossissent et se fortifient sous l'influence d'un exercice continuel, en raison de l'action vitale, qui produit un afflux de sang plus considérable, une nutrition plus abondante vers ces organes ; l'absence de cet exercice fait que les nègres ne sont pas plus exposés à l'apoplexie qu'aux affections phtisiques; c'est qu'il n'y a guère chez eux plus de stimulation cérébrale que d'excès d'affection sentimentale : tandis que l'on voit le contraire chez les peuples civilisés, et surtout parmi les classes les plus éclairées de la société. Il est évident qu'une existence aussi inculte, aussi dépourvue de toute instruction chez les sauvages, surtout ceux qui restent sous le jeu des passions ardentes de la guerre et de la chasse, doit allumer un instinct sanguinaire et une dureté morale qui doivent conduire à l'insensibilité pour soi-même ou autrui. La barbarie bestiale des Africains a des conséquences peu connues non moins révoltantes pour l'humanité que celles que l'on connaît déjà; ainsi, plusieurs médecins célèbres prétendent que l'origine de la maladie vénérienne, est due à l'anthropophagie des cannibales d'Afrique ou des Caraïbes d'Amérique. Leur opinion est, que tout être qui se nourrit de la chair de sa propre race, finit par corrompre sa nature et empoisonner les sources de la génération ; l'intensité de la siphilis des nègres viendrait, jusqu'à un certain point, appuyer cette singulière théorie.

Pour terminer nos observations sur l'Afrique, ajoutons que l'Europe y possède, comme on sait, des établissements coloniaux considérables, et qui s'étendent de plus en plus vers l'intérieur. Les civilisés ayant ainsi attaqué ce pays, ils s'empareront graduellement des meilleures parties du sol africain; l'Angleterre y a déjà la plus grande: elle y possède le Cap de Bonne-Espérance, la Sierra-Leone, les îles de Ste-Hélène, de l'Ascension, de Fernando-Po, de Maurice, dont dépend l'archipel des Seychelles ; elle a aussi plusieurs établissements sur la Côte-d'Or et la Côte des Esclaves. Ne peut-on pas se demander, avec quelque raison, si le négrophilisme de la Grande-Bretagne n'est pas, comme on dit, une prière pour son saint? En cherchant bien, on trouverait peut-être que ces grands frais de croisières pour empêcher la traite, n'ont ni plus ni moins que le but d'éviter un dépeuplement de nègres travailleurs, contraire à la prospérité de ses possessions et de son monopole commercial, car non-seulement on accapare ainsi, chez soi, la main d'œuvre productrice, mais on empêche le dévoloppement colonial des autres nations; après s'être emparé de l'empire des mers. On a tout fait pour abattre la grandeur coloniale de la France, et l'on fait encore tout pour l'empêcher de se relever.—L'abolitionisme anglais a aboli, à son profit, nos ressources d'outre-mer, comme il est en train d'abolir la fortune et la prospérité des Etats-Unis.

Bien crédule, bien insensé, qui croira à la réalité des sentiments généreux des successeurs de Pitt. Ce grand tam-tam humanitaire, de libéralisme, d'abolitionisme et d'autres ismes, n'a pour but que de masquer le jeu d'une intraitable politique d'égoïsme et d'empiétements de tous genres. En veut-on des preuves ? L'histoire en fournit *ad infinitum* : En Europe, Malte, Heligoland et les îles Ioniennes; en Amérique, l'Acadie, les Canadas, les Lucayes, les Bermudes, les Malouines et autres îles : plus, une grande partie des Antilles et de la Guyane ; en Afrique, Bathurst, Sierra-Leone, le Cap, l'île de France, Rodrigue, les Seychelles, Socotora, les îles de Loses, de l'Ascension, etc.; en Asie : Aden, Ceylan, Singapoor, une partie de Sumatra de Malacca, etc.; dans l'Océanie : l'Australie, la Tasmanie, les îles Norfolk, la Nouvelle-Calédonie, la Nouvelle-Zélande, les îles Sandwich, Taïti, etc. Tout cela est passé, depuis environ un siècle, des mains de diverses nations plus faibles entre les mains de la Grande-Bretagne, qui rêche la philantropie et la liberté des peuples. Après s'être ainsi emparée, par toute espèce demoyens, de près d'un quart du globe, de tous les pays d'outre-mer sans défense et plus faibles qu'elle, l'Angleterre, après toutes ces absorptions, trouve à redire, à jeter les hauts cris à propos d'un lopin de terre, d'une île, dont on veut faire cadeau à une autre nation, qui a plus fait en dix ans, pour l'humanité et la liberté des peuples, que la Grande-Bretagne durant toute sa vie, employée, du reste, à faire tout le contraire. En effet, n'est-ce pas dans le présent comme par le passé ? Qu'a-t-elle fait pour l'Italie ? *Des speechs !* A-t-elle aidé réellement, à l'affranchissement, à la résurrection nationale d'un peuple quelconque ? Elle a parfois suivi la France, mais c'était pour la surveiller plus que pour autre chose, ou pour s'emparer de quelque avantage. Etait-elle abolitioniste, demandons-le encore, quand elle percevait 10 £ sterlings par chaque tête de nègre que ses colons importaient en Amérique? Avait-elle un croiseur pour empêcher la traite alors ? Non, cela n'a commencé que pour atteindre la prospérité des Etats-Unis et des autres colonies rivales. L'intérêt seul fut, de tout temps, l'éternel pivot de la libérale Angleterre. Il y a longtemps que la fine politique anglaise s'est aperçue que le monde n'est composé, en grande partie, que de dupeurs et de dupés ; elle ne s'exposera jamais, par générosité, à être de ces derniers.

Reconnaissons cependant avec justice, en dehors de la politique, plusieurs points capitaux dignes d'admiration chez le peuple anglais : sa probité, sa constitution, ses libertés et la manière dont il les pratique.

XV.

Résumons-nous. L'esclavage n'est que transitoire, et il ne peut être un abus, du moment qu'il est une nécessité. Cette nécessité est naturelle ; elle prend sa source dans la nature et le caractère du nègre qui, à son avantage, devient un auxiliaire précieux pour le blanc, dont la force physique ne permet pas le travail ouvert sous certains climats.—La race noire y gagne, elle suit sa pente naturelle; c'est une plante parasite, qui gravite autour de la race blanche ; depuis la création du monde, elle a demandé la tutelle du blanc, au prix de sa liberté; l'instinct l'y pousse; l'identification des noirs frappe ainsi à la porte de l'humanité des blancs.—Fatalement vouée à l'esclavage, dès sa naissance, cette race a été esclave en tout temps : les Lybiens, les Abyssiniens, les Nubiens et les Ethiopiens furent les esclaves des anciens, comme les Cafres et les Hottentots, les Congos et les Peuls sont les esclaves des modernes ; mais tant que cette race restera dans l'Orient, son absorption par les civilisés sera lente ; il lui faut les races blanches de l'Occident pour l'identifier ; elle le sent bien, et son instinct lui dit que là seulement elle trouvera sa délivrance, son élévation et sa régénération complètes.

On a tort de nier l'inégalité manifeste dans les races humaines. Elle existe de fait à l'état de nature, dans tout ce qui sort de la création, soit dans le règne animal ou le règne végétal. Le simple fait de la gravitation terrestre établît forcément les infériorités ; les atomes font les molécules qui font les corps, ceux-ci marchent en gravitant vers le centre commun, et cela par l'ordre de la stratification universelle. Les catégories animales graduées en couches vivantes; ainsi sont les catégories de l'espèce humaine; l'ordre social suit invariablement la loi de la gravitation, et tout ce qui y résiste est fatalement voué à la destruction.

Tous les systèmes à niveau égalitaire sont autant d'erreurs ; toutes ces hérésies naturelles n'ont que des effets rétrogrades dans leur application, car elles sont posées au rebours du chemin de la nature, qui finit par les renverser en marchant. Tout système qui fait résider son action dans la circonférence au lieu du centre est anti-naturel, et ne saurait longtemps subsister. L'égalité n'existe pas dans la création, car elle ne s'harmonise que par les contrastes, elle ne s'agite que par les oppositions. Il faut donc se résigner à rester à la merci de la nature. Avant tout, elle nous place, elle nons enchaîne à notre mission, comme elle place un arbre à côté d'un plus grand ou d'un plus petit. Rien ne se ressemble ; donc, rien n'est égal.— Ainsi sont les races, ainsi est la race qui nous occupe.

L'organisation sociale n'est pas cause de sa disgrâce ; mais elle peut la faire disparaître.—C'est un devoir. On parle de honte et d'horreur à propos de la traite. Eh bien, au point de vue naturel, philosophique et humain, la traite, que nous nommerons la transplantation d'une souche déshéritée, devrait être non-seulement permise, mais même ordonnée à toutes les nations civilisées.—L'humanité pratique commande, en fait, que chaque peuple s'empare de son lot et travaille, en proportion de sa population, à améliorer, civiliser et fusionner la race noire ; là, serait la véritable abolition de l'esclavage, et mieux encore, ce serait le rachat, la rédemption de la disgrâce de ces malheureux êtres maudits par une loi de rigueur qu'on ne peut juger.

Bien loin d'empêcher la traite, notre avis est qu'on devrait la laisser passer aussi librement que possible ; elle tomberait bientôt d'elle-même, et l'on ne forcerait pas ainsi la contrebande à faire souffrir ces malheureux transportés, entassés sur les navires pour échapper à la surveillance d'une police étroite et égoïste. On a donné ainsi de l'impulsion à ce commerce en le déclarant illicite; on l'a rendu clandestin et cruel, en lui infligeant une désapprobation odieuse, par des expressions ridicules et déplacées; on a ainsi donné une valeur aux nègres, qui rendra leur affranchissement d'autant plus lent et plus difficile, qu'il faudra de plus grands sacrifices de la part de leurs détenteurs. Il est évident que du jour où ce commerce redeviendra libre, la valeur de l'esclave tombera et facilitera, par contre, sa libération, soit par ses soins, soit par ceux de la générosité des blancs, qui naturellement se mesure à l'importance du sacrifice à faire. L'épuisement de l'Afrique sera la fin de l'esclavage.

Nous avons donc la conviction sincère que la traite libre serait un moyen d'affranchissement pour cette race, comme l'esclavage en est le moyen de civilisation. C'est sur cette conviction que nous avons prêché l'extinction de l'esclavage, en combattant l'abolitionisme destructeur, inhumain, qui se cache sous le nom de l'humanité, tandis que l'esclavage obtient de fait les résultats inverses, quoique sous un nom rendu odieux par l'intérêt et l'ignorance.

Qui est-ce qui n'est pas assujetti à quelqu'un ou à quelque chose sur la terre ? Depuis le laboureur esclave, qui doit gagner son pain à la sueur de son front, jusqu'au potentat absolu, qui doit obéir à la politique, il y a assujétissement. La chaîne est là d'une manière ou d'une autre ; il faut la porter. Quand il n'y aurait que celle de vivre avec les hommes, ce serait déjà un grand travail, une sorte d'esclavage.

Quel est celui qui n'a pas son existence enchaînée à celle d'un autre. c'est-à-dire aux caprices, aux humeurs, aux tyrannies, aux lâchetés et aux méchancetés humaines ?

Reconnaissons donc, une bonne fois, notre échelonnement naturel, et, par contre, nos inégalités sociales. Admettons que tous, petits et grands, nous pouvons améliorer les conditions plus ou moins pénibles des catégories inférieures, à l'aide du discernement éclairé qu'il faut appliquer sur les aptitudes et les intelligences qui les composent, qu'il faut stimuler avec mesure, mais non pas en décrétant un nivellement destructeur du moteur et des raisons actives du progrès, qui ne peut trouver sa force que dans le désir personnel de chacun vers sa propre élévation. C'est ainsi que la nature a mis le remède à côté du mal.—L'esclave a les facultés et les sentiments proportionnés à sa condition, de manière à n'en pas souffrir : il y a compensation dans tout.

Terminons, en disant que la doctrine abolitioniste est un fléau, et la servitude des noirs un bienfait; celui-là fait détruire les humains sans faire faire un pas à l'humanité, car il faudra toujours en revenir au point de départ, après toutes les destructions possibles ; tandis que l'esclavage fait le contraire : il produit et fait vivre ;

il s'améliore et s'éteint, de fait, par l'élévation graduelle des esclaves vers le degré de régénération, qui seule peut les rendre à la liberté, en restant utiles à la société.

La violence, après bien des désastres et des malheurs, ne peut, en fin de compte, obtenir que la vaine satisfaction du changement de nom et de la forme. Un homme n'est vraiment libre, que du jour où il a acquis les sentiments qui font l'homme libre dans toutes les conditions. Que l'on décrète la liberté de ces quatre millions d'esclaves, ils n'en auront pas, pour cela, un pouce de liberté de plus; au contraire, le nègre sera l'esclave de sa faiblesse et de son abandon, et c'est le pire des esclavages ; ce serait le plus grand malheur qui puisse lui arriver, comme ce serait la plus grande perte que les Américains puissent faire, sans parler de celle des Européens. Les faits du passé sont là comme preuve de cette vérité.

Voilà ce que nous avions à dire sur cette grave et délicate question. On nous reprochera tout ce que l'on voudra ; nous resterons fermement convaincus que, tant bien que mal, nous avons défendu, dans ce livre, la cause des noirs comme celle des blancs, en général.

Nous avons au moins la satisfaction intime de n'avoir obéi qu'au simple désir de dire la vérité pour le bien social. Nous souhaitons aux Américains qu'ils puissent en dire autant de tous leurs publicistes.

Si nous nous sommes trompés quelquefois, nous pouvons avoir racheté, d'ailleurs, toute déviation par quelques vérités utiles, et nous estimons que notre devoir a été honnêtement rempli envers le pays, envers l'humanité. N'eussions-nous sauvé qu'un seul homme de l'erreur et de cette guerre impie, que ce serait encore l'acquittement de ce que nous devons au pays, ce serait notre obole payée à l'humanité qui, moins exigeante que les humanitaires, sera satisfaite sans aucun doute. Que chaque homme, sur la terre, en fasse autant, qu'il sauve son homme de l'erreur, et il n'y aura plus de guerre civile possible.

FIN DE L'ABOLITIONISME ET DE LA QUATRIEME PARTIE.

CINQUIÈME PARTIE.

SUR LE SYSTÈME POLITIQUE ET COMMERCIAL DES ETATS-UNIS.

I.

L'Union, pour laquelle on fait aujourd'hui tant de bruit, tant de mal, comme question pendante à celle de l'esclavage, l'union des divers Etats a-t-elle jamais existé de fait?

A-t-elle jamais rencontré l'identification réelle de tous ses membres dans son tout; les éléments d'homogénéité, de cohésion, ont-ils prévalu sur les élements contraires?

Que la faute en soit au système de l'organisation fédérative ou au système d'économie politique appliqué au pays, il n'en est pas moins vrai que l'union n'a jamais eu lieu de fait.

Les causes de son démembrement actuel remontent à la guerro de l'indépendance des colonies. Le champ de la division est resté ouvert dès la formation de l'Union, qui n'a jamais été scellée, ni consacrée, par la nature et le temps; au contraire, née de l'accident de la guerre, fruit d'une nécessité d'action pour la défense commune, l'Union n'avait plus sa raison d'être après le danger passé. On a forcé son rôle, en le prolongeant sur les mêmes bases.—La nature des choses, la vérité des intérêts et les passions humaines, n'ont pas été assez consultées dans cette fondation; et là, où ces trois points ne président pas comme bases fondamentales, rien ne dure, rien ne saurait durer longtemps. Ces trois principes viennent aujourd'hui réclamer impérieusement leurs droits, en détrônant violemment les théories qu'on leur avait substituées.

Les grands patriotes, fondateurs de l'Union, semblent avoir pris à tâche de s'éloigner du champ des vérités pratiques, pour rester entièrement dans le domaine de la philosophie idéologique. Honnêtes et sages, patriotes et désintéressés, ils ont cru, sans doute, que leurs descendants ne pourraient que leur ressembler, en suivant la voie toute tracée, toute frayée qu'ils leur laisseraient en héritage.

Ils ne reprirent de l'Angleterre que le droit de souveraineté, mais sans vouloir lui emprunter les moyens de l'appliquer.—Chacun, en effet, voulut bien arracher à la métropole son pouvoir sur les colonies, mais aucun ne voulut consentir à se laisser administrer.—Les colonies, jalouses de leurs droits administratifs, ne purent se résigner à en abandonner la somme d'autorité nécessaire pour faire un gouvernement solide par la centralisation: de là vint le système fédéral, qui ne pouvait être qu'un gouvernement de transition, car il est évident qu'avec l'accroissement des territoires, de la population et des intérêts, ce gouvernement ne pouvait longtemps rester en état de couvrir de sa faible autorité une grande étendue de régions diverses, contenant un peuple nombreux composé d'éléments et d'intérêts non moins divers.

L'Union était donc fatalement vouée, dès sa naissance, au démembrement, et les patriotes s'en sont eux-mêmes bientôt aperçus avec tristesse. Au milieu des obstacles dans les choses, et des oppositions dans les partis, les trahisons, les haines et les inimitiés, laissées à leur libre essort, vinrent bientôt se heurter contre le système et montrer aux fondateurs ce qu'ils pouvaient espérer de la sagesse des hommes pour savoir se gouverner. Voici ce qu'écrivait le grand, l'immortel Washington : — " Je ne puis croire que le bon sens du peuple ne prévaudra pas, à la fin, sur ses préjugés...... Je ne saurais penser que la Providence a tant fait pour rien. Le grand Souverain de l'Univers nous a conduit trop longtemps, et trop loin, sur la route du bonheur et de la gloire, pour nous abandonner au milieu.—Par notre folie et notre mauvaise conduite, nous pouvons, de temps à autre, nous égarer ; mais, j'ai cette confiance, qu'il reste en nous assez de bon sens et de vertu pour que nous rentrions dans le droit chemin, avant d'être entièrement perdus."

La licence, fille du gouvernement de soi-même, a-t-elle respecté le Père de la Patrie ? Qu'on lise les journaux de l'époque où il était Président, que l'on observe les tendances des passions populaires dès ce temps, et ce qui arrive aujourd'hui ne surprendra que d'un côté, c'est que ce soit arrivé si tard.

L'administration du président Washington fut dénoncée, accusée avec fureur, dans les réunions comme dans les feuilles publiques. L'histoire nous dit que le parti démocrate ne mit guère plus de mesure alors, dans son antagonisme contre le parti fédéraliste, que le parti républicain n'en met aujourd'hui, contre le parti démocrate. Lors de la politique nationale adoptée par Washington, en proclamant la neutralité des Etats-Unis dans les affaires européennes, les partis opposés ne connurent plus de bornes ; de toutes parts, tous les matins, éclataient, contre Washington, les adresses de blâme, les lettres anonymes, les invectives, les menaces et les calomnies les plus passionnées. Washington, toujours impassible, écrivait cependant à Jefferson : " Je ne croyais pas, je ne pouvais pas imaginer, jusqu'à ces derniers temps, qu'il fut, je ne dis pas probable, mais possible que, pendant que je me livrais aux plus pénibles efforts pour établir une politique nationale, une politique à nous, et pour prévenir le pays des horreurs de la guerre, tous les actes de mon administration seraient torturés, défigurés, de la façon à la fois la plus grossière et la plus insidieuse, et en termes si exagérés, si indécents, qu'à peine pourrait-on les appliquer à un Néron, à un malfaiteur notoire, ou même à un filou vulgaire. Mais en voilà bien assez ! J'ai déjà été plus loin que je ne voulais dans l'expression de mes sentiments."

Voilà ce que disait Washington, le héros de la patience, le modèle des hommes modérés, pour peindre l'esprit de ses contemporains.

Que l'on ne vienne donc pas dire, aujourd'hui, comme on s'y complaît trop, que ce sont les étrangers immigrés qui troublent le pays. Après avoir cité le jugement de Washington sur l'esprit de son époque, si l'on veut connaître son opinion sur la défectuosité du système fédéral, il suffit de se rappeler combien le Congrès avait peu de pouvoir pour fournir des troupes, des vivres, des équipements et des munitions au général en chef. On sait qu'à part les défections et les trahisons, les soldats de l'indépendance se mutinèrent en plusieurs occasions, et qu'ils mirent plus d'une fois en question le succès de l'entreprise. Voici ce qu'à ce sujet écrivait le général Washington, en 1780 : " J'ai la conviction que notre cause est perdue, si le Congrès ne prend un langage plus ferme, si les Etats ne l'investissent pas de pouvoirs plus en harmonie avec nos grands plans de campagne, ou s'il ne s'en empare pas comme lui appartenant de droit. Nous ne pouvons plus nous traîner dans la vieille ornière. Les délais fâcheux mis à l'adoption, puis à l'exécution des mesures, et peut-être d'incompréhensibles jalousies, ont rendu inutiles d'énormes dépenses. Un Etat obtempère aux ordres du Congrès, un autre néglige de le faire, un troisième ne le fait qu'à moitié..... Je vois une tête se diviser peu à peu en treize ; je vois une armée se fractionner en treize armées qui, au lieu de regarder le Congrès comme le pouvoir suprême des Etats-Unis, se considèrent comme dépendantes de leurs Etats respectifs.—Le Congrès a, peu à peu, rendu ou donné aux Etats l'exercice des pouvoirs qu'il avait réclamés et exercés d'abord dans toute leur étendue, si bien qu'il lui en reste à peine un seul."

Peut-on s'étonner, si un pareil système, dépeint ainsi par le Père de la Patrie, s'écroule aujourd'hui de toutes parts? Ce qui n'étonne pas le moins, répétons-le, c'est que ses divers rapsodages aient duré si longtemps. Le système fédéral n'était-il pas miné d'avance par les éléments mêmes de son existence ? Citons encore le fondateur de la République, qui s'est toujours élevé, avec raison, contre la politique de localité, c'est-à-dire, contre le principe de division qui germait ; voici ce qu'il écrivait en 1778 :

" Le travail que font les Etats, en rédigeant individuellement des constitutions, en préparant des lois, en confiant leurs emplois à leurs hommes les plus habiles, n'aboutira pas à grand chose, si le grand ensemble est mal dirigé; il n'y a aucun avantage de maintenir les petites roues en bon état, si on néglige la grande roue, qui est le point d'appui et le premier moteur de la machine." " Je ne puis m'empêcher, écrivait-il encore, ailleurs, de déplorer cette politique fatale, commune à un trop grand nombre d'Etats, et qui consiste à donner des places honorables et lucratives à leurs citoyens les plus habiles, avant que le grand intérêt national soit assis sur une base solide. "

Ainsi, que manque-t-il, pour prouver la défectuosité du système de la Confédération ; ne voit-on pas déjà, à son aurore, que la centralisation lui manque, que les hommes à places l'encombrent, et que le principe d'autorité est absent.

Washington ne fut pas le seul, à prêcher la centralisation. Hamilton, cet homme d'Etat pratique et clairvoyant, s'opposa également à la théorie du *self-government*. Il en démontra les inconvénients et les abus ; il prédit la ruine de l'Union, comme conséquence naturelle, inévitable; il sentait le besoin de faire de l'Amérique du Nord une grande nation, sous l'unité d'un gouvernement solide et ferme, ayant une tête pour concevoir, et des bras pour exécuter: il visait à faire un corps de tous ces membres épars. L'indépendance et l'isolement des Etats comme autant de républiques, ne convenaient pas à son esprit pratique; il voulait que tout fût centralisé, nationalisé dans un seul Etat, représenté par une seule république, agissant sous une même loi, et procédant de manière à voir agir la souveraineté du peuple, sans parti du Sud ni parti du Nord, vu que les intérêts eussent été réunis, groupés en un faisceau commun, d'où l'on aurait fait prévaloir les éléments de cohésion sur les causes de division, au moyen des combinaisons compensatives que fournit toujours la saine économie politique.

Malgré la sagesse de cette doctrine, elle ne prévalut point. L'éloquent Jefferson, réussit à faire prévaloir la doctrine du gouvernement de soi-même, du laisser-aller, qui, bien entendu, devait plaire aux masses. Le grand chef du parti démocrate et sa doctrine, ont pu paraître avoir raison pour un temps, mais les résultats disent assez aujourd'hui, combien on s'est leurré ; les convulsions, l'agonie du nom seul de l'Union, prouvent combien le mal s'est invétéré dans cette école; car, en se battant pour l'Union, on se bat aujourd'hui pour un fantôme, et il est étrange de voir combien il y a d'honnêtes gens qui persistent à croire à la possibilité de l'Union, après une telle expérience et avec de pareils éléments. La vérité est, que c'est une théorie que l'histoire condamne désormais, à titre d'utopie. C'est encore une expérience de plus, qui fait amèrement décompter la démocratie des peuples pour resserrer les liens de leur assujettissement, et donner crédit au despotisme, qui finira par être reconnu nécessaire à la sottise humaine ! Les esprits se sont si peu pénétrés du sentiment de l'Union, et ont de tout temps été tellement portés à la récusation de l'autorité fédérale, que peu de temps avant la constitution de 1787, plusieurs Etats conçurent le dessein de se séparer.

La province du Vermont se déclare indépendante, et le New-York menace la république naissante, tandis que la Nouvelle-Angleterre lui dicte des lois.

On voulait rester colons indépendants, et cependant être bien gouvernés; était-ce possible ? On avait à peine mis le pied dans la Confédération, que l'on songeait à l'en retirer, de peur d'être tenu à reconnaître l'autorité fédérale, qui semblait déjà une usurpation pour le peu de pouvoir qu'on lui donnait; l'unité répugnait; pouvait-il y avoir de l'union ? L'esprit de localité a, de tout temps, dominé l'esprit de corps, c'est-à-dire le caractère national; on se fit Ouest, Sud, Nord ou Est, avant de se faire national : donc devait périr la nation. La Nouvelle-Angleterre, aujourd'hui si courroucée contre les Etats-séparés, fut la première qui prononça le mot de séparation. Après la constitution de 1787, le Massachusetts fit, dès 1800, des théories séparatistes ; et des démarches officielles furent faites dans un temps, auprès du gouvernement de Washington, à l'effet de se retirer de l'Union ; ce fait eut lieu durant la guerre des Etats-Unis avec l'Angleterre qui, dit-on, ne fut pas étrangère à ce mouvement. Ce premier pas vers le schisme, put cependant être annullé par quelques satisfactions données à ce turbulent Etat ; mais son fatal exemple fut suivi par les Carolines. Trente ans plus tard, la Caroline du Sud, lésée, leva l'étendard de la séparation et du libre-échange; mais on parvint à la calmer, par la promesse de réduire le tarif, promesse que l'on ne tint pas, bien entendu ; aussi le mouvement devait se renouveler pour de bon, après une autre période de trente ans, par 11 Etats du Sud. La sécession commencée en 1860 est un fait que rien n'empêchera de s'accomplir, ni de constituer un nouveau gouvernement, sans compter ceux qui viendront après.

La prédiction d'Hamilton a commencé à se réaliser, où s'arrêtera-t-elle ? Tous les Etats agricoles ont les mêmes intérêts, et ces intérêts sont naturellement opposés à ceux du Nord ; or, l'Ouest, aussi agricole que le Sud, va se trouver dans la même position que ce dernier, vis-à-vis du Nord, avant la guerre. On peut donc s'attendre, si l'Ouest ne joint pas le Sud, à ce qu'il se rende indépendant aussi, et forme à son tour un gouvernement autonome.

C'est ainsi que le système politique de l'Union s'est trouvé rempli d'événements orageux, que le temps n'a fait que rendre de plus en plus dangereux, en créant la nécessité de briser ces liens, par le seul moyen de la lutte entre les éléments les plus intéressés, les plus contraires, qui se sont accrus ainsi par près d'un siècle d'erreurs.

La statistique, que l'on verra plus loin, démontre assez sur quelle nature reposent ces intérêts, accumulés par le temps et les réactions : le malheur des choses fausses est d'engendrer des malheurs à venir.

Le républicanisme peut subsister chez les nations agricoles; mais le commerce et l'industrie le changent bientôt en l'inévitable aristocratie de fait et d'argent : c'est la plus insupportable.

La nature a fait les Etats-Unis agricoles au Sud et à l'Ouest; marins, mineurs et marchands au Nord. Ces trois sections, dans leurs positions respectives, étaient providentiellement faites pour s'unir et s'harmoniser d'une manière miraculeuse, par le fait de la diversité naturelle de leurs produits. En effet, tandis que les 15 Etats à esclaves produisent le coton, le tabac, le riz, le sucre, les bois, etc., les 10 Etats de l'Ouest produisent le maïs, le blé, les bestiaux, les salaisons de viande, etc., et les Etats du Nord peuvent exploiter leurs inépuisables mines de houille, de fer et d'autres métaux, ainsi que leurs superbes carrières de marbre. de granit, d'ardoise, etc.; leurs ports magnifiques, avec leurs milliers de navires, les font naturellement les armateurs et les agents-banquiers des affaires du Sud, en dehors de leur industrie minière, dont les richesses ne demandent qu'à voir le jour. La Californie vient vivifier cet immense entrepôt commercial par ses flots d'or, au point de faire le change du commerce général. Ainsi, voilà 25 Etats essentiellement producteurs, agricoles, qui viennent alimenter les affaires de neuf

Etats ; à ceux-ci, la mer, les mines et les comptoirs ; à ceux-là, la plaine et les forêts des régions fertiles ; tout cela occupe 32 millions d'individus, sur un territoire qui est 15 fois grand comme la France. Que manque-t-il à ce pays pour faire la satisfaction de tous? La nature l'a doué, Dieu l'a doté; il ne peut donc rien y manquer, au contraire; mais les hommes ont voulu y ajouter quelque chose : ils lui ont fait cadeau d'une nouvelle boîte de Pandore, que l'on nomme le tarif, vraie pomme de discorde, entre les mains de quelques-uns, qui l'exploitent à leur profit, au détriment de tout le pays, dont les bienfaits uniques, tournent ainsi contre le peuple. Les économistes ont cru et dit, lors de l'admission du premier tarif, qu'il n'avait pour but transitoire que d'amortir la dette fédérale, les 30 ou 40 millions résultant de la guerre de l'indépendance ; mais après cette dette liquidée, il est arrivé que des intérêts locaux avaient pris racine d'une telle manière, que l'économie politique n'eut ni la force, ni les aptitudes voulues, pour redresser à temps la tendance qui devait détruire l'Union. Il devait en être ainsi dans l'esprit des sections manufacturières qui, dès le commencement, ont voué le système fédéral à la destruction. Après les dons uniques dont une prodigue Providence a accablé l'Amérique, comment comprendra-t-on qu'un pays qui a tant reçu de la nature, aille encore demander un surcroît d'avoir à la manufacture? N'était-ce pas se rendre ingrat et indigne de tant de bienfaits? Les Etats du Nord, toujours pour satisfaire leurs étroites jalousies contre l'industrie de l'Europe, ont ainsi substitué la production artificielle à la richesse naturelle de leur pays ; ils ont gaspillé leur temps et leur capital, à donner des produits d'une valeur relative, tandis qu'ils n'avaient qu'à se baisser pour ramasser à foison les valeurs positives de la terre, qui leur auraient permis de couvrir leurs dépenses, en leur évitant les crises commerciales et politiques qui, aujourd'hui, vont finir par ruiner leur crédit et leur pays. Il est évident qu'en cherchant leurs nouveaux procédés pour faire des niches à l'industrie européenne, à l'abri du tarif, ils ont perdu ou négligé le plus beau fleuron de leur couronne, qui est l'exploitation agricole et minière. La statistique dénote d'une manière bien claire, que le déficit de l'exportation pour couvrir l'importation, provient uniquement de la section du Nord. Ce tarif devait avoir, à divers titres, les désastreuses conséquences d'une grave inconséquence démocratique ; en effet, comment admettre qu'une démocratie permette le monopole de l'industrie chez quelques-uns aux dépens de tous ? Là où l'on a une liberté qui est du laisser-aller, il y a une exception, et c'est justement pour ce qui demande le plus à être libre : le commerce. Rien n'est protégé, excepté ce qui n'a pas besoin de l'être dans un pays agricole : l'industrie.

La démocratie ne peut exister que par la répartition égale de l'impôt, des forces et des influences. Eh bien, la protection douanière a eu pour résultat de produire l'effet contraire et les Etats industriels se sont, de plus, fait couvrir leurs dépenses par les Etats agricoles. Une autre, et non moins grave conséquence anti-démocratique, c'est l'abus de la force numérique substituée à la justice, à l'intérêt de la nation, par l'agglomération des masses populaires, armées du vote dans les districts manufacturiers. Ainsi, à l'aide de l'ignorance et avec de l'argent, on peut aujourd'hui dominer et faire de l'autocratie républicaine! Et tout cela, contre la plus saine partie du pays, qui est certainement, ici comme ailleurs, la partie agricole. — Si le système fédératif portait en lui-même le principe de la désunion, le tarif à lui seul n'en est pas moins la cause primordiale de la guerre actuelle, et des maux qui accablent et accableront le pays. — Les districts manufacturiers sont tenus de consentir à la division qu'ils ont amenée, ou à une longue guerre civile contre tous les Etats agricoles, Ouest comme Sud. Ils sont soudés d'une manière naturelle par les intérêts qui, tôt ou tard, se rapprocheront toujours, comme les liquides, ou bien formeront deux confédérations analogues à côté du Nord.

C'est à tort que la prospérité des Etats-Unis a été attribuée à leurs institutions. Bien au contraire, ces institutions ne se sont maintenues si longtemps qu'en raison de la prospérité du peuple. On n'a pas cherché la richesse, pour fonder la liberté ; on a fondé la liberté pour devenir riche, pour avoir le droit de tout faire. Or, du jour où on se sent appauvri, on détruit la liberté, dans l'espoir de ressaisir la richesse qui s'échappe : tout est là. C'est ce qui explique l'acharnement du Nord à vouloir substituer la force à la justice, pour subjuguer le Sud, c'est-à-dire pour conserver le monopole, le domaine des sources de la fortune du pays. C'est une question de dollars, et pas autre chose. Du jour où le paupérisme, d'un côté, et la cupidité, de l'autre, s'emparent des masses démocratiques, armées comme elles le sont du pouvoir électif, les institutions, républicaines et fédérales, sont en grand danger ! Ces institutions tombent en lambeaux, sous la pression du besoin et des inquiétudes qui agitent les classes laborieuses, dont l'agglomération offre des oppositions tellement graves, que le pouvoir devient insuffisant à en conjurer le danger. On peut certainement avancer, vu la marche du paupérisme et l'accroissement des basses classes dans une section dominante du pays ; on peut, dirons-nous sans crainte, prédire deux choses, que l'histoire autorise d'ailleurs à admettre comme possibles : c'est que, dans un temps donné, la populace, avec le pouvoir qu'on lui donne, pourra à sa guise décréter les lois agraires, et, par contre, entraîner la chute de la république américaine, comme cela est arrivé à Rome, par les causes analogues.— Il y eut, à Rome, trois espèces de lois agraires :

1o. Celles qui eurent pour objet le partage entre les plébéiens des terres déclarées usurpées par les grands ;

2o. Celles qui eurent pour objet de coloniser les terres du domaine de l'Etat, telles que les contrées conquises par les phalanges romaines :

3o. Enfin, dans les derniers temps de la république, sous Marius, Sylla, Pompée, César, Antoine, et même Octave, durant les troubles civils, précurseurs de la chute du règne populaire, la loi agraire eut pour but de récompenser les légions, les soldats et les généraux qui avaient combattu et triomphé dans les guerres civiles.

Les usurpations violentes de la propriété publique et particulière vinrent ainsi distribuer des terres à la populace avilie, qui vendait son vote aux tribuns, et à la soldatesque turbulente, qui soutenait le despotisme du plus fort.

Ce qui se passait chez les Latins, en l'an de Rome 675, n'offre t-il pas quelque similarité avec ce que l'on voit en l'an de grâce 1861 chez les Américains ? La république romaine a eu aussi son genre d'abolition pour l'agiter et la détruire : ce fut l'abolitionisme des dettes! décret qui, avec les lois agraires, vint soutenir la plèbe et les débiteurs. Il n'y a pas bien longtemps, que les Américains ont eu aussi leurs lois abolissant les dettes. "*L'Exemption law*" consistait, pour tout débiteur, à déclarer tout simplement qu'il se trouvait insolvable, en affirmant le fait et en le jurant sur la Bible, comme garantie de la vérité! Ces sortes de serments et de garanties ne manquèrent pas, et ce petit partage de biens eut lieu à la grande joie des communistes et des filous. Une partie de la population, qui possédait alors, paya les dettes de celle qui ne possédait rien et qui se trouva, de fait, en possession de quelque chose. Ces changements de mains pouvaient n'être que demi-mal, s'ils n'avaient eu lieu que d'Américain à Américain ; mais l'Europe eut à subir les honnêtes conséquences de cette loi, comme de toutes les crises américaines. C'est ainsi que nous pouvons dire que plus de la moitié de la propriété personnelle du peuple des Etats-Unis, appartient de fait aux Européens, au détriment desquels ce pays s'enrichit depuis les trois-quarts d'un siècle. (Voir la Statistique).

Cette guerre d'invasion n'offre-t-elle pas aussi une similarité frappante avec la guerre civile de Rome? N'entend-t-on pas, au Congrès, agiter la question de la confiscation des biens des Sécessionistes? La presse du Nord n'a-t-elle pas déjà fait la part, aux soldats et aux plébéiens, des terres et des dépouilles qui seront conquises sur le Sud? Les factions, l'ostracisme et les tribuns manquent-ils? N'est-ce pas l'époque de Marius et Sylla? Et pour continuer le digne pendant, qui peut dire si, bientôt, on ne verra pas un Tibère?

Pour tout juge impartial, comme peut l'être un étranger sincère, qu'aucun intérêt, qu'aucun esprit de parti n'aveugle, quel spectacle la démocratie américaine offre-t-elle, surtout depuis ces dernières années? Comment et sur quoi se soutient-elle? N'a-t-on pas vu les fraudes les plus éhontées, les violences les plus révoltantes se commettre, aux temps des élections? A San Francisco, c'est un scrutin à tiroir patenté pour faire glisser les votes, selon les besoins de la cause; à la Nlle-Orléans, Louisville, Baltimore, c'est une meute de boxeurs, d'assommeurs, salariés pour empêcher les partis contraires et les étrangers de voter.—On a vu le vandalisme et le meurtre à l'ordre du jour, et tout cela commis avec d'autant plus de lâcheté que l'impunité en était assurée d'avance. La justice, impuissante ou complaisante, a laissé cet état de choses arriver à un tel point que les honnêtes gens, à la fin révoltés, ont dû prendre eux-mêmes leurs causes en mains, en instituant les comités de vigilance. Peut-on nier ces faits ou dire qu'ils sont exagérés ? Ils le sont d'autant moins qu'ils auront probablement lieu encore, car la haine ridicule qu'inspirent les étrangers aux chercheurs de place ne demande qu'à se faire jour, du moment que l'occasion et la force le permettront. A-t-on jamais vu une Constitution, égale pour tous, être violée plus outrageusement, que dans cette répulsion absurde de la part des gens qui se prétendent les natifs ? Mais changez-la bien vite, votre Constitution ; faites-la à votre fantaisie ; eh ! pour Dieu, laissez les *foreigners* en repos, quand ils ne vous apportent, en général, que l'exemple du travail et des bonnes mœurs, quand ils viennent développer votre pays par les durs travaux de l'agriculture et de l'industrie. Que serait donc l'Amérique sans cette armée de travailleurs accourus d'Europe ? Ils ne vous ont pas demandé, pour condition, d'avoir le droit de voter ; ils usent des droits constitutionnels égaux pour tous. Si votre Constitution donne matière à des abus, révisez-la légalement, faites-la pour vous seul si bon vous semble ; mais ce n'est pas avec le revolver et l'assommoir, que vous trouverez le remède aux vices de votre organisation politique. Ce n'est pas en méprisant et en chassant la classe étrangère, que vous empêcherez votre pays de tomber dans le chaos d'une ingrate démocratie qui s'est arrogé toutes sortes de libertés licencieuses, pour arriver, à force d'excès, au bord du gouffre d'où les républiques d'Athènes et de Rome ne sont jamais revenues !

II.

Pour revenir au système électoral, pratiqué, de fait, au contre-pied de sa théorie, nous signalerons New-York, comme la métropole des grandes entreprises en tous genres ; là, se trouvent des associations d'entrepreneurs d'élections qui, moyennant une somme et l'engagement de donner certains emplois, assurent contre les risques de la défaite.

Il y a, d'ailleurs, une institution qui, dans ce genre-là, est devenue une vraie puissance, un véritable Etat dans l'Etat — La douane de New-York, à elle seule, a, pour un temps, dominé une grande partie des Etats du Nord, en fait d'influence électorale. La fameuse *Tammany Hall* était son quartier-général, et le parti démocrate a longtemps pivoté sur cette souche extraordinairement puissante. C'est à propos de corruption d'argent et d'abus de pouvoir, que nous devons bien une mention honorable à la douane de New-York! Pour nous, qui la connaissons particulièrement, cette respectable administration n'est, ni plus ni moins, que l'organisation d'une bande de..... très-honnêtes gens, disciplinés, et nous en avons cent preuves pour une à fournir à qui voudra les voir. Cette grande bâtisse, ce beau monument, recèle le chantage organisé s'exerçant sur les honnêtes gens, et principalement sur les négociants, parmi lesquels bon nombre de maisons françaises pourraient appuyer nos assertions du spectacle de leur ruine, provenant du fait de cette caverne. Il faut dire que cette administration a des pouvoirs et des priviléges qui donnent lieu au despotisme le plus révoltant. Aucun des potentats absolus d'Europe n'oserait faire ce que cette douane fait pour pressurer, pour extorquer de l'argent au commerce ; ne pas confondre avec le commerce américain ; celui-là on en a peur, on n'y touche pas. C'est aux Français et aux Allemands que l'on s'en prend. Leurs plaintes ne sont jamais écoutées : ce sont des foreigners. D'ailleurs, à quoi bon un procès avec la douane ? c'est s'attaquer aux droits féodaux ; elle ne perd jamais, de fait, la douane ; la loi lui donnera peut-être tort, mais, en attendant, elle vous aura ruiné à fond, sans la moindre compensation à recouvrer.

Il résulte des priviléges et de l'influence de cette administration, que les actes les plus odieux d'exactions et d'arbitraires, sont tous les jours commis au détriment des importateurs et au profit de quelques individus, car les trois principaux officiers ont le tiers ou la moitié des dépouilles à se partager.—Le chef le plus actif de la bande est un nommé "Israel", le plus fieffé, le plus roué des Yankees, greffés sur juif. — Cet honnête fonctionnaire s'est amassé ainsi, en quatre années, un petit pécule de quelque chose comme $200,000, dont pas un sou qui ne sente la concussion d'une lieue. Ce démocrate est devenu tout-à-coup républicain, pour conserver sa place ; cela se comprend. Du reste, le parti républicain a besoin d'argent, et personne, mieux qu'Israel, ne connaît l'art d'en faire suer.

Voici un des nombreux moyens qu'emploie cet intègre magistrat : il a des espions dressés de longue-main, qui s'introduisent dans les maisons de commerce, et qui prennent connaissance des lieux et des cases aux papiers d'affaires.—Dans un temps donné, et sous un prétexte bâti *ad hoc*, une partie de l'état-major de la bande arrive arrogamment vous intimider en se déclarant autorisée par la loi à faire une perquisition dans vos affaires. Il est rare qu'on ne se trouble point. C'est alors que les espions en question se glissent dans les bureaux et s'emparent des papiers ou des livres voulus, à la faveur du trouble entretenu à dessein par le chef des voleurs. Du reste, celui-ci ne se prive pas de faire main-basse sur les lettres, et, quand le coup est fait, on fait semblant de dire qu'on s'est peut-être trompé, et qu'il ne vous sera rien fait. Les filous s'en vont ; mais, bientôt, arrivent les garnissaires, qui saisissent à leur tour votre avoir et votre personne, et vous êtes jusqu'au cou dans le traquenard. Il faut donner des cautions à n'en plus finir ; la chose s'ébruite ; votre crédit est perdu, car chacun sait que les griffes des vautours ne se détacheront que bien pleines de votre fortune.

Un procès avec la douane, c'est la ruine assurée. On le fait durer des années, et vous êtes, en attendant, sous le poids de cautions plus ou moins difficiles à trouver et plus ou moins pesantes, à côté des inquiétudes de toute nature qui vous accablent. Les chefs en question savent bien tout cela, et ils y ajoutent le plus possible. Ils ont la presse, bien entendu, en leur faveur, et quelques articles bien nourris de calomnie viennent vous mitrailler le cœur, en tuant votre crédit, en assurant votre ruine. Que faire? Un affidé, diplomate de la douane, très habile, bien dressé, et à qui la douane donne un intérêt dans l'opération, vient vous le souffler, ce qu'il faut faire : un compromis, une somme qui représenterait, par exemple, 25 pour 100 de l'avoir saisi, pourrait peut-être arranger, étouffer l'affaire.—C'est une lueur d'espoir, on commence à respirer; bref, on soulage bientôt son esprit et sa bourse, en subissant le joug;—on sacrifie tout pour payer le prix de la rançon aux pirates de la douane de New-York.—On est à peu près ruiné en avoir et en crédit, mais on est sorti de leurs griffes : c'est le bonheur du malheur. Alors on vous remet les papiers ou les livres volés ; mais, pour ne pas se compromettre, on les renvoie d'une manière indirecte ; ainsi, par exemple, on les mettra dans votre boîte, à la poste, ou bien vous trouverez les livres chez vous, audessous de votre porte, et le tour est joué. C'est ainsi que nombre de victimes ont découvert que rien, après tout, ne les incriminait en réalité. Quant à la transaction, on n'en voit jamais trace ; on a soin d'en faire disparaître toutes les preuves, et on chercherait en vain dans le rapport des recettes du ministre des finances ; on n'y voit pas figurer les sommes ainsi extorquées.—L'inventeur de cette méthode à la tire, l'appelle lui-même l'industrie de la peur, et se fait des gorges-chaudes dans les orgies que votre argent lui procure. Nous avons à notre connaissance plus de vingt maisons françaises ou allemandes, qui, dans ces dernières années, ont été ruinées ainsi ; mais elles ne s'en vantent pas, bien entendu. Ajoutons, pour être franc jusqu'au bout, que le commerce de New-York est le courtisan, le valet de la douane, qui fait semblant de lui accorder quelques faveurs pour mieux le voler, pour mieux le pressurer. — Combien passent-ils de caisses sans qu'il y manque quelque chose ? Quels sont ceux qui ne subissent pas l'étrille de cette association de trafiqueurs !

Il est à remarquer que les saisies de ces derniers temps ont eu lieu, principalement, sur les marchandises françaises manufacturées, qui font le plus de concurrence au pays, telles que les veaux cirés par exemple. Les malveillants ont voulu y voir que les industriels américains payaient les gens de la douane pour persécuter principalement cette partie d'importations ; rien n'est improbable à ce sujet. Qu'est-ce que l'intérêt ne fait pas faire dans ce pays, à ce peuple honnête et souverain ?

Quels sont les maux et les abus que n'amène pas le tarif ? Sur les quinze districts douaniers d'importation, aux Etats-Unis, celui de New-York offre, à lui seul, pour 1859, la somme de $114,169 61 de saisies diverses faisant l'objet d'un procès, tandis que les autres districts réunis, n'ont, en fait de saisies, que $39,970 15 c. C'est-à-dire, que, sur un mouvement de commerce de 1,476,270 tonnes de marchandises, ce district opère plus de saisies que tous les autres ensemble, qui opèrent sur un mouvement de 4,877,598 tonneaux. Il est bien entendu que les compromis dont nous avons démontré le système ne figurent nullement dans ce chiffre à procédure de $114,169 61. — On peut les estimer dans une proportion que le bon sens indique d'avance, car peu de personnes sont disposées à entrer en lutte avec cette puissance sans contrôle, sans contre-poids, qu'on appelle la douane du district de New-York, qui avec son armée d'un millier d'individus à faire agir, coûte annuellement au trésor fédéral la somme de $1,235,768 89 c., sur les $3,313,059 93, que coûte l'administration générale des douanes aux Etats-Unis.

Pour en revenir aux extorsions révoltantes dont nous avons signalé sans crainte l'odieux système, nous ajouterons que nous tenons en mains des preuves nombreuses et des témoins irrécusables, au Sud comme au Nord, car les voyageurs n'échappent pas toujours la rançon, témoignant comme quoi nous sommes restés au-dessous de la vérité, plutôt que de l'avoir outre-passée. Il y a même des choses plus fortes à dire à ce sujet, mais que l'on ne croirait pas si on les écrivait. Nous n'irons donc pas plus loin.

III.

Résumons ce que nous avions à dire sur l'Union. Tout homme impartial, peut voir combien elle était vouée à la destruction par les hommes et les choses. Un peuple qui s'est laissé entraîner à ne plus se mouvoir que pour de l'argent, est un peuple dégénéré ; il doit fatalement se créer sa propre punition; il y est arrivé.

Voici un dernier fait, inouï parmi les civilisés; un fait qui vaut à lui seul des volumes pour peindre ce peuple et ses mœurs.

En ce moment même, à New-York, on montre un assassin pour de l'argent !

Un corsaire du Sud prit, dernièrement, un petit navire dans ses courses. Il y mit à bord cinq hommes, détachés pour mener la prise à terre. Un mulâtre s'y trouvait comme cuisinier qui, " outré," dit-il, *de voir le drapeau de l'Union remplacé par celui de la Confédération*, résolut de le venger ; à cet effet, il s'arma d'une hache, descendit la nuit dans la cabine de trois des cinq hommes, et il les massacra tous trois pendant leur sommeil, puis força les deux autres à virer de bord et faire voile sur New-York qui le reçut en héros, bien entendu; voilà l'histoire que ce héros raconte au public, chez Barnum, qui l'exhibe, lui, sa hache et l'habit ensanglanté de l'une des victimes, et tout cela avec la complaisante permission de la justice, qui fait sortir ledit meurtrier de la prison où il est gardé à titre de témoin, aux heures voulues, pour la représentation publique !

Il y a bien loin du jour et du peuple où le général Washington écrivait au Congrès, à propos des $500 par mois que ce dernier venait de lui voter: — "Je demande au Congrès la permission de l'assurer que, comme aucune compensation pécuniaire n'aurait pu m'engager à accepter ce poste difficile, aux dépens de mon repos et de mon bonheur domestique, je ne veux en tirer aucun profit. Je tiendrai un compte exact de mes dépenses, et je ne doute pas qu'on ne les acquitte ; c'est tout ce que je désire." Quelle vie pure, quel beau caractère, mais aussi, quel contraste ! Les enfants du Père de la Patrie, capables d'en faire autant, sont bien rares! Aujourd'hui, on voit le pillage des deniers publics, par les guerriers-politiciens, et une armée de besogneux-mercenaires, payée par les fabricants, vient se jeter sur la plus riche partie du pays comme sur une proie; les uns pour se la partager, les autres pour conserver un tarif qui les enrichît ; un tarif qui, seul, est déjà le ver rongeur et la plaie de leur pays, et ils viennent encore de l'augmenter !

Nous le répétons, le tarif seul, est la cause primordiale de la guerre civile, comme seul il sera la cause du paupérisme du peuple du Nord qui, prochainement, comme la populace romaine, exigera le partage de la propriété ; il a le pouvoir de faire la loi agraire, et il l'a fera très probablement. Le pillage, légal ou armé, est au fond du suffrage universel là où les masses s'agglomèrent. Jamais pays n'a été mis dans une plus fausse voie que celui-ci; la richesse est partout, mais la mesquine jalousie contre l'Europe, l'avidité sans pareille de la Nouvelle-Angleterre, font de ce peuple un Midas industriel. Comment comprendre qu'un peuple, qui n'a qu'à se baisser pour ramasser de la valeur positive, aille gaspiller son temps à chercher le moyen de donner de la valeur relative et artificielle à la matière première, que son voisin offre d'acheter comptant, pour la perfectionner à bien meilleur marché. N'est-ce pas s'amuser à chercher de nouveaux procédés pour faire des épingles, tandis que la terre offre son sein pour y puiser de l'or? C'est ainsi que peut s'expliquer le déficit de l'exportation sur l'importation ; le Nord ne couvre pas ses dépenses à beaucoup près, comme on le verra par les relevés de statistiques. — On dit que l'industrie est un moyen de progrès pour un pays: c'est un malheur, et pas autre chose, du jour où on l'a protégée au détriment du grand nombre. L'industrie manufacturière améliore, peut-être la matière, mais elle n'en produit pas. Elle ne peut donc convenir qu'aux peuples qui n'ont ni mines, ni agriculture, ni marine en suffisance ; est-ce le cas ici? Avec les millions d'indigens qui s'accrochent aux machines du Nord, on exploiterait la terre de ces plaines immenses, où 100 millions de travailleurs peuvent prendre place; de manière à ce que l'aisance pour eux-mêmes, la prospérité réelle pour tous, et enfin la sécurité de l'Etat en soient les premiers bénéfices ; car un Etat ne peut être en sûreté au milieu de la plèbe qui tient à la main l'arme légale de la révolution. Il faut donc, dans l'intérêt de la démocratie et du pays, qu'elle soit dispersée ; autrement c'est une faction turbulente qui se met à l'encan, et qui devient ainsi le politiquet des politiqueurs. Rome est un éternel exemple, une preuve irrécusable de cette vérité. Il est pénible pour la dignité et l'intelligence de l'homme, de voir ceux qui se sont tant vantés, à propos d'économie politique, et de l'art de savoir se gouverner, n'avoir seulement pas su tirer parti des bienfaits uniques prodigués autour d'eux par une partiale Providence ; c'est d'autant plus pénible et ravalant pour tout homme libre, que c'est ainsi que l'on donne raison au despotisme, dont on fait follement une nécessité.

L'art de gouverner consiste, dit-on, à savoir grouper en faisceaux, tous les éléments, matériels et moraux, et de faire prévaloir les causes d'union sur les causes de division. Eh bien ! on ne s'est jamais moins occupé de cet art qu'aux Etats-Unis. Que l'on prenne la Constitution de 1787, on y trouvera certainement un chef-d'œuvre de raison, un monument de philosophie pure, mais c'est en vain qu'on y chercherait la praticabilité qui s'adapte aux défectúosités comme aux qualités de la nature humaine. On ne cherche nullement les moyens de faire prévaloir le bon sur le mauvais, vu qu'on n'y admet pas qu'il y ait des vices sur la terre parmi les hommes. Cette Constitution a été faite par et pour des sages ; les sages de 1787 se sont trompés sur la nature et l'esprit des hommes en général, et de leurs descendants en particulier.

DONNÉES STATISTIQUES PUISÉES AUX SOURCES OFFICIELLES.

I.

Les Etats-Unis se composent actuellement de trente-quatre Etats, habités par 31,500,000 âmes, et de sept territoires par 500,000, soit une population totale de 32,000,000 d'âmes pour les Etats et les dépendances de l'Union.

Cette immense contrée peut se dénommer par trois sections distinctes de nature et de position : Le Nord, se compose des Etats du Maine, New-Hampshire, Vermont, Massachusetts, Rhode-Island, Connecticut, New-York, New-Jersey et de la Pennsylvanie qui, des bords de l'Atlantique, s'avancent du Nord et de l'Est, en longeant le Canada jusqu'à l'Ohio, d'où nous prendrons la section de l'Ouest, se composant des Etats de l'Ohio, l'Indiana, le Michigan, l'Illinois, le Wisconsin, l'Iowa, le Minnesota, le Kansas, la Californie et l'Oregon, s'étendant ainsi jusqu'au-delà des Montagnes Rocheuses, avec les territoires vers les possessions britanniques de la baie de Hudson et les possessions russes, jusqu'au Détroit de Berhing, qui relie presque l'Amérique à l'Europe. En revenant à la base Ouest de l'Ohio, et prenant le Potomac pour base, la section Sud, longeant à l'Est les côtes de l'Atlantique et du golfe du Mexique, se compose du Delaware, du Maryland, de la Virginie, du Kentucky, du Tennessee, de la Caroline du Nord, de la Caroline du Sud, de la Georgie, de la Floride, de l'Alabama, du Missouri, du Mississipi, de la Louisiane, du Texas et de l'Arkansas. Les territoires se placent en faisant suite aux Etats du Sud et de l'Ouest ; ainsi sont compris ou contigus aux Etats du Sud, le District de Colombie, contenant la capitale, les territoires du New-Mexico, et de l'Arizona ; suivant les Etats de l'Ouest, sont : l'Utah, le Nebraska, le Dacotah et le Washington. L'Union se compose donc de 7 territoires non-initiés dans son giron, de 10 Etats dits de l'Ouest, de 9 du Nord, et de 15 du Sud ou Etats à esclaves.

La ligne frontière du Nord-ouest de l'Union jusqu'aux possessions anglaises et Russes est de 33,000 milles, distance plus grande que l'espace de l'Océan qui sépare le continent américain et l'Europe.

La ligne de côtes, en comprenant les ports et les découpures, est de 12,600 milles, dont 6,800 sur l'Atlantique, 3,400 sur le golfe du Mexique, et 2,400 sur le Pacifique.

La superficie des Etats-Unis, sans compter les régions, presque inhabitées, des territoires, est de 1,462,600 milles carrés. Ce vaste territoire offre une valeur de biens-fonds, en exploitation, estimée à douze milliards de dollars qui, avec l'évaluation de 4 milliards de propriétés personnelles, feraient une richesse publique de seize milliards, sur lesquels on s'occupe actuellement de baser l'impôt direct.

La répartition de cette fortune sur la population est donc de $500 par tête.

La production générale est, depuis 1847, en moyenne annuelle, de $1,60,000,000 ou de $57,75 c. *per capita*, sur une population moyenne de 27,706,000. Le rapport serait ainsi d'environ 11½ pour 0[0 sur la valeur générale de la propriété foncière et du capital publics.

La marine marchande des Etats-Unis a fait sortir des ports de l'Union, durant l'année fiscale finissantau 30 juin 1859, 12,277 navires, jaugeant 5,145,038 tonneaux, et montés par 158,000 hommes d'équipages.

10,427 navires étrangers, mesurant 2,618,388 tonneaux, et montés par 110,294 marins, sont entrés et sortis des ports des Etats-Unis, dans le même laps de temps.

Le mouvement général du tonnage, en 1859, a donc été de 7,915,755 tonneaux par 22,704 navires.

Les principales répartitions de ce commerce se sont placées dans les ports et proportions qui suivent :

New-York,	1,476,270	tonn., dont	550,751	étrangers.
Nouvelle-Orléans,	808,248	"	166,438	"
Boston et Charlestown,	642,023	"	358,682	"
San-Francisco,	354,406	"	45,157	"
Mobile,	206,039	"	57,474	"
Baltimore,	171,446	"	55,555	"

Charleston,	161,665 tonn., dont	49,835 étrangers.
Portland et Falmouth,	130,906 "	29,544 "
Philadelphie,	125,657 "	25,571 "

Le reste du tonnage général est afférent au commerce interne des petits ports.

Numéraire frappé, importé et exporté, par les Etats-Unis, depuis le commencement de leur existence, jusqu'au 30 *Juin* 1860.

Espèces sorties de la Monnaie : En or	$587,946,539,02
" " " En argent	125,253,475,05
Importation générale, en espèces et lingots	340,161,876,00
TOTAL	$1,053,361,890,07
Exportation générale, en espèces et lingots	688,646,608,00
Balance en numéraire et lingots aux E.-Unis	$364,715,282,07

Les banques aux Etats-Unis, en janvier 1860, étaient au nombre de 1392, ayant 170 succursales. Accusant un capital général de $421,880,095 ; leur chiffre d'espèces était de $83,594,437; les dépôts de $253,802,129, et la circulation de $207,102,447.

Recettes et Dépenses générales du gouvernement, depuis le commencement de son existence jusqu'au 30 *juin* 1860 :

Recettes :

Provenant des douanes	$1,535,570,454,28
" ventes de terres publiques	174,947,302,66
Emprunts et bons du Trésor	473,575,509,32
TOTAL des revenus généraux	$2,184,093,266,26
TOTAL des dépenses générales	2,151,098,327,14
Balance, au crédit de la caisse fédérale,	$32,994,939,12

Rapport du Ministre des finances sur le Budget de l'année fiscale finissant le 30 *juin* 1860 :

Recettes :

La balance trouvée en caisse, le 1er juillet 1859, était de	$4,339,275,54
Revenus des douanes	53,187,511,87
" " ventes de terres publiques	1,778,557,71
De sources diverses	1,010,764,31
De Bons issus du Trésor	19,395,200,00
D'Emprunt	1,380,000,00
TOTAL de l'avoir	$81,091,309,43

Dépenses :

Exécutif judiciaire et législatif	$6,148,655,41	
Départ. des affaires étrangères	1,163,207,15	
" de l'intérieur	24,613,694,51	
" de la guerre	16,409,767,10	
" de la marine	11,513,150,19	
Dette publique (amortissement)	17,613,628,36	
	$77,462,102,72	
Balance en caisse au 1er juillet 1860,	3,629,206,71	—$81,091,309,43

La dette publique des Etats-Unis, au mois de juillet 1860, était de ce qui suit :

Emprunt de 1842	$2,883,364,11
" " 1846	1,000,00
" " 1847	9,415,250,00
" " 1848	8,908,341,80
" " 1858	20,000,000,00
Dette du Texas	191,016,99
Endemnités du Texas	3,461,000,00
Ancienne dette	114.118,54
Bons du Trésor issus avant l'acte de 1857	105,111,64
Bons du trésor issus après l'acte de 1857	19,690,500,00
TOTAL de la dette	$64,769,703,08

TOTAL des valeurs de toute nature importées de 1790 à 1860	$8,641,976,758
TOTAL des valeurs de toute nature exportées de 1790 à 1860	6,472,835,953
Déficit général au débit du commerce des Etats-Unis en faveur du commerce Européen,	$2,169,140,805

donnant sur la population actuelle, une dette de $68,10 par tête.

L'exportation générale, en marchandises et especes des Etats-Unis, pour l'année 1860, a été d'un total de $373,189,274, composé des valeurs suivantes :

Produits de la mer	$4,156,480
" des forêts	13,738,559
" de l'agriculture	48,451,894
" en tabac	15,906,547
" en coton	191,806,555
" des manufactures	39,803,080
Divers produits à l'état cru,	2,379,308
En espèces et lingots	56,946,851

Les Etats à esclaves ont fourni, à ces chiffres, une valeur de	$228,213,102
Et les Etats libres, la balance, soit	144,976,172
	$373,189,274

La population des Etats à esclaves est de 12,240,047 habitants.
Celle des Etats libres et territoires est de 19,487,440 "

Ce qui donne la répartition d'une valeur respective contribuée par chaque section, de :

$7 30 par tête, sur la population des Etats libres,
et 18 06 " " Etats à esclaves.

L'importation générale des marchandises et espèces, aux Etats-Unis, en 1860, a été de $362,163,941, ou de $11 41 par tête ; ce qui donne un déficit de $4 11c. par tête sur la population des Etats libres, et un bénéfice de $6 65 par tête au peuple du Sud.

La proportion répartie des produits étrangers, importés en 1860, sur la base d'une consommation égale par chaque individu, donne :

Aux Etats libres, une dépense totale de $222,445,858
Aux Etats à esclaves, " " 139,718,083

Autrement dire, une économie de $88,495,019 pour la section du Sud, vu qu'elle produit plus qu'elle ne dépense,—et un déficit de $77,469,689 pour la section du Nord, qui ne couvre ses dépenses que par une dette de $4 11 c. par tête. C'est dans ces chiffres qu'il faut rechercher la cause des deux faits principaux qui déchirent ce pays :—Les crises commerciales et l'antagonisme du Nord contre le Sud.

Valeurs des Importations et des Exportations générales, en 1860.

	Importations.	Exportations.
Sorties et entrées aux ports suivants :		
" " Grande-Bretagne	$138,595,626	$196,260,756
" " de France	43,218-094	58,048,231
" " Indes-Orientales	10,692,342	1,111,697
" " Iles Philippines	2,886,166	368,209
" " Ile de Cuba	34,032,277	11,747,913
" " Porto-Rico	4,512,188	1,517,837
" " Les Deux-Siciles	2,384,577	484,190
" " Haïti	2,062,723	2,441,905
" " Nlle-Grenade	3,843,868	1,642,800
" " Venezuela	2,883,464	1,056,250
" " Brésil	21,214,803	5,945,235
" " Chine	13,566,587	7,170,784
" " D'autres pays	82,271,226	85,393,467
Totaux des imp. et exp.	$362,163,941	$373,189,274

Il est à noter que c'est le transit d'une grande partie des produits français, importés par la marine anglaise, qui grossit le chiffre de la Grande-Bretagne, vu que la douane applique la provenance à la nationalité du transport.

Les produits dits de l'agriculture, figurant dans l'exportation pour une somme de $48,451,894, se composent des objets dont la dénomination suit : Provenance animale,— bœuf, suif, peaux, bêtes à cornes, beurre, fromage, porc salé, jambons et saindoux, laine brute, porcs, chevaux, mules et brebis. Provenance végétale : — blé, farine, maïs, maïs indien, riz, seigle, avoine et autres petites graines, biscuit de mer, pommes et pommes de terre, oignons, etc.

Provenance maritime, figurant pour $4,155,480 : — poissons frais, salés et fumés, sperma-ceti et matières à chandelles, côtes et huile de baleine, etc.

Provenance forestière, figurant pour $13,738,550 : — potasses et cendres, fourrures et sauvagines, résine et thérébentine, poix et goudron, objets en bois bruts, barques, chaloupes, etc. ; écorce à tan et autres bois de teinture, planches, bois de charpente et de construction, mâts, lattes, douves et bardeaux, etc.

Coton, figurant pour $191,086,655 : — 3,812,345 balles, pesant 1,767,686,338 livres, valant en moyenne 10 85[100 par livre.

Tabac, figurant pour $15,906,547 : — 17,817 balles, 15,035 caisses, 167,274 boucauts.

Riz, compris dans l'agriculture pour $2,567,396 : — 11,837 barils, 84,163 tierçons.

$45,000,000 de blé, maïs et farine, figurent dans le chiffre de l''agriculture, dont une partie est fournie par la section Sud.

Provenances manufacturières, figurant à l'exportation des Etats-Unis pour $39,803,080.

Cire	$131,803
Sucre rafiné	301,674
Chocolat	2,593
Alcool de graines	311,598
Alcool de mélasse	930,644
Alcool de diverses natures	219,199
Mélasses	35,292
Vinaigre	311,368
Bière, ale et cidre	53,573
Huile de lin et térébenthine	943,088
Huile de lard	55,783
Meubles divers	1,079,114
Voitures	816,973
Chapellerie	211,602
Sellerie	71,332
Chandelles et matières à chandelles	1,203,104
Tabac en poudre et autres	3,383,428
Cuirs, bottes et souliers	1,456,834
Cordages	246,572
Poudre à canon	467,772
Sel	129,717
Plomb	50,466
Fer en saumons, barres et divers objets	5,703,342
Cuivre " " " "	1,664,122
Drogues	1,115,455
Coton tissé, imprimé, etc.	5,142,144
Coton en divers articles	5,792,759
Lin, sous diverses formes	553,990
Faïence et poterie	65,086
Peignes et boutons	23,345
Brosses et balais	61,377
Billards et accessoires	15,979
REPORT	$32,551,128

Report	$32,551,128
Parapluies et ombrelles	4,862
Objets en caoutchouc	240,841
Peaux et maroccains	19,011
Pompes à incendie et accessoires	9,948
Presses à imprimer et types	157,124
Instruments de musique	129,653
Livres et mappemondes	278,268
Papier et articles de bureaux	285,798
Couleurs et vernis	223,809
Verre à glaces	277,948
Objets en étain	34,064
Objets en plomb	46,081
Objets en marbre et en pierre	176,239
Objets en or, argent, feuilles d'or et d'arg.	240,187
Vif-argent	258,682
Fleurs artificielles et bijouterie	24,866
Malles et valises	50,184
Briques et chaux	154,045
Huiles diverses	1,609,228
Articles divers, non énumérés	3,031,116
	$39,803,080

(*Note de l'auteur.*)—Cet état d'exportation est placé ici, principalement pour indiquer aux manufacturiers d'Europe quels sont les articles les plus repoussés du marché américain, afin de leur faire éviter les envois défavorables, qui n'ont lieu que trop souvent.

Valeurs déclarées à la Douane, des principales marchandises importées en 1860.

Articles manufacturés en laine	$34,344,267
" " " coton	32,458,116
" " " soieries et soie écrue	30,872,444
" " " lin	13,839,182
Report	$111,514,009

Report	$111,514,009
Broderies, passementeries et dentelles	4,007,675
Tapis d'Aubusson, Saxe et Bruxelles	2 542,523
Habillements et toilettes	2,101,958
Toiles à sac et emballage	2,082,643
Articles en paille	1,603,237
Coutellerie	2,240,905
Divers articles, en fer et en acier	21,526,594
" " cuivre, étain, plomb et zinc	7,646,284
" " en or et en argent	1,662,630
Horlogerie, montres et matériel	3,000,123
Verreries et cristaux	2,172,893
Cuirs et peaux tannés et finis	2,982,138
Cuirs bruts et peaux non-ouvrées	9,524,706
Bottes et souliers	166,284
Ganterie de chevreau, environ 300,000 dz.	1,543,429
" diverse	551,605
Porcelaines et poteries	4,570,018
Meubles et bois d'ébénisterie	1,212,039
Caoutchouc, ouvré et non-ouvré	1,669,622
Vins en bariques et en bouteilles	3,338,997
Champagne	1,345,812
Spiritueux	5,214,321
Huiles diverses et essentielles	1,920,666
Sucre, sirop et mélasses	36,294,316
Fruits	4,997,894
Epices	1,129,937
Salpêtre	1,100,057
Indigo et pastel	1,639,345
Carbon. et sel de soude	2,541,286
Cigares et tabac	6,079,909
Chanvre de Manille	1,820,137
Sel	1,431,140
Sardines	299,670
Report	225,474,801

REPORT	225,474,801
Instruments de musique	489,952
Livres et imprimés	926,991
Papiers peints, papeteries et articles en papier	520,272
Armes à feu et poudre à canon	387,993
Fourrures	512,179
Divers, non énumérés	51,560,139
TOTAL, payant droit,	$279,872,327

Principales Marchandises entrées en franchise en 1860.

Laines brutes	$4,450,658
Soie brute et cocons	1,235,976
Etain et métaux bruts	2,360,671
Chiffons	1,540,244
Graine de lin	2,753,411
Café	21,768,939
Thé	8,803,771
Animaux de reproduction	1,441,665
Espèces et lingots	8,550,125
Divers, à l'état cru, non énumérés	29,386,154
TOTAL, sans droit,	$82,291,614

Les Etats-Unis et dépendances offrent près d'un milliard d'acres de terre au prix moyen de $1 25 c. l'acre.

D'après le dernier recensement, l'étendue du territoire des Etats à esclaves est de 851,448 milles carrés, la population de 12,240,047 habitans, et la richesse publique de $5,500,000 en propriétés foncières, plus, 2 milliards en valeurs personnelles, chiffres ronds, sur lesquels le gouvernement de Washington vient de baser la taxe de l'impôt.

La fortune du Sud, *per capitâ*, est donc d'environ $625, ou près de $1000, si on déduit la population esclave.

II.

Les chiffres que nous venons de citer sont puisés dans les documents officiels des ministères des finances et du commerce de Washington, pour la fin de l'année fiscale 1860. Nous devons, cependant, faire remarquer une lacune. Dans le rapport du ministre des finances, à l'article des recettes et dépenses générales, nous trouvons une balance de $32,994,939 12, comme devant exister en caisse au 30 juin 1860, et, cependant, le rapport des dépenses et recettes de l'année n'accuse, au 1er juillet 1860, qu'une balance en caisse de $3,629,206,71 tout comme celle du 1er juillet 1859 qui n'est déclarée présente que pour $4,339,275 54.

Il y a évidemment une erreur, ou un vide, de $29,365,722 41, que le rapport n'explique pas aux contribuables. (Consultez le livre des rapport du ministre des finances pour l'année 1860, page 394).

En fait de statistique, nous pourrions pousser nos recherches sur le commerce, la production et la consommation internes du pays ; mais notre but doit se borner, pour le moment, à mettre en évidence les principaux points d'opérations qui peuvent être utiles, comme renseignements, surtout au commerce d'Europe, et cela, d'autant plus que nous ne pouvons guère espérer d'avoir, à l'avenir, les documents officiels de l'Union à consulter. Ces renseignements peuvent donc, dans une certaine mesure, fournir une base aux opérations à venir avec cette partie de l'Amérique. La consommation et la production suivront, probablement, les mêmes proportions que par le passé. On peut voir aussi, par ces chiffres, la vraie position du pays, et se rendre compte des causes qui ont amené les désastres, qui grossissent tous les jours, pour finir on ne sait où ni comment, si personne n'intervient.

Il est évident que le fatal système douanier des Américains a amené l'esprit de section et l'égoïsme inexorable, qui ont conduit le peuple dans l'abîme des guerres civiles. Chaque section en étant arrivée, par cet esprit, à faire valoir ses productions et ses valeurs respectives, le Sud n'a pas tardé à découvrir qu'il supportait le fardeau d'une partie majeure des charges du pays. Il se rendit compte, enfin. qu'il enrichissait bénévolement les gens du Nord, qui, en retour, le traitaient en vassal et en ennemi. Comment expliquera-t-on que le Nord en soit venu à chercher querelle à ses associés, et à conspirer contre l'existence des Etats du Sud, d'où et de qui il tirait son existence, son commerce et son élévation nationale ? On ne peut se rendre compte d'une telle folie, que par la fable de la poule aux œufs d'or. Il ne pouvait pas en être autrement, chez un peuple que l'appât du gain et l'amour de la personnalité font agir, exclusivement de tout autre sentiment.

Quand une nation en est arrivée à n'avoir plus rien en vue que dans le cadre de l'intérêt personnel, il ne peut lui arriver que des malheurs mérités.

Tel gouvernement, tel peuple ; telle administration, telle société ; et cela est d'autant plus vrai ici, que gouvernement et peuple, administration et société, sont tout un. Eh bien, quel spectacle le Congrès offre-t-il au monde, depuis ces dernières années ? et les législatures, donc ? Quels sont les excès qui ne s'y sont pas commis,—depuis les coups de poing, les coups de canne jusqu'à l'encan des voix et des conscience, à l'endroit des *lobbies* et des places ? Et aujourd'hui, qu'y trouve-t-on encore, qu'y voit-on, au moment où les républicains poussent le pays dans la ruine?.... Quelques hommes seulement ont eu le courage de jeter un cri d'honneur national ; quelques patriotes courageux, éloquents, sublimes au milieu des colères de l'anarchie, ont osé demander où l'on conduisait le pays, " dont la chute est aussi inévitable que celle des eaux du Niagara, avec des hommes comme vous !" s'est écrié l'honorable Vallandingham, de l'Ohio ; de l'Ohio, état abolitioniste ! C'est que, pour les honnêtes gens, il doit y avoir, avant tout, un pays, une nation. à sauvegarder avant les sections ! Eh bien, ces trois vaillants patriotes, Breckinridge, Vallandingham et Burnett, que l'histoire couronnera, ont été mis à l'index par les républicains, comme traîtres à la patrie !

Il est donc vrai que, comme Saturne, les républiques dévorent leurs enfants ! Ce qu'il y a de sûr, c'est que la république américaine connaît l'art d'user les siens. C'est avec la plus grande fatigue, le plus profond dégoût, que les honnêtes fonctionnaires se retirent généralement du pouvoir. Aussi n'y reste-t-il que des hommes médiocres, pour la plupart, en admettant que le peuple sut en envoyer d'autres. Sans citer les paroles des hommes d'Etat éminents qui ont souvent manifesté cette lassitude morale, le président Buchanan l'a prouvé encore une fois par ces paroles : " Si M. Lincoln est aussi satisfait d'entrer au pouvoir que je le suis d'en sortir, il doit être bien heureux. "

Ce n'est pas le peuple qui est souverain, ni les fonctionnaires qui gouvernent ; ce sont les partis, les factions, qui dominent et tiraillent ces derniers en tous sens, qui les usent et les écrasent par leur pression, leur volonté, autrement despotiques que celles d'un homme.

III.

Il est un fait inaperçu, peut-être, sous l'étalage d'une prospérité factice : c'est que les Etats-Unis doivent plus de la moitié de leur fortune publique à l'Europe.—Les valeurs personnelles sont estimées à quatre milliards par le ministre des finances, et l'Europe a une balance, à son crédit, de $2,169,140,805.

Comme on l'a vu, d'après les chiffres officiels des importations et exportations, le peuple des Etats-Unis se trouve réellement débiteur envers l'Europe seule,—car ses affaires avec les autres pays se font sans découvert,—de cette somme qui fait environ 25 pour 100 de ses importations, ou près de 11 milliards de francs, c'est-à-dire que plus de la moitié de sa fortune personnelle ne lui appartient pas.

Il est vrai que, tous les dix ans, le commerce américain dépose son bilan, de manière qu'il ne paie, en réalité, que 75 pour 100 sur tout ce qu'il achète d'Europe au prix coûtant, c'est-à-dire au prix de douane, formant le chiffre des opérations citées. Londres, Manchester, Paris et Lyon, pourraient certainement revendiquer leur grande part, contribuée forcément, dans cette fortune publique, car il est évident que ce que l'on appelle perte en Europe, devient profit en Amérique : ce n'est qu'un déplacement de propriété ; c'est une partie de la richesse européenne qui se trouve attirée ici pour n'en plus sortir. Non-seulement le commerce industriel d'Europe est victime, mais encore les agents intermédiaires de ce transit forcé sont pour la plupart ruinés. Les maisons européennes qui réussissent à gagner et sauver une fortune du chaos américain sont de plus en plus rares.

On ne peut pas admettre qu'un peuple qu'on dit être si actif et qui, par chaque individu, représente $500 de fortune, ne puisse pas payer les $11 41 de marchandises par tête qu'il importe par année : le Nord est un intermédiaire, parasite, absorbant entre le Sud et l'Europe.

La vérité dit d'ailleurs, que nous retrouvons naturellement en gros ce qui se passe en détail : mauvaise foi, mauvaise administration, mais très-profitables à quelqu'un : tout est là.

En resumé, cette prétendue prospérité des Etats-Unis est celle de l'Europe, principalement de l'Angleterre et de la France.— Si l'Europe et le Sud pouvaient reprendre au Nord ce qui leur appartient de fait, celui-ci n'aurait plus rien : il serait ruiné.

On peut cependant se consoler d'une chose : c'est que les crises et les faillites commerciales n'auront plus leur raison d'être, avec le Sud, qui, du reste, vis-à-vis du Nord comme de l'Europe, s'est toujours maintenu au-dessus de ses affaires : en tout temps, et durant les crises les plus violentes, telles que celle de 1857, la section Sud a généralement couvert partout son passif à fond. Il est donc certain que les crises l'atteindront bien moins encore, quand son commerce travaillera à son corps défendant; c'est-à-dire que désormais, il aura dans sa caisse, à la fin de chaque année, une économie qui peut se baser sur les $88,495,019, formant le surplus de son avoir sur sa consommation étrangère de 1860, sans parler des avantages du commerce intérieur que lui enlève également le monopole du Nord. Les contrées agricoles, telles que le Sud, sont naturellement destinées et intéressées aux avantages du libre-échange, et il est probable qu'avec l'aide de l'Europe le Sud y arrivera.

L'Europe a donc tout avantage à dégager le Sud des étreintes du Nord ; elle assurera par là l'augmentation et la sécurité de son commerce à venir ; elle pourra resserrer, par la même cause, son crédit au Nord, qui n'aura plus à faire tant valoir la sécurité des produits du Sud, sécurité qui devenait fictive, vu que le Nord se faisait toujours la part du lion, dans les crises, avant de faire celle de ses créanciers. — Les honnêtes gens des deux pays doivent voir avec satisfaction une désunion qui leur permettra d'espérer que le fruit de leur travail cessera, enfin, d'enrichir un pays rapace, qui toute sa vie n'a donné que des espérances, espérances auprès desquelles tant de fortunes laborieusement et honnêtement acquises sont venues sombrer !

Il s'agit, pour les puissances européennes, d'acquérir assez de certitudes que la Nouvelle Confédération est et peut continuer d'être un gouvernement de fait : ce fait est désormais accompli et consolidé par la victoire. Un peuple de dix millions d'âmes, animé de la consciencieuse justice de son droit, vaut le triple de celui qui ne l'est que par la raison inverse, de celui qui n'agit qu'avec l'arme de l'iniquité et du calcul d'intérêt personnel, qui ne fait enfin qu'une guerre civile d'argent.

L'Europe, en reconnaissant la Nouvelle Confédération, fera un acte de justice envers le Sud et un pas vers le libre-échange : elle a tout à gagner avec les Etats agricoles; d'ailleurs, le coton est là, et il lui en faut absolument. Elle n'ira pas considérer sérieusement, un blocus qui n'a jamais rien eu d'effectif, vu que des navires le forcent ou l'échappent tous les jours. D'un autre côté, ne serait-il pas du devoir et du droit des parties intéressées d'intervenir, dans le différent, surtout pour les puissances dont les intérêts sont les plus fortement engagés aux Etats-Unis ? Les Américains ont-ils le droit de détruire les productions du Sud ou d'empêcher le transport d'une marchandise qui appartient de fait à ceux qui doivent y trouver le recouvrement de leur avoir, de leur créance? Qu'ils paient d'abord leurs dettes, et qu'ils se détruisent après si bon leur semble!

Nous avons fini de dire ce que nous croyons être la vérité sur l'Union. Nous l'avons dit avec conscience et sans crainte ; nous n'avons avancé aucun fait dont nous n'ayons en mains les preuves incontestables, en dehors de la notoriété publique, à laquelle, du reste, nous n'avons rien appris, attendu qu'elle en sait et en dit plus long que nous.

Aussi, nos affirmations sur le défaut du point d'honneur et de la probité passeront-elles parfois pour naïves, surtout au Nord où la chose est passée dans les mœurs.

L'avenir se juge par le passé : nous donnons le résumé de l'histoire des Etats-Unis.

FIN DE LA VÉRITÉ SUR L'ESCLAVAGE ET L'UNION AUX E.-U. D'AMERIQUE!

SIXIEME PARTIE.

ESQUISSE SUR L'HISTOIRE DES ETATS-UNIS.

LA VIRGINIE.

I.

La découverte de l'Amérique, par Christophe Colomb, en 1492, fut longtemps stérile. Ce n'est qu'en 1535 que les premiers établissements coloniaux y furent fondés, par Jacques Cartier, dans la partie Nord du continent (que l'italien Verrazani avait déjà reconnu et nommé la Nouvelle France, au nom de François Ier.) La Nouvelle France passa plus tard aux Anglais, et, est aujourd'hui le Canada.

Au commencement du règne de la reine Elisabeth, quelques Anglais prirent possession de la côte Nord-Ouest, qui, en l'honneur de cette reine vierge, fut appelée la Virginie. La fondation de plusieurs établissements y fut tentée sans succès sous son règne.

En 1606, son successeur, Jacques Ier, favorisa de nouvelles expéditions, dans le double but de se procurer de l'argent, des colonies et de se débarrasser de quelques individus dont l'esprit turbulent le gênait. Il fit deux parts égales de l'étendue des côtes comprises entre le 34° et le 46° degré de latitude septentrionale, et il en fit la concession à deux Compagnies de commerce qui se chargèrent d'exploiter et de coloniser ces vastes territoires; la partie méridionale conserva la dénomination de Virginie, et l'autre partie fut nommée, en l'honneur du prince de Galles, la Nouvelle-Angleterre. On avait peu de renseignements sur la valeur et la nature de ces régions concédées, leur étendue même était inconnue. Elles étaient couvertes d'épaisses forêts et habitées par des indiens errants. — Les compagnies avaient engagé des colons, et pour faciliter les travaux, le libre-échange leur fut garanti pour sept ans, c'est-à-dire qu'aucune espèce de taxe ne serait imposée sur les objets qu'ils feraient venir d'Angleterre. Ils avaient à se défendre eux-mêmes contre les attaques des indiens ou autres ennemis, et pouvaient commercer avec toutes les nations étrangères. Quand au système politique des colonies, il appartenait à la législation anglaise qui suivait les colons, mais la direction suprême, le décret des lois de circonstance, appartenaient à un conseil siégeant à Londres. La couronne nommait aussi les fonctionnaires chargés de l'administration intérieure des colonies.

En décembre 1606, la compagnie de Londres expédia un premier envoi en Virginie, de 500 émigrants, qui arrivèrent dans la baie de Cheasapeake. Ils fondèrent la ville de Jamestown, sur la rivière de James. Divers autres transports d'émigrants arrivèrent bientôt, mais la colonie naissante eut beaucoup à souffrir d'abord, et faillit souvent périr, par suite des discordes intestines et des luttes à soutenir contre les indiens et contre la famine.— Au lieu de cultiver la terre, les colons s'obstinaient à la recherche des métaux précieux.

En 1609, le roi Jacques octroya des priviléges plus étendus pour encourager l'esprit d'émigration.—Les membres du grand conseil furent pris par voie d'élection, dans le sein de la compagnie ; mais un gouverneur fut nommé par le roi, pour exercer la puissance exécutive dans la colonie.

La compagnie fut imposée à verser dans la caisse de la couronne, le cinquième de tous les métaux précieux qu'elle trouverait en Virginie, et chaque colon eut à reconnaître, par serment, la suprématie du roi, et à faire acte d'adhésion à l'église épiscopale.—Ces modifications furent appuyées par un grand nombre de personnages riches et distingués. De nouveaux et nombreux envois d'émigrants eurent lieu.

L'anarchie suivit bientôt les développements de la colonie, et en 1611, le gouverneur, sir Thomas Dale, dut demander l'autorisation d'appliquer la loi martiale: il l'obtint, et la sagesse avec laquelle il en usa fit que la colonie commença à prospérer. Mais il s'en servit aussi pour guerroyer contre les indiens, et ravager les établissements des Français, au Canada, et des Hollandais sur l'Hudson. Les colons cultivaient la terre en communauté de biens pour le compte de la compagnie : ce système montra bientôt ses graves inconvénients. Le gouverneur y remédia en obtenant de la compagnie que chaque colon aurait une certaine étendue de terre en toute propriété.—Cette amélioration dans le sort de chacun changea, comme par anchantement, l'état précaire de la colonie. L'ardeur de tous au travail fit disparaître la pauvreté par l'abondance des produits et des objets nécessaires à la vie.—La culture du tabac prit de l'extension et le commerce en fut depuis très important avec la métropole.

En 1619, sir Thomas Dale, le gouverneur, mourut; son successeur, sir George Yardley arriva, suivi d'un transport de jeunes filles pauvres, mais de bonnes mœurs. La vie de famille s'introduisit dans la colonie et en adoucit les mœurs : c'est de ces femmes que descendent, en partie, la population actuelle de la Virginie.

En 1621, sur les instances des colons, la compagnie leur permit de faire une Constitution nouvelle : c'est de là que commença l'existence de l'assemblée coloniale. D'après cette Constitution, la puissance exécutive était exercée par dix-neuf planteurs notables, nommés par la compagnie ; ils composaient une sorte de conseil d'Etat, présidé par le gouverneur. Les lois délibérées par ce conseil, devaient être confirmées par le conseil siégeant à Londres. C'était un commencement de libertés politiques. La population de la colonie se montait à 20,000 âmes. La culture, celle du tabac surtout, prenait une extension considérable ; mais le commerce en fut un moment empêché par le roi, qui se déclara contre l'usage de fumer et de priser. Cette hostilité amena quelques mésintelligences entre lui et la compagnie.

Les colons s'attiraient souvent des luttes acharnées contre les indiens sur les terrains réservés desquels ils empiétaient journellement. Ceux-ci formèrent le projet d'exterminer tous les envahisseurs, et, le 22 mai 1622, ils massacrèrent à l'improviste 13,000 colons de tout âge et de tout sexe. C'est de ce jour néfaste, que la guerre d'extermination fut résolue par les Anglais contre les indigènes. A cette époque, la nation anglaise se trouvait en désaccord avec son roi, et parmi les membres de la compagnie de Londres, il se trouvait un grand nombre d'hommes puissants qui faisaient opposition à la cour. Jacques Ier, attribuant à la compagnie les désastres de la colonie, supprima la constitution et soumit la gestion de la colonie à une enquête judiciaire. Un arrêt de la cour du banc du roi prononça la dissolution de la compagnie sans indemnité, malgré les 150,000 livres sterlings dépensés par la compagnie en faveur des colons. Cette circonstance fut favorable à la colonie, qui se trouva ainsi dégagée de l'espèce de féodalité qui pesait sur elle. Jacques Ier mourut en 1625, avant qu'il fut pourvu à un nouvel ordre de choses dans la colonie. Charles Ier, son successeur, déclara la Virginie province royale, soumise à son autorité immédiate. Il confirma les droits et les possessions des colons, mais il mit le commerce du tabac au nombre des droits de la couronne. Cette mesure lui permit de fixer arbitrairement les prix de ce produit et d'en tirer de très grands avantages d'argent en Europe. La politique despotique des Stuarts se fit aussi sentir à la colonie virginienne, d'autant plus que le libéral gouverneur Yardeley fut remplacé par sir John Harvey, tout disposé à oppresser les colons.

En 1629, Georges Calvert, lord Baltimore, converti au catholicisme, résolut d'offrir un asile à ses co-religionnaires opprimés en Angleterre; à cet effet, il visita le territoire situé au Nord du Potomac, et sollicita du roi la concession de ce district. La dissolution de la société de Londres permettait au roi de détacher cette portion de la Virginie; la demande fut accordée. Lord Baltimore, en 1632, obtint les lettres-patentes qui lui concédaient à titre de propriété héréditaire, toute la partie septentrionale de la Virginie, située au Nord du Potomac, et l'investiture du droit de souveraineté sur les populations futures de la province, qu'il nomma Maryland, en l'honneur de la reine.—Par contre, lord Baltimore était tenu de reconnaître tous les ans la suzeraineté de l'Angleterre, et de verser au trésor royal le cinquième des métaux précieux que l'on trouverait dans ce territoire. Il devait administrer le pays dans l'esprit de la constitution anglaise et ne faire de lois, ni lever d'impôts qu'avec le consentement d'une assemblée coloniale prise parmi les intéressés. Tous les arrangements étant ainsi arrêtés, le frère de lord Baltimore, Léonard Calvert, arriva avec 200 colons catholiques dans le Maryland. Ils y fondèrent la ville de St. Mary, sur les bords de la baie de Cheasapeake. La colonie s'augmenta et prospéra rapidement, sous la paternelle administration du chef. La Virginie était loin d'être heureuse sous le despotisme de Harvey qui, enfin, fut rappelé et remplacé par Berkley, en 1641. Celui-ci s'appliqua à gouverner la Virginie à l'instar du gouvernement du Maryland. Elle progressa, et malgré les désastres qui avaient décimé sa population, elle compta bientôt 20,000 âmes, après quelques années de la sage administration du nouveau gouverneur.

Cependant, le long parlement battait fortement en brèche le pouvoir de Charles Ier. Après quelques années de lutte, il fut détrône, décapité, et la mère-patrie transformée en république. Mais lord Baltimore et lord Berkley réussirent à conserver leurs colonies à la cause royale. C'est à cette occasion que commencèrent les violents dissentiments entre les puritains, venus récemment se fixer dans les colonies, et les catholiques attachés à la monarchie. Le protecteur Cromwell finit par interdire toute relation avec les colonies rebelles et par y envoyer une forte escadre, sous les ordres de lord Ayscue, pour les forcer à se soumettre à la république. La Virginie se soumit aussitôt, et livra ses armes, moyennant indemnité. Elle eut à renoncer à la liturgie épiscopale et à tout ce qui rappelait la royauté. En retour de cette soumission, sa constitution, ses droits et ses propriétés lui furent garanties.— Le Maryland, déchiré par des partis intérieurs, dut finir par reconnaître aussi la république, mais les querelles ne cessant pas, Cromwell retira, en 1654, le droit de propriété de lord Baltimore, petit fils du fondateur, défunt, de la colonie.

L'acte de navigation, rendu par Cromwell dans le but de détruire le commerce hollandais, vint mettre des entraves dans les affaires des colons. Cet acte consistait à imposer que tous les produits coloniaux fussent exportés sous pavillon anglais. Les colonies avaient peu de navires et elles se trouvaient ainsi à la merci des marchands et des navigateurs de la Grande-Bretagne. La Virginie ne put longtemps souffrir cet abus : en 1659, elle secoua le joug de la république, et rétablit, de sa propre autorité, lord Berkley dans ses fonctions de gouverneur. La restauration vint heureusement sauver les Virginiens des conséquences de ce coup d'état audacieux. Le Maryland comptait 16,000 habitants. Il fut restitué à lord Baltimore, comme sa propriété particulière, par Charles II, en 1660. Ce prince fut moins reconnaissant à l'égard de la colonie Virginienne. En 1663, il concéda à lord Clarendon et sept autres seigneurs un tiers du territoire qui composait la Virginie, pour y fonder une nouvelle colonie. La république venait de garantir l'intégrité de ce territoire, et d'ailleurs le roi n'avait aucune espèce de droit à la souveraineté de la région située au Sud jusqu'au 31°. En effet, toute cette côte avait été découverte par les Espagnols en 1512. L'amiral français Coligny y avait fondé une colonie, en 1562, pour servir de refuge à ses coreligionnaires persécutés en France. Il lui avait donné le nom de Caroline, en l'honneur de Charles IX. Mais dès 1565, elle fut envahie par une bande d'Espagnols, qui massacrèrent les Français comme *hérétiques* et prirent possession du pays. Il est vrai que peu de temps après, les Français leur rendirent la pareille. C'est cette même région que Charles II prit sur lui de joindre à ce qu'il prenait à la Virginie. Lord Clarendon et ses co-associés, grâce aux guerres qui avaient lieu entre les Espagnols et les Français, purent prendre possession sans obstacle de ces contrées désertes: ils s'y établirent en maîtres absolus avec la permission du roi. A partir de 1669, l'émigration fut ouverte aux catholiques et aux puritains, pour former la nouvelle colonie Carolinienne.—La compagnie de lord Clarendon y établit une constitution, faite par le célèbre philosophe Locke. La noblesse héréditaire, les palatins, les magnats et autres formes d'une aristocratie surannée, faisaient le fond de cette constitution, qui fit de la Caroline le théâtre de l'oppression la plus cruelle et des scènes souvent sanglantes. Le parlement et la cour crurent pouvoir tirer plus d'avantages des colonies en remettant en vigueur, l'acte de navigation de Cromwell, et en y ajoutant l'ordre d'importer toutes les marchandises nécessaires aux colonies d'Angleterre, enfin tous les produits coloniaux exportés passèrent exclusivement par la métropole, pour de là, aller à destination. La prospérité de la Virginie en souffrit singulièrement. La dépréciation générale des produits s'en suivit, ainsi que la démoralisation qu'amèna la contrebande dans les affaires. Il en résultat une révolution de la part de la Virginie qui, sous les ordres d'un nommé Bacon, fit d'assez grands ravages. On réussit à la comprimer, mais on s'attira l'aversion des colonies pour la mère-patrie.

II.

NOUVELLE-ANGLETERRE.

A l'époque où avait commencé la colonisation de la Virginie, la compagnie de Plymouth avait également pris possession et commencé l'exploitation du territoire s'étendant entre le 40° et le 60°, sous le nom de la Nouvelle-Angleterre. Mais le manque de capitaux et l'hostilité des indiens la firent échouer dans ses efforts de colonisation; de telle sorte, qu'à partir de 1620, la compagnie s'était bornée au commerce des pelleteries et de la pêche. Cependant, une colonie de puritains, émigrés d'abord d'Angleterre en Hollande, vint fonder un établissement fixe dans le Nord. Cette communauté, poussée par le souffle des dissensions religieuses à chercher un asile en Amérique, partit de Southampton, pour la Virginie, en 1620, mais, soit méprise, soit trahison, elle arriva le 11 novembre au cap Cod, situé dans le territoire de la compagnie de Plymouth. On débarqua cependant, et on s'établit dans le Massachusetts, à un endroit qu'on nomma New Plymouth. Les nouveaux colons furent bientôt en proie aux plus cruelles privations et eurent à soutenir une lutte incessante contre les indiens. Ils fondèrent, malgré tout, une colonie indépendante qui avait la prétention de ressembler à la première commune chrétienne de Jérusalem. Ils vécurent sous la communauté de biens; mais la misère et la famine les contraignirent bientôt à adopter le principe de la propriété individuelle. En 1620, Jacques Ier avait formé une compagnie nouvelle qui fut déclarée propriétaire de toute la côte Nord de l'Amérique, depuis le 40° jusqu'au 48° de latitude septentrionale. Cette compagnie confirma aux puritains de New Plymouth la propriété du territoire dont ils étaient en possession.

En 1626, une autre association de puritains acheta à la compagnie une certaine étendue de territoire, où elle fonda la ville de Salem, sur un promontoire de la baie du Massachusetts. Malgré sa répugnance pour les puritains, Charles Ier consentit, en 1628, à accorder aux colons de Salem des lettres-patentes contenant l'octroi des droits accoutumés, sauf la liberté religieuse. Malgré cette restriction, les puritains établirent l'église de la Perfection ; mais la morgue cléricale, le fanatisme religieux et la tyrannie théologique, créèrent bientôt de violentes discordes parmi les colons. Les troubles politiques de la mère-patrie amenèrent nombre de nouveaux colons parmi eux. Ce n'était plus seulement des mécontents religieux, mais aussi des mécontents politiques de toute espèce qui venaient en masses chercher à s'y refugier : ils fondèrent Boston. En 1634, la colonie fut assez considérable pour former une assemblée coloniale qui, d'accord avec le gouverneur royal, exerça la puissance législative. Le partage des terres eut lieu et la province reçut le nom de Massachusetts. La colonie s'était rendue indépendante vis-à-vis du conseil de Londres et avait réussi à s'affranchir des droits féodaux de l'ancienne compagnie.

Les querelles théologiques éclatèrent de nouveau, et il en résultat une scission. D'autres colonies se formèrent du sein de la première : un prêtre de Salem, Roger William, qui ne voulait prier que pour ceux qui se trouvaient déjà en état de grâce, partit avec ses adhérents, en 1635, pour aller fonder un nouvel établissement, sous le nom de Plantation-Providence. Une autre dissidence dans l'église du Massachusetts donna lieu à la fondation du Connecticut. La visionnaire Hutcheson fut expulsée du Massachusetts avec ses prosélytes, et vint fonder le Rhode-Island, que lui vendirent les indiens, sous le nom de l'île Aquidreck. La sage direction de William Coddington la fit prospérer, et en 1644, une décision du parlement la réunit à Providence. — Le roi Charles Ier ne voyait pas avec plaisir la foule d'hommes politiques et religieux qui se dérobaient à son autorité despotique, en s'expatriant, pour aller fonder des Etats dans les déserts d'Amérique. En 1637, il prohiba l'émigration, et pour son malheur, Pyne, Hampden et Cromwell furent contraints de rester en Angleterre. Malgré ses défenses, 3000 puritains quittèrent l'Angleterre, en 1638, pour renforcer les colonies du Connecticut, et fonder celles du Maine et du New-Hampshire.—A la chute de Charles Ier, par suite du triomphe de la révolution, l'émigration cessa, et la Nouvelle-Angleterre, qui se trouvait alors forte de 21,000 habitants, dut marcher de ses propres forces. Les colons du Massachusetts, plus nombreux que les autres, se firent remarquer par leur jalousie et leur esprit d'absorption. Ils forcèrent plusieurs colonies, plus faibles, à se mettre sous leur juridiction, et firent décamper les Hollandais établis dans ces parages. Toutes les colonies de la Nouvelle-Angleterre, en 1643, finirent enfin par s'entendre pour former une ligue sous le nom de Colonies-Unies, sous le prétexte de se défendre contre les indiens, les Hollandais et les Français; mais une séparation d'avec la mère-patrie en était la secrète pensée. Elle eut un Congrès général avec un président, elle conclut des alliances, mit sur pied une milice considérable, et finit même par frapper une monnaie en 1652. Le Rhode-Island seul fut exclut de la ligue sur l'opposition des puritains.—La métropole, au milieu de ses propres embarras, n'avait pas le loisir de s'occuper de ses colonies, et d'y faire maintenir ses droits méconnus; d'ailleurs, le républicain Cromwell ne pouvait logiquement se plaindre des institutions républicaines que la Nouvelle-Angleterre tendait à se donner : il exigea cependant, pour maintenir les apparences, que les colonies reçussent un gouverneur-général des mains de la mère-patrie.

A l'exception de quelques luttes avec les indiens, des querelles théologiques, des persécutions contre les quakers, et des procès faits à des sorcières, les colonies de la Nouvelle-Angleterre prospérèrent en paix sous le protectorat de Cromwell.

L'acte de navigation leur était peu nuisible; aussi elles ne se joignirent point à leurs sœurs du Sud pour faire opposition à la mise en vigueur de cet acte. Celles-ci, d'ailleurs, étaient, comme il a été dit, restées dévouées à la cause royale, tandis que la Nouvelle-Angleterre était foncièrement républicaine.

La restauration des Stuarts surprit à l'improviste la ligue des petites colonies du Nord. Elles eurent à souffrir les punitions vexatoires du pouvoir royal, qui leur inspira moins le sentiment de la crainte que celui de la haine. Les colonies du Rhode-Island, du Maine et du New-Hampshire, lésées par celle du Massachusetts, reconnurent l'autorité royale, mais cependant cette dernière refusa de se soumettre à Charles II. Elle protesta même contre la clause de tolérance relative à l'église épiscopale dans les anciennes lettres-patentes. Devant cette attitude rebelle, le roi et le parlement se décidèrent à envoyer une forte escadre avec des commissaires pour intimider les récalcitrants de la Nouvelle-Angleterre ; mais on n'osa rien entreprendre contre eux. Le Massachusetts devint de plus en plus puissant. En 1667, pour se garantir de l'autorité royale, le Maine se plaça sous la protection de cette province.

Une période de tranquilles développements suivit de nouveau ces orages. En 1672, les habitants de la Nouvelle-Angleterre se montaient à 72,000 âmes, dont la moitié était au Massachusetts.

Elle avait une milice forte de 8,000 hommes, et des établissements divers pour l'instruction populaire. Les mœurs sévères de la religion protestante, de la tempérance et du travail régnèrent dans ces colonies, dominées d'ailleurs par le fanatisme religieux et leurs chefs théocrates.

Charles II avait à cœur d'affaiblir le Massachusetts. Il en détacha le New-Hampshire qui fut déclaré province royale sans autre forme de procès, et il envoya dans le Massachusetts le gouverneur Randolph, qui maltraita fort cette colonie. Il en résulta un conflit, à la suite duquel la charte particulière de l'Etat lui fut retirée. Jusqu'à la mort de Charles II, le Massachusetts demeura dans un état complet de sujétion.

Jacques Ier avait eu beau concéder toute la côte de l'Amérique du Nord à ses compagnies, toutes les nations européennes avaient autant de droits de s'y établir que les Anglais. En raison même de l'immense étendue de ces contrées, chacun y avait droit, pourvu qu'on y prit possession réelle. Henri Hudson, au service des Hollandais, explora le fleuve qui porte son nom, en 1609, et les Hollandais s'empressèrent d'acheter aux indiens tout le territoire qu'il baigne et d'en prendre possession.

Ils bâtirent un fort dans l'île Mahados, et fondèrent sur la côte des établissements pour le commerce de pelleteries. En 1628, une compagnie suédoise acheta également des indiens tout le territoire arrosé par la Delaware jusqu'à Long Island ; elle y fit des constructions diverses et y établit des factoreries qui furent nommées la Nouvelle-Suède. En 1655, les Hollandais s'emparèrent de ces établissements, et en déclarèrent les habitants sujets hollandais. Les possessions hollandaises reçurent le nom de Nouveaux-Pays-Bas. Mais les Anglais virent un danger dans ce voisinage, qu'ils jugèrent illégitime, en raison de l'acte de concession du roi Jacques Ier. La guerre ayant éclaté plus tard entre la Hollande et le roi Charles II, il ne fut pas difficile aux Anglais d'en profiter, en s'emparant de tout le territoire compris sous la dénomination de Nouveaux-Pays-Bas. A la paix de Bréda, la Hollande abandonna ces possessions à l'Angleterre, et Charles II en fit don à son frère, le duc d'York. Le duc donna à sa possession le nom de New York, après en avoir détaché l'étendue occupée par les Suédois et les Hollandais, entre la Delaware et l'Hudson, qu'il vendit aux lords Berkley et Cartent. Ce territoire reçut le nom de New Jersey, duquel le duc se réserva quelques rapports de féodalité, mais cet Etat eut un gouvernement indépendant. La province ducale de New York prospéra rapidement, en raison des avantages qu'elle offrait aux colons, tels que : sa position commerciale, la modicité de la redevance foncière à payer au duc, les facilités de traiter avec les indiens et les Français du Canada. Tout y attirait d'ailleurs un grand nombre d'émigrants d'Europe.

Mais la nature despotique des Stuarts se fit bientôt sentir, avec le succès, par le duc d'York : il opprima les planteurs et jeta de l'incertitude sur la propriété. Dès lors la colonisation s'arrêta.

Par suite de la reprise des hostilités entre la Hollande et l'Angleterre, les Hollandais mirent, en 1673, la main sur la province de New York. Mais la paix de Londres vint l'année suivante la leur faire restituer à l'Angleterre.—Le duc d'York se fit confirmer sa souveraineté absolue sur la province, et il n'en fut que plus despote : il traita la province en pays conquis. Le gouverneur Andross, qu'il lui donna, épuisa les colons par des taxes écrasantes, et réprima sévèrement toute manifestation demandant une administration moins dure. Ce tyran fut remplacé enfin par lord Dougan, qui octroya à la colonie une constitution et un conseil colonial.

Les Français du Canada, sur ces entrefaites, prospéraient rapidement et projetaient d'établir une communication avec leurs établissements du Mississippi, en côtoyant les possessions anglaises par une ligne de forts, qui, de l'Ohio, remontait jusqu'aux lacs.—Le gouverneur Dougan appela l'attention du gouvernement anglais sur ce projet. Il fut résolu qu'on s'opposerait à son exécution. Le gouverneur conclut donc, en 1684, un traité avec les cinq nations indiennes confédérées qui se prétendaient, avec raison, propriétaires de tout le territoire situé entre les sources de l'Ohio, des lacs Erie et Champlain.—Ces indiens, poussés par les Anglais, empêchèrent, en effet, la réalisation d'un projet qui aurait fait la puissance coloniale de la France en Amérique.

Un autre événement important à cette époque fut la fondation de la Pennsylvanie, par le quaker Penn. Son intention fut d'offrir un asile à ses coreligionnaires persécutés dans la mère patrie et non tolérés dans les autres colonies.—Moyennant la charge de payer à perpétuité une rente annuelle à la couronne d'Angleterre, il obtint de Charles II la concession du territoire encore couvert de forêts et situé entre le Maryland et le New Jersey. Il s'engagea à administrer la nouvelle colonie dans l'esprit de la constitution anglaise, et d'en appeler au besoin à la juridiction suprême de la couronne. Il était autorisé à faire des lois, d'accord avec un conseil colonial; il pouvait au besoin, lever des droits de douane, et proclamer la loi martiale. Penn fonda ainsi, en 1682, avec une centaine de quakers, la ville de Philadelphie. Tous les peuples et toutes les religions furent admises indistinctement dans la colonie. Elle prospéra rapidement. Les émigrations d'Allemands furent nombreuses. Pastorius de Wendsheim et un parti d'Allemands, fondèrent la ville de Germantown. En 1684, la nouvelle colonie comptait déjà vingt centres de population.

III.

En 1685, le duc d'York succéda à son frère, Charles II, sous le nom de Jacques II. Les colonies n'eurent rien de bon à espérer de celui qui les avait déjà tyrannisées. En effet, elles éprouvèrent de nouvelles rigueurs. Les lois sur la navigation furent plus rigoureuses, et le New York se vit enlever l'acte de confirmation de sa constitution, qui repoussait les priviléges. Bientôt une flotte arriva de nouveau à Boston, avec le gouverneur Andross qui, à la terreur du Massachusetts, s'annonça comme gouverneur-général, commandant des forces britanniques, contre la Nouvelle-Angleterre. Son premier acte fut de déclarer le Massachusetts et le New York provinces royales; il attaqua les titres de possession des planteurs et leur en revendit la confirmation à beaux deniers comptant. Pour satisfaire aux exigences de la cour, il établit toutes sortes de taxes et d'impôts, et recourut aux plus honteuses manœuvres pour enlever au Connecticut et au Rhode-Island l'acte de confirmation de leurs constitutions, afin de les traiter comme les autres Etats : les besoins d'argent poussaient la cour à toutes sortes de moyens pour pressurer les colonies. Celles-ci, toutes disposées à l'hostilité, protestèrent souvent; aussi quand, en 1689, on reçut la nouvelle de la chute de Jacques II et de l'avènement au trône de Guillaume II, les colonies y applaudirent vivement. En vain Andross voulut contraindre le peuple à faire acte d'attachement à la cause des Stuarts; dans le Massachusetts et le New York, le peuple se souleva, et se déclara en faveur du nouveau roi, non sans commettre de graves excès de vengeance. Partout les colons remirent leurs anciennes libertés et leur constitution en vigueur. En 1692, le Massachusetts obtint une nouvelle charte, par laquelle la colonie de New Plymouth et le district royal d'Acadie, ou Nouvelle Ecosse, y étaient incorporés.

Malgré la bonne intelligence qui existait entre les colonies et la couronne, les temps des rudes épreuves se préparaient pour celle-ci. Les guerres de Louis XIV et de Georges II éclatèrent et préparèrent l'émancipation des colonies. Une fois la lutte engagée, les Français du Canada attaquèrent le New York, dont l'extension jusqu'aux lacs était la clef du Canada. Le Massachusetts, le New York et le Connecticut se liguèrent à diverses reprises pour résister et faire des irruptions sur les possessions françaises; mais ils s'épuisèrent bientôt pécuniairement par ces expéditions, à tel point, qu'ils se virent réduits à créer un papier-monnaie. La paix de Riswick, en 1696, vint mettre un terme à leur détresse, sans avoir ni gagné ni perdu en territoire. Le New York ne voulant plus renouveler ces luttes, lors de la reprise des hostilités, à la guerre de la succession d'Espagne, conclut, avec la France, un traité de neutralité, en 1702, qui eut pour conséquence de faire retomber sur le Massachusetts tout le poids de la guerre. Ces circonstances firent que le New Jersey vint se mettre sous la neutralité du New York et que l'Acadie retourna à la couronne.

En 1702, les planteurs de la Caroline s'emparèrent de la ville de St. Augustin, dans la Floride; mais, en 1706, ils eurent à repousser les représailles d'une attaque tentée par les Espagnols contre leur ville de Charlestown. Ces événements, joints à la dévastation causée par les indiens et les nègres marrons, qui étaient fournis d'armes par l'Espagne, forcèrent la Caroline à émettre aussi un papier-monnaie. La paix d'Utrecht, en 1713, rendit enfin la paix aux colonies, dont elles avaient tant besoin.

L'emploi des esclaves, dans la Caroline et la Virginie, contribua extraordinairement aux développements agricoles de ces riches contrées. La couronne d'Angleterre, qui voulait avoir le monopole de ces productions, trouva le moyen de s'emparer de ces colonies. En 1729, les colons lui cédèrent leurs droits et priviléges, moyennant 22,500 livres sterling. La Caroline fut déclarée province royale, et son territoire fut divisé en deux parties, sous la dénomination de la Caroline du Nord et la Caroline du Sud.

Les Français du Canada nourrissaient toujours le projet de former une communication suffisante pour relier leurs établissements à ceux des Français du Mississipi, qui, de leur côté, espéraient pouvoir s'emparer des vastes territoires déserts, situés entre les fleuves Savannah et Alabama. Cette combinaison formait, en partie, la base du fameux système de Law, qui consistait à escompter d'avance ces possessions à venir, au moyen d'actions donnant part de ces terres et de leurs produits. Toujours dans le but de contre-carrer ces dispositions d'élargissement, l'Angleterre, alors sous le ministère Walpole, créa une nouvelle expédition de particuliers qui vinrent s'emparer du territoire situé entre la Floride espagnole et la Caroline. Ils fondèrent, sous la direction d'Oglethorpe, une colonie que l'on nomma la Georgie, en l'honneur du roi Georges, et bâtirent la ville de Savannah. Des Ecossais et des Suisses protestants vinrent se joindre à cette colonie, qui, dès ce moment, devint florissante.

La guerre de la succession d'Autriche, en 1739, et la lutte qui en éclata dans les Indes Occidentales, entre l'Espagne et l'Angleterre, entraînèrent aussi les colonies du Sud dans des luttes avec leurs jaloux voisins. En 1732, Oglethorpe, après avoir inutilement tenté une attaque contre la Floride, eut à repousser les Espagnols, entrés en Georgie, au nombre de 2,000, suivis de hordes d'esclaves déserteurs ; ces troubles incessants arrêtèrent les progrès des colonies.

En 1744, lors de la nouvelle guerre entre l'Angleterre et la France, les colonies de la Nouvelle-Angleterre y virent avec joie une nouvelle occasion de se mesurer avec leurs constants ennemis du Canada. Elles firent donc cause commune avec les petits détachements de troupes envoyées par le gouvernement pour la défense de l'Acadie. Le Massachusetts, le Connecticut et le New Hampshire s'unirent de nouveau, et, avec l'aide d'une flotte royale, commandée par Pepperel, ils attaquèrent et firent capituler Louisbourg, forteresse française, bâtie sur le cap Breton, et dont les fortifications avaient coûté immensément d'argent à la France. La prise de ce boulevard de la puissance française en Amérique exalta l'amour-propre et l'esprit guerrier des populations de la Nouvelle-Angleterre. Elles assiégèrent successivement les différents forts français de la frontière du Canada. Cependant la nouvelle de l'arrivée d'une flotte française, commandée par le duc d'Anville, vint répandre une alarme générale dans les colonies. Mais des accidents de mer empêchèrent cette expédition d'aborder; les Français se tinrent sur la défensive jusqu'à la paix d'Aix-la-Chapelle, en 1748; le traité rendit Louisbourg à la France et laissa indécise la délimitation de la frontière du Canada, au grand désappointement des colons de la Nouvelle-Angleterre. Les Français pouvaient donc donner suite au plan vaste et hardi d'unir la Louisiane au Canada à travers les lacs. Cette immense région du golfe St. Laurent au golfe du Mexique, forme un cercle dont les monts Alleghanies sont la frontière naturelle du bassin qui s'étend du Nord au Midi. La France américaine prétendait avoir le droit de limiter les colonies anglaises en dehors de ces monts et de la vallée de l'Ohio, bordée par la ligne des forts et soutenue par l'influence et l'amitié de quelques tribus indiennes.

Les colons soutenaient, de leur côté, qu'ils avaient des droits, par la concession royale, sur cette vallée, qui, en fait, n'appartenait qu'aux indiens ou à ceux à qui ceux-ci voulaient la donner : la contestation resta en suspens.

Les colonies s'aperçurent bientôt que leur cause n'était pas celle de la métropole, et qu'elles avaient jusqu'alors sacrifié leur sang et leur argent à des intérêts qui leur étaient étrangers. Le Massachusetts était chargé d'un papier-monnaie émis jusqu'au chiffre de 2,200,000 livers sterling qui, en ce moment, perdait considérablement de sa valeur nominale, ce qui entravait fort les affaires. Le parlement lui accorda cependant une indemnité qui lui permit de retirer une partie de ce papier de la circulation. Les colonies du Sud obtinrent également quelques secours d'argent pour les indemniser des pertes occasionnées par la guerre. La Georgie était devenue le théâtre de déplorables conflits intérieurs ; la couronne lui retira ses lettres-patentes et la déclara province royale.

IV.

En 1754, les colonies sentirent le désir de faire la guerre, pour leur compte, aux Français et aux Indiens réunis qui s'avançaient toujours vers le Sud : pour la première fois, on songea à une Confédération des Colonies. Franklin proposa un plan d'union qui fut accepté par toutes les colonies, sauf trois des plus méridionales, au Congrès général tenu, à cet effet, à Albany. Ce projet consistait à confier le gouvernement de l'Union à un président nommé et payé par la couronne. La suprême direction en était remise à un grand-conseil choisi par les représentants du peuple aux diverses assemblées coloniales.

Ce simple plan d'organisation propre à la défense commune, fut la base dont on se servit, vingt ans plus tard, pour former l'Union des Etats-Unis émancipés.

Le ministère anglais trouva ce plan par trop démocratique : il le cassa. Il craignit que les colons ne devinssent trop belliqueux et n'apprissent à se passer de la protection métropolitaine en s'occupant de leur propre défense. Il leur proposa un plan qui devait leur donner un gouvernement central, et un président sous l'autorité de la couronne. Mais les colons y virent un accroissement de l'autorité royale, et un acheminement à se trouver à la merci du Parlement dans le décret des impôts, etc.

Il leur répugnait de sentir le pouvoir d'une administration centrale, qui serait supérieure à chacune des colonies, en les représentant toutes.—Cette même opposition, à ce plan d'organisation commune, devait se renouveler vingt ans plus tard, contre les fédéralistes, et donner ainsi naissance au parti démocrate.

Les colonies refusèrent donc d'adhérer à ce nouveau système. —Le ministère anglais, dissout alors leur Congrès, annula leur résolution et cassa les grades donnés à la milice; puis il y envoya le général Braddock, avec quelques régiments, pour entreprendre, conjointement avec les milices coloniales, sous ses ordres, une expédition contre la ligue des forts français Duquesne, Niagara, Crown-Point, etc.

Le général Braddock débarqua en Virginie, franchit les monts Alleghanies et la rivière Monongahela, pour attaquer le fort Duquesne; mais s'étant laissé surprendre par les Français, il ne put refuser le combat, et fut défait. Lui et 26 de ses officiers restèrent sur le champ de bataille.

Le colonel de milice, Geo. Washington, parut alors pour la première fois : il prit le commandement, et fit une prudente et habile retraite avec les débris des troupes repoussées.

C'est durant cette guerre que le germe de la révolution prit naissance. Une jalousie profonde s'établit peu à peu entre les troupes de la milice coloniale et celles de la métropole, par suite des priviléges de solde et de la préférence des grades accordés à celles-ci par le gouvernement anglais. Cette inégalité, augmentée de l'orgueil et de l'incapacité des officiers anglais, battus à Duquesne, et qui méprisaient fort les officiers coloniaux, créa des haines dangereuses.

Les assemblées coloniales commencèrent à faire de l'opposition pour voter les fonds nécessaires à cette guerre ; malgré l'irritation du gouverneur Dinwiddie, qui dénonça, enfin, au ministère anglais, les sentiments républicains de certains membres des assemblées.—Tel était l'état des choses et des esprits, en 1754,—se préparant à la révolution de 1774.

En 1756, la métropole ayant formellement déçlaré la guerre à la France, les colonies, toujours à la remorque du Massachusetts, accueillirent encore cette nouvelle avec joie. Leur jalousie contre les établissements français se fit jour de nouveau par l'ardeur apportée aux dispositions d'attaque : William Pitt, lord Chattam, avait pris la direction des affaires au cabinet anglais. On résolut de reprendre Louisbourg. A cet effet, une flotte considérable fut réunie dans le port d'Halifax, avec un corps de débarquement de 11,000 hommes, ainsi qu'une nombreuse artillerie : on projeta de faire attaquer les forts français du côté des lacs, comme diversion combinée avec l'envahissement.

Le 24 juillet 1758, la forteresse de Louisbourg fut réduite à capituler, tandis que 16,000 hommes de troupes anglaises et coloniales attaquaient les Français sans pouvoir les déloger de leurs retranchements. Cette campagne se termina par la possession des forts Frontenac et Duquesne, évacués volontairement.

En 1759, les milices coloniales, commandées par le général Amherst, s'emparèrent des forts plus importants de Ticonderoga et de Crown-Point, et, sous les ordres du général Johnston, du fort Niagara. Le général Wolf, à la tête d'un corps mixte, envahit le Canada, et le 18 septembre il contraignit Québec à capituler.

En 1760, aucun renfort ne venant de France, Amherst et Murray achevèrent la conquête de tout le Canada, en s'emparant de Montréal et des autres points occupés par les Français.

La paix conclue à Paris, le 10 février 1763, assura aux Anglais la possession de l'Acadie, du Canada et du cap Breton. Ce fut ainsi que le débile gouvernement de Louis XV se laissa insoucieusement prendre ces belles possessions, que l'esprit de système de l'époque, avec Voltaire, appelait "quelques arpents de neige". Il céda, l'année suivante, la Louisiane à l'Espagne, et perdit ainsi l'empire du St. Laurent et du Mississipi.—Il fut stipulé, dans le traité de paix, que le Thalweg du Mississipi formerait désormais la ligne de démarcation aux possessions françaises, et que la navigation de ce fleuve resterait libre pour les deux nations.

L'Angleterre obtint aussi, de l'Espagne, toute la Floride, en échange de la restitution de la Havane. La Grande-Bretagne dut, en partie, tous ces énormes accroissements de territoire aux sacrifices que les colonies s'étaient imposées; mais celles-ci ne devaient pas y perdre, en les reprenant, sauf le Canada, quelques années plus tard, avec leur émancipation.

Les habitants se montaient, à présent, à $1,300,000 âmes : leur marine était doublée, et de grands débouchés vers le Sud et l'Ouest leur étaient ouverts par suite de ces dernières acquisitions. L'agriculture, exploitée par les esclaves, faisait la première source de leur richesse. La production de l'indigo, du coton, du tabac, voire même de la soie, en Géorgie, formait la base de leurs échanges. Leur industrie se bornait à la pratique des métiers indispensables. On possédait en grande abondance de tout ce qui est nécessaire à la vie, et la prospérité suivait une nombreuse croissante population.

V.

L'Angleterre, épuisée par les dépenses de la guerre, voulut en faire payer une partie par les colonies ; mais celles-ci, dont l'esprit d'indépendance grandissait, n'y voulurent point consentir.— Le Parlement crut pouvoir les y forcer, mais elles se préparèrent à résister, tout en faisant des remontrances sur l'illégalité des nouvelles taxes qu'on leur imposait.

Les Anglais jouissaient, dans toute l'étendue de l'empire britannique, des garanties politiques et civiles consacrées par la grande charte. La sûreté des personnes, la liberté de la pensée, la possession protégée des biens, le vote discuté de l'impôt, le jugement par jury, etc., étaient des droits que les colons anglais tenaient de leur naissance, et qu'ils devaient aux institutions de leur pays. Ils avaient transporté sur le continent américain tous les droits reconnus aux Anglais, et ils y étaient attachés comme à la première condition de leur bonheur et de leur bien-être.

Cependant les colonies, quoiqu'avec les institutions fondamentales de l'Angleterre, n'avaient pas la même administration publique, ni la même composition sociale. Elles différaient entre elles par la nature de leur population et des produits de leur culture. Les colonies du Sud avaient une organisation territoriale différente, et des mœurs plus aristocratiques que l'organisation et les mœurs des colonies du Nord.

Au Sud, les propriétaires possédaient de plus vastes domaines qui, par la nature du climat et le manque de travailleurs, se cultivaient par les nègres-esclaves, que les Espagnols avaient introduits sur le continent. — Non-seulement la composition, mais le gouvernement des colonies du Sud n'étaient pas les mêmes : ainsi, d'après les chartes de leur fondation, elles se gouvernaient par un homme, tel que William Penn, ou un établissement organisé, se trouvant à peine sous l'inspection de la couronne, tandis que les colonies du Nord se trouvaient plus directement sous l'autorité de la mère-patrie, qui y envoyait des gouverneurs royaux,

Une seule assemblée générale, annuellement nommée, était comme le Parlement des colonies : elle exerçait la souveraineté dans chacune d'elles, sous le contrôle et la sanction du gouvernement.

Elles avaient, jusqu'alors, exercé le droit de se taxer elles-mêmes, en votant librement les subsides qui étaient nécessaires à la mère-patrie, représentée par les gouverneurs.

Outre les sommes extraordinaires que les colons accordaient ils payaient encore des impôts directs sur leurs biens, et, au besoin, des taxes proportionnées à leur genre et chiffre d'affaires. Ils acquittaient, en plus, un droit sur les vins et les spiritueux, et ils versaient au fisc anglais 10 livres sterling par chaque tête de nègres introduits dans les colonies.

Ces revenus considérables, que la couronne percevait, correspondaient au profit non moins grand que faisait la nation anglaise en exerçant le monopole du commerce et de la navigation dans l'Amérique du Nord.

L'Angleterre fournissait aux colonies tout ce qu'elles consommaient en marchandises manufacturées et en matières premières, nécessaires aux colons qui, ainsi, importaient d'Angleterre plus de la moitié de ce que celle-ci produisait alors pour son exportation générale.

V.

LA RÉVOLUTION.

La richesse s'accroissait rapidement avec la population des colonies.—Des villes industrieuses, de riches cultures, couvraient une côte que l'on voyait naguère encore déserte et couvertes de forêts. Quelques centaines de colons, en moins d'un siècle, avaient transformé le pays, et formé un peuple de trois millions d'habitants.

L'Angleterre compromit tous ces immenses avantages, par son orgueilleuse avidité et son esprit jaloux de domination.

Le cabinet anglais, en grande pénurie d'argent, visant à faire constater, en toute occasion, sa souveraineté sur les colonies, commença, en 1764, la série des actes arbitraires qui devaient amener la révolution prédite par Walpole. — Lord Grenville transporta au Parlement britannique le droit d'imposer de nouvelles taxes, ce qui jusqu'alors avait été du ressort des assemblées coloniales. — Les colonies n'étant pas représentées à la Chambre des Communes d'Angleterre, elles ne pouvaient pas être légalement soumises à des mesures qu'elles n'avaient pas consenties.—Vint l'acte du timbre, qui frappait d'un droit toutes les affaires des colons, et faisait que toute transaction par écrit n'était valable que sur du papier marqué par la couronne.

Déjà mécontentes des autres décisions prises par le Parlement anglais pour grever de taxes le commerce général, pour empêcher les transactions avec les Antilles Françaises, pour exiger le paiement des revenus en espèces, alors si rares, les colonies, à ces dernières exigences, ne se continrent plus. Elles virent un commencement de servitude, si elles les souffraient. Les délibérations et les mouvements populaires commencèrent par dénoncer, ce qu'on appelait alors, la folie de l'Angleterre et la ruine des colonies.

Les assemblées ordonnèrent la résistance ; elles défendirent de se soumettre à ces ordonnances. Un Congrès de députés se réunit en octobre 1765, à New-York, et dans une pétition énergique, ce corps se déclara résolu à défendre les libertés coloniales.

Les Anglo-Américains s'engagèrent mutuellement à se passer des marchandises venant d'Angleterre, opposant ainsi son intérêt à son ambition.

Une ligue de non importation fut conclue, et, qui plus est, observée. La rupture commerciale entre les colonies et la métropole fut complète.

Ces fortes manifestations firent céder le gouvernement anglais et tomber le ministère. L'acte du timbre fut révoqué, sur les représentations du sage Franklin, porteur de la pétition ; mais le Parlement ne se désista pas sur le principe du droit qu'il s'était arrogé dans cet acte.—Il prétendait que le pouvoir législatif du Parlement s'étendait sur toutes les possessions et sur tous les sujets britanniques. Ces restrictions firent que la conciliation fut incomplète ; la concession n'était qu'une demi-mesure, elle ne devait pas profiter longtemps aux Anglais.

Le 22 février 1766,—avec la révocation de l'acte du timbre,—parut un bill établissant que le gouvernement anglais avait le droit de faire des statuts obligatoires pour les colonies. — Cette dangereuse doctrine reçut bientôt une nouvelle application. En 1769, le gouvernement anglais, croyant qu'une taxe indirecte serait plus facilement supportée par les colonies, il greva d'un droit certaines marchandises, telles que la verrerie, le papier, le cuir, les couleurs et le thé. La lutte recommença, et, cette fois, elle devait aboutir à l'indépendance des colonies. On résista avec la même énergie à l'impôt des marchandises qu'à la taxe du timbre. Le Massachusetts, la plus populeuse des colonies, donna le signal de l'opposition, en provoquant de nouveau le renouvellement de la ligue des colons contre l'importation des produits anglais : il convoqua même une convention. La ligue fut signée par les treize colonies. Le peuple s'imposa des privations : on ne prit plus de thé, on se vêtit d'étoffes grossières fabriquées dans le pays ; on rejeta tout ce qui venait d'Angleterre. On ne consomma que des produits coloniaux ou fabriqués par les colons, dont les fabriques naissantes furent montées par des contributions volontaires et protégées par le système de non-importation. Durant cet état de choses, les troupes de la métropole arrivaient pour soumettre les colons. La présence des soldats ne parvint pas à les intimider.

A Boston, où furent établis les premiers bureaux de douane, il éclata, à cette occasion, de sanglants conflits entre les citoyens et les employés anglais. Les autorités locales, d'accord avec le peuple, refusèrent de loger les troupes arrivées dans leur ville.—Le gouverneur ayant prohibé les séances du Congrès Colonial, les membres de cette assemblée n'en tinrent pas moins des réunions particulières, dans lesquelles s'organisa la résistance contre les usurpations anglaises.

Les pertes toujours croissantes du commerce anglais, l'attitude ferme et résolue des Américains, et l'extension effrayante de la contrebande, décidèrent le gouvernement anglais à revenir un moment sur ses mesures : le ministère parut vouloir recourir à une politique plus conciliatrice.

Lord North, successeur de Townshend au ministère, supprima,

en 1770, les taxes établies sur toutes les marchandises, excepté sur le thé. La querelle resta indécise. La réconciliation ne fut pas plus entière que la mesure pour la paix n'avait été complète.

Le droit sur le thé, de trois pences par livre, fut donc maintenu ; mais la défiance se maintint aussi. On s'était attendu à une solution sur la question de droits, et non point à des échappatoires. On résolut d'opposer à l'astuce l'opiniâtreté, et la force au besoin. Néanmoins, la lutte resta sourde pendant quelque temps, pour éclater de nouveau, en 1772, lorsque le gouvernement anglais résolut d'assurer l'exécution de ses lois, en mettant des magistrats sous-la dépendance unique de la couronne.

Le Massachusetts fut le point où elle étendit le plus ses usurpations, où elle fit le plus peser son autorité. Le désaccord reparaissait donc sous diverses formes. Les besoins de l'Angleterre la poussaient, nécessairement, à exiger des colonies plus qu'elles ne pouvaient ou voulaient lui donner, en dehors des conventions établies. Cette continuelle opposition d'intérêts devait naturellement amener à la fin une rupture définitive. Franklin Jay, John Adams, Geo. Washington, Thomas Jefferson, et autres patriotes, la prévirent et, après s'en être bien entendus, ils préparèrent de longue-main l'esprit public et les moyens propres à rendre cette rupture effective, par l'indépendance absolue des colonies.

Franklin avait déjà employé, en vain, tous les moyens de conciliation possibles auprès du gouvernement de la Grande-Bretagne, mais ses représentations avaient été dédaignées. Il publia de nombreux écrits, pour éclairer ses concitoyens sur leur position. et l'Angleterre sur les fautes et les injustices qu'elle commettait. Il exposa, d'une manière claire, les priviléges et les griefs des colonies. Un des premiers ouvrages qu'il fit, à ce sujet, fut intitulé : " *Les flots ne se soulèvent que lorsque le vent souffle* " ; puis les conseils, sous forme ironique : " *Moyen de faire un petit Etat d'un grand Peuple.* " Il fit aussi paraître un édit supposé du roi de Prusse, qui établissait une taxe sur les Anglais, comme descendants des émigrés prussiens.

Mais, comme cela arrive toujours aux gouvernements aveuglés par l'orgueil et l'intérêt, les sages avis et les courageuses remontrances de Franklin n'eurent d'autre résultat que d'irriter les ministres anglais contre les colonies. Franklin, qui était alors maître-de-poste, fut destitué de ses fonctions. Ce fut le premier tribut patriotique qu'il paya à la haine du roi Georges et du ministère anglais, courroucés de son courage et son bon sens à dire la vérité.

Ils cherchèrent, de plus, à le perdre par la diffamation. Voici comment : Quelques colons infidèles, appuyés du gouverneur Hutchinson et de son secrétaire Olivier, avaient écrit à la métropole pour dénoncer les projets des Américains et pour provoquer la révocation de la charte du Massachusetts, ainsi que pour demander l'emploi de la coercition contre les colonies rebelles.—Ces lettres tombèrent entre les mains de Franklin, qui se trouvait en Angleterre. Il en fit part aux colons, qu'il réprésentait à Londres.—L'indignation fut grande parmi les Américains. On porta plainte contre les auteurs de cette correspondance, comme voulant pousser la mère-patrie à faire la guerre à ses colonies, en commmençant par celle du Massachusetts,—et comme ayant suggéré l'introduction d'une force militaire parmi les colons.—Franklin fut chargé de la poursuite : il porta l'accusation devant le conseil privé de la couronne. La malice anglaise crut avoir trouvé l'occasion belle de perdre le vénérable patriote, en le diffamant dans les débats. Il s'y vit en but aux injures insolentes, sarcastiques de l'avocat Wedderburn, homme vénal, choisi à dessein par les ministres pour défendre les accusés. Il traita Franklin avec le dernier mépris ! il le traita de voleur de lettres ! Il demanda à ce qu'il fût marqué du sceau de l'infamie! L'âme du sage resta peut-être impassible, mais le cœur de l'homme fut froissé. "Voilà, dit Franklin, un discours éloquent, que l'acheteur paiera très cher!" En effet, quatre ans plus tard, le 6 février 1778, Franklin reprit l'habit de velours qu'il portait le jour où il fut si cruellement offensé. C'était pour aller chez le plénipotentiaire du roi de France, signer le traité d'alliance qui devait assurer l'indépendance de son pays et le venger de l'Angleterre ! — L'insulte était lavée.

La Compagnie des Indes se trouvait menacée de faire faillite, par l'énorme accumulation de ses thés et autres marchandises. Ses bâtiments furent tout-à-coup repoussés des ports par les Américains, en vertu d'ordres émanés des autorités locales.—Ils ne purent entrer qu'à Boston, sous la protection des navires de guerre anglais ; les villes de New-York et de Philadelphie avaient interdit l'entrée de leurs ports. Les habitants de Boston, n'ayant pu parvenir à en faire autant, firent mieux encore. Le 18 décembre 1773, dix-huit individus, déguisés en Indiens, assaillirent le *Darmouth*, bâtiment chargé de thé, défoncèrent les caisses contenant la précieuse marchandise, et jetèrent solennellement à la mer une valeur de 18,000 livres sterling. Le gouverneur Hutchinson, dépeignit cet incident à la cour, sous les couleurs les plus rembrunies. Ce procédé violent excita la colère des Anglais : le despotisme irrité du gouvernement se fit jour. En mars 1774, lord North demanda au Parlement anglais de l'autoriser à prendre les mesures suivantes : le blocus de Boston ; la nomination, par la couronne, de tous les magistrats et de tous les employés dans la province du Massachusetts; l'interdiction des colons dans les affaires et l'administration de la colonie : la faculté de faire juger les émeutiers hors du territoire, jusqu'en Angleterre ; et, enfin, l'autorisation de faire loger de force les soldats par les habitants. Ces diverses séries de mesures coercitives furent votées, et les bills rendus immédiatement obligatoires. Les autres colonies eurent aussi leur part à souffrir. Le gouvernement anglais en empiétant sur leurs territoires, ordonna que la possession du Canada s'étendrait, désormais, depuis les lacs jusqu'au Mississipi. On voit que l'Angleterre, prévoyant une partie de l'avenir, voulait se réserver les vastes territoires des établissements naguère encore français et mettre elle-même à exécution les plans rêvés par ceux-ci, mais qu'elle avait fait échouer.

La mère-patrie avait ainsi déclaré la guerre aux colons.

Tandis qu'elle levait des forces plus considérables pour écraser les colonies, si elles s'opposaient à l'exécution de ces mesures rigoureuses, le général Gage recevait et exécutait l'ordre de bloquer Boston avec sa flotte et son armée. L'indignation fut générale chez les colons contre les nouveaux actes du parlement. Boston se prépara pour résister avec vigueur, et toutes les colonies déclarèrent qu'elles soutiendraient avec courage la province opprimée qui devait être l'asile ou le tombeau de la liberté américaine.

La brave Virginie donna l'exemple de la résistance, en convoquant son assemblée ; mais celle-ci fut cassée par le gouvernement anglais. La milice virginienne fut cependant la première à marcher, en disant que faire injure à une colonie, c'était la faire à toutes. La ligue de non-importation fut resserrée par celle de la non-exportation des produits américains. Les colons s'engagèrent de nouveau à ne plus rien importer ni exporter avec l'Angleterre. Les nouveaux magistrats nommés par la couronne pour le Massachusetts refusèrent de servir, les anciens se retirèrent. Il n'y eut plus de justice ; l'état de guerre prit place partout; on leva des troupes; l'instruction militaire fut promptement appliquée, et, en peu de temps une armée fut prête à s'opposer aux entreprises du général Gage, qui avait pris position près de Boston, avec six régiments de ligne et de l'artillerie, en reliant sa ligne d'opérations à celle des navires de guerre, qui, du côté de la mer, bloquaient le port. L'attitude et la position des forces anglaises était donc des plus menaçantes pour la province.

Les colonies furent déclarées en danger. Un Congrès général fut convoqué, et se réunit à Philadelphie, le 5 septembre 1774. Il était composé de 55 membres, choisis parmi les hommes les plus honorables et les plus habiles des treize colonies, tels que Peyton, Randolph, Geo. Washington, Patrick Henri, John Adams, Livingston, Jay, Rutledge Dickinson, Lee, Mifflin et autres grands patriotes des plus respectés. Ce Congrès des fondateurs de l'indépendance américaine, donna l'exemple d'une unanimité de sentiments et d'une unité d'actions bien rares; il fit le nécessaire pour venir au secours du Massachusetts : il leva des hommes, décréta des contributions. Il rédigea en même temps une déclaration des droits et des privilèges appartenant aux colonies britanniques, d'après les lois de la nature et de la constitution anglaise. Une pétition, contenant leur réclamation fut adressée au roi ainsi qu'une adresse au peuple anglais.

Washington, et la plupart des membres du Congrès, ne croyaient pas encore à la possibilité d'une révolution prononcée. Franklin fut de nouveau envoyé auprès de la couronne, pour tâcher d'obtenir une satisfaction paisible ou un arrangement amiable avec des garanties pour l'avenir. Les sages avis, les représentations éloquentes de Franklin ne prévalurent pas. La pétition du Congrès américain au roi de la Grande-Bretagne fut dédaignée. Les adresses au peuple anglais furent reçues avec indifférence. Tous les moyens de conciliation furent vainement employés ; les instances, la voix généreuse des Wilkes, des Burke, voire même du grand Chatham ne furent point écoutées.

Le ministère avait résolu qu'il ne fallait ramener les colonies qu'au moyen des armes. Les habitants de la colonie du Massachusetts furent declarés rebelles, et Franklin fut traité comme ayant fomenté la rébellion. Il eut à se soustraire aux dangers d'une arrestation à Londres par son départ clandestin. Le patriote conciliateur ne pouvait plus être qu'un opiniâtre ennemi pour l'intraitable Angleterre. L'évidente impossibilité de la réconciliation étant ainsi démontrée il n'eut plus, dès ce moment, qu'à pénétrer l'esprit des colons du fait que la résistance forte et courageuse pouvait seule les sauver. Ce but devint désormais l'objet de la politique du philosophe. Il arriva avec ces nouvelles, en avril 1775, à Philadelphie. Les populations le reçurent partout avec les témoignages de la plus grande affection. Il annonça au pays que la guerre était inévitable. Le peuple répondit qu'il était prêt à l'accepter et la soutenir à tout prix, pour arriver à une victorieuse indépendance.

LES HOSTILITÉS.

Les colonies avaient un corps de 12,000 hommes sur pied, au Massachusetts, composé en grande partie de milices, et un comité de sûreté générale, qui avait réuni une grande quantité d'armes et de munitions, et cela au moyen de moulins à poudre qu'il construisit, de la saisie qu'il fit des arsenaux, des fournitures, et de la contrebande qu'il favorisa. Le 9 février, le Massachusetts fut déclaré en état de révolte et hors la loi. Tout commerce avec les autres colonies lui fut interdit. Le commencement des hostilités suivit de près cette déclaration ; le 18 avril 1775, Gage fit détruire par un fort détachement l'approvisionnement de munitions réunies à Concord. Mais, en se repliant, le corps expéditionnaire eut à soutenir, à Lexington, un premier combat sanglant avec les milices du Massachusetts. Toutes les colonies irritées de cette première attaque, dépêchèrent immédiatement leur contingent sur Boston, bloquée. Le corps d'armée se monta ainsi à 20,000 hommes, avec lequel on entreprit le siége de cette ville, pour la débloquer. En même temps, le Comité faisait partir l'audacieux colonel Arnold, à la tête d'un petit corps, pour les frontières du Canada, où, par diversion, il prit au mois de mai, sous les ordres du commandant Ethan Allen, les forts de Ticonderoga et de Crown-Point, ainsi que les petits bâtiments de guerre anglais, en station sur le lac Champlain. Cet heureux coup-de-main mettait les clefs du Canada aux mains des insurgés américains. Le 15 juin, le Congrès décida que toutes les colonies-unies seraient mises en état de défense; il décerna à l'unanimité le commandement en chef des forces continentales au général George Washington ; et lui adjoignit Montgomery, Gates, Ward et Putnam, pour commandants en second. Il ordonna la formation d'une escadre, qui rendit d'abord de grands services, mais qui fut détruite plus tard par les flottes anglaises, et il pourvut enfin à l'équipement de l'armée, en créant pour trois millions de papier-monnaie. Pour donner satisfaction aux scrupules des nombreux colons qui s'effarouchaient d'une scission avec l'Angleterre, le Congrès rédigea une dernière adresse au roi, dans laquelle les colonies proposaient encore de se soumettre, moyennant la garantie de leurs droits. Il faut dire ici, par une petite digression, qu'à la mort de Charles II, son frère lui avait succédé, le 6 février 1685, sous le nom de Jacques II, et que ce prince, avait embrassé le catholicisme. En arrivant légitimement au trône, il apportait donc un grand sujet de défiance à la nation protestante; malgré ses promesses solennelles de respecter la liberté religieuse et politique du pays; celles-ci avaient été cependant gravement entamées par un système de partialité manifeste, qu'il ne prit même pas la peine de dissimuler, surtout après le succès qu'il obtint contre le duc de Monmouth. Ce duc était le fils naturel de Charles II, et, en cette qualité, il débarqua, comme prétendant, le 11 juin 1685, avec une centaine d'hommes qui se joignirent à des partisans. Il forma ainsi un corps de 2000 combattants; mais défait par le comte de Feversham, il périt sur l'échafaud avec les plus compromis de ses adhérents. Le despotisme religieux de Jacques II ne fut toléré que parce que, n'ayant pas d'enfant mâle, ni probabilité d'en avoir, sa fille Anne, qui était protestante, devait lui succéder: le peuple prenait donc patiénce. Cependant, on annonça tout à coup, en 1688, à la grande terreur de l'opposition, que la reine venait d'accoucher d'un enfant mâle, après 14 ans de stérilité, à la grande joie des papistes.—On soupçonna cet événement d'être le fait d'une fraude politique. Alors les chefs influents du parti populaire tournèrent leurs regards vers le prince d'Orange, époux de la princesse Marie, autre fille du roi. Au mois de novembre 1688, le prince d'Orange débarqua en Angleterre et marcha contre le roi, son beau-père, qui, se voyant abandonné de tous, s'enfuit en France à l'approche du nouveau prétendant. Louis XIV l'accueillit en roi et lui assigna pour résidence le chateau de St. Germain. Le 22 janvier 1689, le parlement prononça la déchéance de Jacques II, et offrit la couronne au prince d'Orange, sous le nom de Guillaume III. Le roi Jacques fit en vain quelques tentatives pour reconquérir son trône. Il fut le dernier régnant mâle des Stuarts. Son fils, Jacques III, n'eut pas plus de succès dans ses essais de restauration, d'ailleurs, la France, qui le soutenait, dut reconnaître la succession protestante au trône de la Grande-Bretagne par le traité de la paix d'Utrecht, conclu en 1713, sous le règne de la reine Anne, qui avait succédé à son beau-frère, Guillaume III, et à sa sœur Marie, morts sans héritier. Cette reine, dernier rejeton des Stuarts au trône d'Angleterre, étant morte sans enfant, ce fut le fils de l'électrice Sophie, du Hanovre, petite-fille du roi Jacques Ier, qui lui succéda, en vertu de l'acte de la succession protestante du parlement de 1701 L'électeur fut donc proclamé, en 1714, sous le nom de Georges Ier, roi d'Angleterre, d'Ecosse et d'Irlande, pays où il n'avait jamais mis les pieds. Il y règna 13 ans, sans avoir jamais pu s'habituer aux mœurs anglaises, ni même pu parler la langue de ses sujets.

A sa mort (1727), son fils, le prince de Galles, lui succèda, sous le nom de Georges II. Il régna jusqu'en 1760. Le fils de ce dernier, Frédérick, prince de Galles, étant mort, ce fut le fils de celui-ci, c'est-à-dire le petit-fils de Georges II, qui lui succéda au trône, sous le nom de Georges III. Ce fut avec ce roi que les colonies eurent tant à guerroyer, à partir de 1775 jusqu'à la conquête de leur indépendance.

Ce fut donc au roi Georges III que la pétition des Américains se présenta de nouveau ; mais ce prince s'est en tout temps fait remarquer par cette excessive opiniâtreté qui a déteint, par un règne de 60 ans, sur le caractère anglais, et qui lui attira tant de guerres. Il refusa obstinément d'accepter un pareil compromis, et il rencontra les mêmes dispositions dans le parti tory, sur lequel il appuyait son gouvernement.

Les colonies qui connaissaient leurs forces et qui calculaient avec justesse que la métropole s'épuiserait infailliblement et inutilement dans cette guerre lointaine, les colonies comprirent que le sort en était jeté, et dès lors elles se mirent en devoir de poursuivre leur but, en déployant d'abord une constance, une fermeté et une activité toutes particulières.

Deux jours après la nouvelle de ce nouveau refus de la paix par les Anglais, eut lieu l'affaire de Bunker-Hill. Ces hauteurs étaient occupées par les troupes coloniales, qui, dans cette position, pouvaient dominer Boston. Le général Gage voulut les déloger; il fit donner ses troupes d'élite, et le 10 juin 1776 le combat s'engagea. Il fut sanglant, les Américains défendirent la position avec opiniâtreté, mais ils durent cependant céder au poids du nombre.

Les troupes coloniales, après un temps d'arrêt qui permit leur ralliement, se replièrent en bon ordre sur les hauteurs de Dorchester, d'où elles canonnèrent Boston, que Gage se vit contraint d'évacuer avec son corps d'armée, réduit à 3000 hommes de troupes anglaises et à 1,500 loyalistes, ou individus dévoués à la cause royale. Il se retira à Halifax, après avoir abandonné son artillerie et ses munitions, et céda le commandement à lord Howe.—A la même époque, le Congrès et Washington dépêchèrent des troupes et des milices au Canada, sous les ordres du général Montgomery, qui se rendit maître des forts de la frontière et s'empara de Montréal; mais il fut tué sous les murs de Québec, et son armée, repoussée, épuisée par la faim, le froid et la fatigue, se replia sur les forts. Washington, de son côté, surveillait de près les troupes anglaises.

Le parlement britannique mit les colonies hors la loi ; le Congrès y répondit par la mémorable déclaration de l'Indépendance des treize colonies, constituées en treize Etats, sous le nom d'Etats-Unis d'Amérique. C'est dans cette déclaration qu'entre autres grandes vérités, on trouve celle-ci : Les gouvernements ne peuvent tirer leur légitime autorité que du consentement des gouvernés. Ainsi fut proclamée l'Indépendance américaine.

VI.

Peu de temps après la Déclaration de l'Indépendance des Etats-Unis, lord Howe arriva avec un corps d'armée composé d'Allemands que le gouvernement anglais avait *achetés* aux petits princes allemands qui vendaient leurs sujets pour porter les armes contre les colonies.—L'électeur de Hesse-Cassel gagna à lui seul, durant cette guerre, 80 millions de francs dans ce commerce de *chair humaine* avec l'Angleterre. Le général Howe, renforcé de 15,000 hommes, avec une flotte considérable, commandée par son frère, l'amiral Howe, fit des propositions aux colons rebelles, avant de les attaquer, en les invitant à rentrer dans l'obéissance et en leur offrant le pardon du roi. Franklin fut chargé de lui répondre, et il le fit de manière à faire entendre au général anglais, qu'en fait de pardon, il serait plus à propos pour la couronne d'en demander que d'en offrir ; que les liens d'affection des colons pour la mère-patrie étaient à jamais brisés, et que, d'ailleurs, l'acte d'indépendance ayant été accepté et signé par les treize colonies, il ne serait plus possible de traiter avec l'Angleterre que de peuple à peuple libre. Ces fières résolutions furent confirmées par le Congrès, le 17 septembre 1776. Il fallait maintenant les faire prévaloir les armes à la main et les consacrer par la victoire. La victoire ne fut guère favorable d'abord aux braves patriotes ; la guerre jusque-là n'avait pas été heureuse pour les Américains.

Le plan du général Howe consistait à attaquer les Américains sur trois points : Clinton fut chargé de s'emparer des colonies du Sud, Burgoyne d'occuper le Canada, et Howe lui-même, à la tête de 30,000 hommes, se proposait d'occuper la Nouvelle-Angleterre, l'Etat de New York, et d'opérer sa jonction avec Burgoyne en s'emparant de la Pennsylvanie. Le plan de Washington consistait à faire remonter l'Hudson et traverser les forêts du Maine par le colonel Arnold, pour couper les Anglais du Canada et opérer sa jonction à Québec avec le général Montgomery, qui, après avoir pénétré par les lacs, s'était saisi de Montréal pour venir bientôt mourir au milieu de sa défaite, devant Québec. Arnold prit alors le commandement, rendit Montréal, et il retraita vers la frontière, pressé d'ailleurs par le général Burgoyne. Washington avait dû se borner à rester sur la défensive; mais le plan de défense à l'intérieur ne fut pas plus heureux que le plan d'attaque à l'extérieur.

Le général Howe avait quitté le terrain de la Nouvelle-Angleterre comme étant peu propice à ses plans. En mars, 1776, à la tête de 24,000 hommes de bonnes troupes, il descendit sur New York. Washington vint avec 13,000 hommes lui barrer le passage dans la Longue-Ile; il y fut battu et perdit 2000 hommes. Les Anglais purent marcher sur New York, qu'ils occupèrent sans coup férir; les postes américains l'avaient évacuée. Washington, après sa défaite, avait dû traverser l'Hudson, et retraiter dans le New Jersey, avec son armée en désarroi. Les Anglais purent donc remonter ce fleuve, et s'emparer des forts Washington et Lee, qui en commandent le cours ; puis ils se mirent à la suite de Washington, et le forcèrent encore à quitter Trenton, sa dernière position dans cet Etat. Son grand courage ne lui fit pas défaut dans ce péril ; il vint couvrir Philadelphie, où siégait le Congrès, dont la position, comme celle du général, était loin d'être brillante. Leurs moyens étaient réduits; ils n'avaient plus d'argent, plus d'armée, et pas d'autorité. Le papier-monnaie se montait déjà à 24 millions etperdait chaque jour de sa valeur, en présence de la misère générale et en l'absence de tout commerce. Les engagements, faits à trop courts termes, expiraient tous les jours, et les hommes ne voulaient plus se réengager; leurs misères étaient extrêmes; sans vêtements, sans vivres, sans discipline, ils étaient plutôt disposés à l'insurrection contre leur pays qu'à la guerre contre l'ennemi. Plusieurs soulèvements eurent lieu et furent difficilement calmés. Le corps d'armée de Washington était réduit à 4,000 hommes. Les ordres du Congrès étaient mal exécutés par les Etats, non moins indisciplinés que les hommes. Les troupes et les contributions ne se levaient pas; ils opposaient même souvent leur autorité à celle du Congrès qui, du reste, par le système organique, avait conservé peu de pouvoir effectif sur les Etats.

L'invasion anglaise s'avançait, et les loyalistes levaient la tête, en raison des défaites et mécomptes des confédérés. L'esprit public s'affaiblissait à vue d'œil, la cause de l'indépendance marchait vers l'agonie, une seule nation au monde pouvait la sauver en aidant le peuple américain à continuer son œuvre. La France fut cette nation, qui, quoique monarchique, prêta son généreux appui à la république naissante.

L'esprit de sa politique contre l'Angleterre la poussa moins que l'entraînement du peuple français, toujours prêt à se passionner pour les grandes causes. Les sympathies de la nation se trouvaient, cette fois, d'accord avec la politique de son gouvernement. Franklin, envoyé auprès du roi, fut le sujet d'une ovation d'enthousiasme autant pour la cause qu'il venait représenter que pour sa réputation comme sage, philosophe et savant. Il obtint d'abord des secours particuliers, puis des secours secrets du cabinet de Versailles, en attendant qu'on put ouvertement adopter la politique suggérée par le Congrès et appuyée par M. de Maurepas et M. de Vergennes.

Les fermiers généraux furent autorisés à traiter avec les commissaires américains pour la vente des tabacs du Maryland et de la Virginie ; les navires américains furent reçus dans les ports français, et les enrôlements d'officiers, sous le drapeau de l'indépendance américaine, furent tolérés ; les prises faites par les corsaires américains furent accueillies et achetées par la France.

L'Angleterre ne put rien empêcher de cette hostilité couverte ; mais elle en garda une rancune contre la France, qui s'est fait sentir en toute occasion depuis.

La résistance patiente et calme de Washington, avec l'habileté de ses manœuvres, lui avaient fait gagner du temps, tout en couvrant Philadelphie. Le général Howe cherchait à l'acculer entre l'armée et la flotte anglaises au bas de la Delaware, afin de lui faire mettre bas les armes. Washington sut faire échouer ce plan, en se dérobant aux atteintes de l'ennemi; puis, par un retour audacieux, il retraversa la Delaware sur la glace, le 25 décembre 1776, et s'adjoignant le général Sullivan, il vint tomber sur le camp des Anglais, qu'il surprit à Trenton : il fit prisonniers trois régiments allemands, en reprenant ce poste important. Les échelonnements anglais sur le cours de la Delaware durent se replier. Lord Cornwallis vint avec des forces supérieures pour faire un retour offensif sur la position de Trenton, mais Washington l'esquiva, et par une heureuse tactique, comme à Trenton, il le prit en flanc à Princeton, lui fit subir un grave échec, le 3 janvier 1777. Ces heureux faits d'armes firent un effet moral d'autant plus favorables qu'ils étaient inattendus.

L'armée d'invasion abandonna le New-Jersey après ces deux échecs. Washington s'établit à Morristown, d'où il put harceler les détachements arriérés de l'ennemi.—L'esprit du peuple se releva par ces petites victoires, d'autant plus qu'un grand nombre de volontaires étrangers arrivaient de France pour renforcer l'armée. Les progrès de l'invasion durent s'arrêter un instant. Au printemps de 1776, le général Howe changea de tactique. Il conçut le projet d'attaquer la Pennsylvanie, en y pénétrant par le Maryland. Il se dirigea vers la baie de Chesapeake, avec la flotte anglaise à ses ordres. Il débarqua, et marcha sur Philadelphie. Washington avait heureusement, reçu des renforts en hommes, en argent et en armes, de France. Le général Lafayette était accouru, généreusement, mettre son épée et sa fortune au service de la liberté américaine. 24,000 fusils, 6 millions de francs, et de nombreux amis et volontaires, au nombre desquels étaient Kosciusko, Steuben et Pulawski, formaient des renforts solides et inspiraient une nouvelle confiance aux Américains. Washington prit position sur la Brandywine, au passage des Anglais. Il y fut défait et ne put protéger Philadelphie, où les Anglais entrèrent triomphants, le 11 septembre 1777. Le Congrès avait quitté la capitale ; il s'était transféré sur Lancaster, puis à Baltimore. Washington, toujours grand par son héroïque patience, quoique toujours numériquement faible, serra de près et harcela les Anglais avec opiniâtreté.— Le 4 octobre, il les attaqua à Germantown, la victoire resta indécise à cause du brouillard ; mais ne pas être défait, c'était être presque victorieux dans sa position. Les Anglais prirent leurs quartiers d'hiver à Philadelphie, et Washington dut se replier, avec les débris de son armée, dans la contrée déserte de Valley - Forge, d'où il tint l'ennemi en vue. — Du côté du Canada, les affaires n'allaient guère mieux. Le général Burgoyne, en s'emparant des lacs Champlain et Georges, avait repris les forts Crown-Point et Ticonderago sur les troupes retraitées du Canada, après l'insuccès de Québec. Après ces conquêtes, le général Burgoyne songea à donner la main à l'armée centrale de New-York. A cet effet, il s'avança vers l'Hudson, dans l'intention de s'emparer d'Albany ; mais il fut arrêté dans sa marche par le général Gates qui, d'accord avec Putnam et Arnold, avait reçu un corps de 15,000 hommes de milice.— Saratoga, non loin d'Albany, fut le terrain de la rencontre. Les Anglais furent battus le 7 octobre 1777, et les moyens de retraite leur furent coupés par Gates. — Après un mois de luttes pour forcer le passage, Burgoyne, toujours cerné dans Saratoga dut capituler. Il se rendit avec 4,000 hommes, 42 pièces de canon, 5,000 fusils, et tous les bagages. On renvoya les prisonniers en Europe, sous la condition qu'ils ne serviraient plus durant cette guerre. La France apprit la nouvelle de cette victoire avec joie, et le roi Louis XVI, cédant au vœu général de la nation, signa le traité d'alliance avec les Etats-Unis, le 6 février 1778.

La reconnaissance de la souveraineté de la nation américaine par la France, entraîna celle de l'Espagne. Les Etats-Unis s'engageaient, par ce traité, à ne jamais conclure de paix séparée avec l'Angleterre, avec qui la France se trouva en guerre immédiatement. Cet acte assura le succès de la cause américaine qui, sans cela, allait succomber sous la puissante étreinte de la Grande-Bretagne. L'heureux ambassadeur, Franklin, revint dans son pays, dont il venait d'assurer le salut, après avoir été l'objet des ovations les plus flatteuses, à la cour comme à la ville. Il eut, avant de partir, une entrevue avec Voltaire, qui lui-même venait d'être porté en triomphe à son entrée dans Paris.

PROPOSITIONS DE PAIX PAR L'ANGLETERRE.—LA GUERRE AVEC LA FRANCE.

Après la défaite de Burgoyne sur les bords de l'Hudson, l'armée américaine du Nord put songer à reprendre l'offensive vers le Sud envahi.

Le général Howe, tenu en respect sur la Delaware par Washington, demandait au ministre anglais de le remplacer. Le ministère était en butte alors aux incessantes attaques de l'opposition, qui l'accusait hautement de la détresse financière et commerciale qui pesait sur le peuple anglais, avec l'imminence d'une autre guerre sur les bras avec la France et l'Espagne. Lord North, tout en faisant de vastes préparatifs, pour faire face à ces nouveaux dangers, s'adressa secrètement à Franklin, pour lui proposer une réconciliation avec les Etats-Unis. L'ambassadeur américain posa des conditions : il demandait, d'abord, l'abandon par l'Angleterre de toute prétention à les gouverner ; plus, la disgrâce des royalistes, des ministres, des généraux et de tous ceux qui avaient contribué à amener et à leur faire la guerre. La Grande-Bretagne ne garderait, tout au plus, que le Canada, la Nouvelle-Ecosse et les Florides.—Le cabinet britannique, comme on devait bien s'y attendre, rejeta ces conditions, pour les accepter, d'ailleurs, forcément, plus tard.

Lord North ne voulait pas sortir de la question de paix pure et simple, au moyen des bills conciliatoires, qui se bornaient à rappeler les lois dont les colons avaient fait leurs griefs, et qui remettaient les Etats-Unis sous la dépendance de l'Angleterre. On était bien loin de compte. Franklin répondit à David Hartley, porteur des propositions du cabinet anglais, en ces termes :

" L'Amérique était une fille vertueuse, attachée à ses devoirs ; " mais sa marâtre de mère l'a mise à la porte par de mauvais " traitements, et en la diffamant. Cette innocente enfant s'est " jetée dans les bras de la France, et elle s'y est honorablement " mariée. On espère qu'elle sera heureuse femme, comme elle a " été honnête fille."

L'Angleterre voyant que la paix était au prix de l'indépendance de ses anciennes colonies, chercha à ébranler l'alliance française. Elle ne put y réussir ; Franklin avait honnêtement tenu la cour au courant des menées anglaises, tendant à jeter la division entre la France et les Etats-Unis.

Le Congrès et Washington furent en tous points d'accord avec leur ministre à Paris. Le cabinet britannique ne pouvant leur détacher la France par la politique, il tâcha de le faire par les armes.

Le duc de Choiseul, ministre de Louis XVI, avait prévu cette alternative : tout était préparé pour la guerre; la marine et les troupes étaient en bon état.

D'Orvilliers, d'Estaing, de Grasse, Guichen, Lamotte-Piquet, Suffren, et autres vaillants marins, furent lancés avec des flottes contre les Anglais dans la Méditerranée, sur l'Océan, la mer des Indes et les côtes d'Amérique.—La France maritime balança la puissance de la fière Angleterre.

Howe, le général, avait cédé le commandemant à Clinton, vers le commencement de la campagne de 1778. Le comte d'Estaing, commandant 12 vaisseaux de ligne et 4 frégates, vint pour bloquer Clinton dans Philadelphie, qui restait occupée depuis sa prise par le général Howe, frère de l'amiral. Privé du secours de la flotille anglaise, qui avait dû se porter sur les Florides menacées, et par suite de la bataille navale d'Ouessant, gagnée sur l'amiral Keppel par le comte d'Orvilliers, Clinton, pressé d'ailleurs par l'escadre française du côté de l'eau, et par Washington du côté du

New Jersey, dut évacuer Philadelphie avec 12,000 hommes. Washington vint l'attaquer dans son mouvement rétrograde, en se jetant sur ses derrières, il le joignit à Monmouth, le 29 juillet, lui fit subir un échec ; mais il ne put réussir à l'arrêter dans sa retraite sur New York. Après avoir été harcelé par Washington, le général anglais arriva à New York, y retrouva le comte d'Estaing pour le serrer de nouveau, ainsi que la flotte anglaise en station. Les Anglais avait ainsi perdu dans cette campagne, ce qu'ils avaient gagné dans la précédente. La fortune redevenait favorable aux Américains ; Washington ordonna cependant au comte d'Estaing d'abandonner le blocus de New York, pour aller avec ses 12 vaisseaux, appuyer par mer, le général Silliman, dans son entreprise contre un corps d'armée ennemie, réuni à New Haven. L'amiral Howe suivit la flotille française, mais assailli en route par une forte tempête, force lui fut de rentrer à New York, tandis que d'Estaing, non moins maltraité par cette même tempête, dut se rendre à Boston, pour réparer ses avaries. (On s'explique difficilement sur quoi put se baser l'exaspération des Américains contre d'Estaing, leur allié, à propos de cette déviation forcée, que l'on qualifia gratuitement de prétexte. Il y a eu évidemment de l'injustice dans l'opinion d'alors, comme dans celle des historiens qui ont rapporté le fait de ce relâchement, sans en expliquer la cause, cause et effet dont l'amiral Howe lui-même ne fut pas exempt.)—(*Note de l'auteur.*)

D'Estaing transféra de Boston, le théâtre de ses opérations dans les Antilles françaises, menacées par les navires anglais, et de son côté, Clinton résolut de transporter la guerre dans les colonies du Sud, où il comptait rencontrer moins de résistance, et plus d'abondance de provisions pour faire passer l'hiver à ses troupes, dont le bien-être était, d'ailleurs, assuré par l'appui des loyalistes très nombreux dans cette contrée. Le 17 décembre 1778, le général Campbell débarqua avec un corps d'armée à Savannah, où il trouva diverses bandes de loyalistes qui se joignirent à lui. Il put ainsi pénétrer dans les Carolines, sans rencontrer d'obstacle sérieux. Le général Lincoln fut expédié pour l'arrêter; mais il réussit à peine à sauver Charlestown. Washington, épuisé, et dans le plus grand dénuement, dut se borner à maintenir ses positions; il passa l'année de 1779 à West Point; sur ces entrefaites, une heureuse diversion pour les États-Unis survint bien à propos. L'Espagne n'ayant pas réussi dans son rôle de médiatrice, encouragée par le succès des Français dans les Indes, elle se joignit à la France contre l'Angleterre, et fut bientôt suivie par la Hollande. La Suède, la Russie et le Danemark conclurent un traité de neutralité. L'Angleterre ainsi isolée eut à disperser ses forces sur tous les points du globe. Dans la Méditerranée, elle eut à défendre Minorque, Gibraltar et ses établissements du Sénégal; dans la mer des Indes, Pondichéry, Chandernagor et Gondelon, contre le brave Bailli de Suffren; en Amérique, elle eut à protéger Tabago, la Dominique, St. Vincent, la Grenade et autres possessions des Antilles, que les Français conquirent après en avoir été dépouillés. Les Espagnols s'emparèrent immédiatement de Mobile, avec Pensacola et la Floride de l'Ouest.

L'énergie de la nation anglaise fit cependant bonne contenance devant tous ces dangers, et n'en persista pas moins dans l'intention de punir les colonies révoltées.

VII.

En l'automne de 1779, après avoir commis les plus affreuses dévastations sur les côtes de la Virginie et de la Caroline, peut-être dans le but de déterminer Washington à abandonner ses positions, qui tenaient Clinton en échec au Nord, les Anglais résolurent d'opérer la jonction de l'armée du Nord avec l'armée du Sud, pour continuer et pour transporter la guerre dans cette dernière partie du territoire. Clinton évacua donc New York, le 26 décembre, en y laissant 6,000 hommes, et vint donner la main au général Campbell, en Georgie.

En 1780, il commença la campagne, en achevant l'occupation du Sud, après avoir contraint Charlestown à capituler, à la suite d'un siége opiniâtre.—Les nombreux loyalistes du Sud ne furent pas étrangers à ce succès des armes anglaises.

La flotte du comte d'Estaing avait dû suivre et surveiller celle de l'amiral Howe qui, comme il a été dit, s'était portée sur les Antilles françaises et les Florides. L'appui de la marine manquant aux Américains, ils redevenaient de plus en plus faibles. Lafayette qui avait déjà bravement guerroyé avec Washington, retourna en France pour y solliciter l'envoi d'une nouvelle flotte. Il revint bientôt avec une flotille montée par du Tournay et un corps d'armée, commandé par le comte de Rochambeau. Pendant ce temps-là, Clinton était revenu à New York, en laissant l'armée du Sud aux ordres de Cornwallis qui y continuait ses ravages, après avoir battu le général Gates à Camdem. Le Congrès se retrouva à la suite de ces désastres, dans la plus grande détresse, moins, peut-être, à cause de l'épuisement des forces américaines, que par le défaut d'autorité pour faire exécuter ses ordres. Washington était dans la plus grande pénurie : les troupes, dégradées par la misère et les privations, en vinrent plusieurs fois à se mutiner ouvertement. La moitié de ses hommes abandonnaient le drapeau, en se fondant sur l'expiration de leur temps de services. Les traîtres, qui se disaient *loyalistes*, intriguaient dans le Congrès, et trahissaient sur tous les points du territoire.—La désertion et la défection étaient partout.—Les lâches et les intrigants, qui s'acharnent toujours aux vaincus, ne tarissaient pas en déclamations haineuses et jalouses contre le généralissime : les généraux Gates et Conway complotaient. — Le général Lee, soupconné de défection, était traduit devant un conseil de guerre, et Arnold, déjà condamné comme concussionnaire, trahissait sa patrie, en se vendant pour $30,000 aux Anglais,—parmi lesquels il sut se distinguer par ses cruautés envers ses compatriotes. La dictature fut remise à Washington: le temps des enrôlements fixé à trois ans, et plusieurs exécutions militaires vinrent cependant rendre un peu de calme dans l'esprit de son armée abattue, qui, pour un moment, fut réduite à 3,000 hommes ! La cause de l'indépendance semblait désespérée.—Heureusement que l'ennemi ignorait le vrai fond de cet état de choses, et qu'il hésita longtemps avant de rien entreprendre de sérieux. Le moindre effort eût suffi au général Howe pour forcer les débris du corps d'armée de Washington à mettre bas les armes, et terminer la guerre d'un seul coup, surtout lors de la retraite de Washington et du Congrès de Philadelphie.

C'est dans ce moment de suprême détresse qu'arriva, le 1er juillet 1780, à Rhode Island, une escadre de 27 vaisseaux de guerre français, avec les 6,000 hommes de troupes auxiliaires de Rochambeau. La France avait, en outre, en renvoyant Lafayette, consenti à prêter seize millions, à l'aide desquels secours il fut possible de remettre l'armée américaine en état de tenir la campagne. Tandis que Lafayette, à la tête d'un corps séparé, s'efforçait de mettre obstacle aux dévastations de Cornwallis, dans les Carolines et la Virginie, l'amiral de Grasse arriva de son côté, après avoir forcé la flotte anglaise avec 3,200 hommes qu'il mit à terre; il vint bloquer New York avec 28 bâtiments de guerre.—Ces secours inattendus remontèrent le moral des Américains : l'armée fut promptement réorganisée. Rochambeau avait débarqué dans le Rhode Island avec son corps expéditionnaire, mais il fut tenu un moment inactif à New Port, par la flotte ennemie, en meilleure position que celle de du Tournay qui l'avait amené. Cependant, Washington lui donna l'ordre d'abandonner sa position et de le suivre, comme il abandonnait lui-même celle qu'il occupait à New Windsor. Puis, il dépêcha Lafayette pour tenir tête au traître Arnold, et Greene contre Cornwallis qui avait pris pied dans les Carolines, afin de rompre la ligne d'invasion. Lui-même se mit en devoir d'empêcher que cette ligne ne s'appuya sur la flotte anglaise, ni ne s'étendit jusqu'à l'armée du Nord, qui s'avançait en masse pour opérer sa jonction et compléter l'envahissement du Sud. Il fit, de plus, partir de Grasse pour les côtes de la Virginie. Ses dispositions étant ainsi prises, il fit croire, par un feinte manœuvre, à Clinton que son intention était d'attaquer New York, conjointement avec Rochambeau, mais il se détourna tout-à-coup et passa vivement en Virginie, en se dissimulant à Clinton. Washington opéra ainsi sa jonction avec Lafayette, et laissa Greene maintenir Arnold en respect. Il attaqua promptement de toutes ses forces, en s'appuyant sur la flotte française, la ville de Yorktown, où se trouvait le centre de l'armée anglaise. Bloquée par de Grasse, assiégée par Washington, l'armée ennemie se vit dans une mauvaise position. Les postes et les redoutes furent brillamment enlevés d'assaut, et les Anglais furent forcés de capituler, le 19 octobre 1781. Lord Cornwallis et 7,000 soldats se rendirent prisonniers de guerre, en abandonnant toute l'artillerie et les magasins.

Cette grande victoire était le pendant de celle remportée à Soratoga, durant la précédente campagne : la première avait décidé l'alliance des Français, cette dernière assura l'indépendance des Américains et mit fin à la guerre.

Pour la première fois, les Américains purent s'abandonner à une joie sans borne à l'occasion de cette étonnante victoire. Les Anglais, qui avaient fini par s'épuiser, peu à peu, par suite de la tactique de temporisation adoptée par Washington, se trouvaient maintenant hors d'état de rien entreprendre. Washington ne put songer encore à reprendre Charlestown ; il se retira donc vers l'Hudson, à l'effet d'y attendre le moment favorable pour attaquer Clinton au passage. Mais les désastres essuyés, tant sur mer que sur terre, par les forces britanniques, donnèrent une telle prépondérance au parti de la paix, que le ministère North fut renversé et remplacé par Rockingham, Shelburn et Fox. L'Angleterre, accablée ainsi par la lutte à l'extérieur; l'opposition politique avec la ruine commerciale à l'intérieur, fut enfin réduite à demander la paix. Malgré les intrigues du cabinet britannique pour traiter séparément avec les Américains, afin de tenir la France à partie, les négociations n'en furent pas moins conduites, par les Etats-Unis, de concert avec le cabinet de Versailles.

L'indépendance des Etats-Unis fut prise comme base préliminaire, et les traités de paix furent signés, à Versailles, le 30 septembre 1783, où Franklin représentait son pays depuis le commencement de la guerre. En outre de leur indépendance, les Etats-Unis furent assurés de leur possessions naturelles et du droit de pêche dans les eaux d'Amérique. La France conserva Tabago et Ste-Lucie, dans les Antilles; elle fut récupérée de l'Ile de Gorée, sur la côte d'Afrique, et rentra en possession de Chandernagor, de Pondichéry et de Mahé, dans les Indes. L'Espagne garda Minorque, sur la Méditérannée, et les Florides, en Amérique.—Ainsi se termina cette autre guerre de sept ans, sur le continent américain, dont le résultat fut la création d'une nouvelle et forte nation libre. Il fut prouvé, une fois de plus, que la subjugation d'un peuple, qui veut réellement sa liberté, est impossible.

POSITION DES ETATS-UNIS A LA PAIX.

Dès le mois d'octobre, le corps d'auxiliaires français avait quitté les Etats-Unis pour se rendre aux Antilles.

L'armée, mécontente de ce qu'on ne faisait rien pour elle, menaçait de se mutiner de nouveau. Quelques détachements marchèrent même sur Philadelphie, et s'emparèrent de la salle du Congrès. Des propositions de coup-d'Etat, ayant pour but la fondation d'une monarchie, furent réitérées à Washington, qui les repoussa avec indignation. Le général calma les officiers et les soldats, par sa noble conduite et l'admirable lettre qu'il adressa, en leur faveur, à l'assemblée.

Washington remit ses pouvoirs au Congrès et se retira de l'armée, à laquelle il fit ses adieux, au milieu des pleurs et des acclamations du peuple et des soldats qui le nommaient le Père de la Patrie, et qui naguère encore le décriaient !

En passant à Philadelphie, le généralissime remit l'état de ses dépenses, écrit tout entier de sa main, appuyé des pièces justificatives.

Les dépenses secrètes de toute la guerre ne s'élevaient, en tout, qu'à 1,982 livres sterling. La seule récompense qu'il reçut de son pays, fut la franchise du timbre pour sa correspondance. Il aida à la fondation de l'ordre héréditaire de Cincinnatus, destiné à récompenser les officiers ; mais la démocratie y vit une tendance aristocratique. Washington fit abolir l'hérédité, et cet ordre tomba en désuétude.—Il fallait pourtant pourvoir au sort de l'armée avant de la licencier. On ne vit pas, sans préoccupation, arriver le moment de son licenciement. Le Congrès se sentait très embarrassé, vu que les divers Etats se trouvaient hors de condition à pouvoir s'occuper du sort des soldats, quoique ceux-ci aient été enrôlés sous la promesse que l'on pourvoierait à leur position après la guerre. Après de longues négociations, on finit par décider que les officiers recevraient une indemnité équivalente à cinq années de solde. Quant aux simples soldats, on les indemnisa en leur distribuant des terres. Les cinq nations indiennes qui s'étaient tenues avec les Anglais, furent admises sous la protection des Etats-Unis, et les loyalistes firent un compromis avec leurs concitoyens pour oublier le passé; ces arrangements pris, l'évacuation du territoire fut effectuée, par les Anglais, le 25 novembre.

La guerre, qui assura l'indépendance de l'Amérique du Nord et détruisit la menaçante suprématie exercée jusqu'alors par l'Angleterre dans les mers et au Nouveau-Monde, était terminée.

Mais les Etats-Unis, parvenus au comble de leur vœux, étaient peut être moins libres, et surtout moins heureux, qu'on ne s'y était attendu. La guerre avait coûté 135 millions de dollars, sans parler de la masse de propriétés particulières détruites ou dévastées; elle avait, en outre, dévoré 70000 hommes! Le Congrès se retirait en laissant une dette publique de 43 millions, indépendamment des emprunts conclus avec la Hollande et garantis par la France. Cette dette consistait en un papier-monnaie complètement déprécié, qui rendait les transactions commerciales de toute difficulté.

La république était sans crédit, sans autorité, sans constitution. La lutte des deux partis, entre lesquels se divisent encore aujourd'hui l'opinion publique et le pays, rendait des plus difficiles la construction d'un édifice social de quelque solidité.

Les démocrates, ou républicains purs, voulaient que la puissance politique fut partagée entre tous les Etats ; les fédéralistes, au contraire, insistaient pour que l'on fondât une fédération avec une gouvernement central et fort. Ni l'un, ni l'autre de ces deux partis n'atteignit complètement son but, alors ; mais le parti démocrate devait l'emporter, plus tard, et faire admettre le principe du *self-government*, à la tête de son chef, Thomas Jefferson. Déjà, pendant la guerre, plusieurs Etats avaient tâché d'adapter leurs vieilles constitutions respectives aux circonstances, sans paraître disposés à changer.

Enfin, en mars 1787, le Congrès convoqua, à Philadelphie, une réunion générale des députés des divers Etats, qui rédigèrent ensemble la Constitution fédérale des Etats-Unis. Cette Constitution fut acceptée, à la suite de négociations particulières suivies avec chaque Etat ; le Rhode-Island n'accéda à l'Union qu'en 1789.

Washington ayant été élu à la présidence, le 1er février 1789, il convoqua aussitôt le Congrès, organisa l'administration, et mit de l'ordre dans toutes les branches du gouvernement.

Il s'occupa, ensuite, de régulariser la dette publique, et d'en assurer l'amortissement par de légers droits de douane ; mais non sans rencontrer de vives oppositions dans la mise à exécution de ces différentes mesures. Il créa le revenu régulier par l'assessement d'un impôt, sur l'industrie et la propriété, et, enfin, il fonda une banque nationale : l'impulsion était donnée.

En 1791, l'Etat du Vermont se détacha de New-York, dont il avait, jusque-là, fait partie ; il fut admis dans la Confédération, qui se trouva ainsi de quatorze Etats. En 1792, le Kentucky qui, jusque-là, avait fait partie de la Virginie, devint le quinzième.

La révolution française vint bientôt fournir à l'Angleterre l'occasion de se venger et de faire sentir sa rancune à la France.

Le ministre anglais, Pitt, notre éternel ennemi, ne contribua pas pour peu à fomenter les troubles qui conduisirent Louis XVI à l'échafaud.

Après avoir repoussé les propositions de la Prusse et de l'Autriche, coalisées en 1791, qui lui demandaient de s'unir à elles pour sauver cette infortuné roi, l'Angleterre consentit à cette coalition, après sa mort, contre la république française. Elle eut peu de succès contre les troupes républicaines: la coalition fut dispersée par les victoires de la république, qui d'attaquée, devint conquérante jusqu'à la paix glorieuse de Campo Formio, en 1797. Quelques milliers de Français vinrent, par diversion, débarquer en Irlande et le pays de Galles, pour les soulever, vu qu'ils semblaient sympathiser avec la France. Quelques troubles parmi les marins, la misère du peuple anglais, et le dessarroi de la banque, vinrent aussi donner à la Grande-Bretagne assez à faire, chez elle, pendant quelque temps. Cependant, le cabinet britannique réussit à former une nouvelle coalition, en 1799, contre la France, avec l'entente de la Russie et de la Turquie; mais quoiqu'ayant toute l'Europe pour alliée, elle n'eut guère plus de succès que la première. Les troupes françaises furent partout victorieuses, jusqu'à la paix de Lunéville, en 1801. L'Angleterre fut ainsi l'âme de six coalitions européennes pour abattre la France, de 1799 à 1815.

Le Congrès américain avait résolu de rester neutre dans les conflits européens, en ne s'occupant qu'à trouver des débouchés avantageux pour ses produits, au moyen de simples traités de commerce, conclus avec les puissances d'Europe, quand éclata la guerre générale contre la France révolutionnaire. Washington créa, maintint une politique nationale: il publia, le 22 avril 1793, une déclaration de neutralité, suivant laquelle les vaisseaux portant le pavillon de l'Union ne pouvaient être arrêtés ou visités qu'en cas de contrebande. Une partie de la nation, le parti démocrate surtout, vit dans cette neutralité, un acte d'ingratitude à l'égard de la France menacée, et un indice des secrètes sympathies du président pour l'Angleterre. En effet, les actives relations commerciales qui s'établirent dès lors entre les Etats-Unis et la Grande-Bretagne, déterminèrent Washington à conclure avec le cabinet de Londres, le 19 novembre 1794, un traité de commerce et d'amitié !

L'Union trouva, il est vrai, dans ce traité de grands avantages de trafic, puisqu'il ouvrait à son commerce les ports des Indes Orientales et Occidentales; mais cette politique d'intérêt n'en excita pas moins un vif mécontentement, parce qu'elle rendait impossible toute participation d'appui à la guerre soutenue par la France contre le gouvernement britannique, naguère encore l'ennemi commun des Français et des Américains alliés.

C'était d'ailleurs, et avant tout autre considération, une infraction à la neutralité même proclamée par Washington. C'était encore une violation du traité conclu avec la France, en 1778, qui avait assuré l'indépendance des colonies. Ces reproches étaient d'autant plus fondés, que le traité conclu entre les Américains et les Anglais, autorisait ces derniers à rechercher les propriétés françaises qui pouvaient se trouver à bord des bâtiments américains. D'énergiques protestations arrivèrent de tous les points de l'Union contre la politique du gouvernement fédéral. Washington, deux fois élu, déposa ses pouvoirs, en 1796, au milieu des violentes discussions provoquées par ces questions de politique extérieure. Quoique le parti fédéraliste fut fort affaibli par la politique suivie par le président, on élut pour son successeur John Adams, issu de ce parti et ami de Washington.

La France répondit au traité de commerce et d'amitié conclu entre les Etats-Unis et l'Angleterre, par une loi contre le commerce des neutres; comme elle avait déjà prohibé l'introduction des marchandises anglaises sur son territoire, le commerce américain se trouva très gêné, vu qu'il avait compté pouvoir faire les transports maritimes. Le directoire suspendit aussi ses relations avec l'Union Américaine, devenue l'amie de l'Angleterre.

Tout cela équivalait à une déclaration de guerre contre les Etats-Unis. En conséquence, on mit les côtes en état de défense; on arma une flotte, et ont réunit même une armée, dont Washington prit le commandement. L'Angleterre allait donc arriver à son but, en mettant la France et l'Union aux prises ; mais la situation dans laquelle se trouva le directoire, empêcha la guerre d'éclater de suite, et le 18 brumaire vint changer la face des choses : le nuage se dissipa si bien, que le premier consul, Bonaparte, conclut en 1805, avec l'Union, un traité de commerce qui effaçait un peu la tache de l'espèce d'alliance américaine avec l'Angleterre; le principe que le pavillon couvre les marchandises fut de nouveau reconnu. Le parti fédéraliste touchait à la fin de son influence, accusé d'ingratitude envers la France et d'amitié envers l'Angleterre, il avait perdu sa popularité. Un grand changement avait eu lieu en 1801, dans l'Union, le parti démocrate était sorti victorieux de la lutte électorale : Jefferson avait été porté à la présidence. Le premier président issu du parti démocrate débuta par châtier le dey de Tripoli, puis, il dirigea son attention sur la Louisiane, que l'Espagne avait secrètement cédée à la France, en 1800, au grand déplaisir des Américains.

En vertu du traité de St. Ildefonse, Bonaparte s'étant fait rétrocéder la Louisiane par l'Espagne ; il avait tenu cette rétrocession secrète pendant plusieurs années. Il voulait d'abord faire une réserve de la ressource de ce riche territoire, et il nourrissait le projet de redonner à la France son ancienne grandeur coloniale; mais après avoir échoué dans ses tentatives, pour reconstituer la prospérité de St. Domingue, n'y pouvant pas rétablir la soumission des nègres, il vit bien que, sans l'appui de cette île, l'influence des Français serait trop faible en Amérique pour conserver avantageusement la Louisiane. Il vendit donc cette superbe région qui, du Golfe du Mexique, forme un vaste bassin, contenant les vallées du Mississipi et du Missouri, et s'étend jusqu'aux lacs qui longent le Canada, en comprenant ainsi les Arkansas, les Illinois et des territoires ; — ce carré a déjà donné quatre Etats à l'Union. Les Anglais convoitaient depuis longtemps cette position pour la relier à leur possession du Canada, d'après le plan que les Français avaient anciennement conçu. C'est là, sans doute, la raison qui fit que le premier consul tint cette restitution espagnole secrète jusqu'au moment où, ayant besoin d'argent, et voyant l'impossibilité de la garder, il la céda aux Etats-Unis, pour 15 millions de dollars. Après la déclaration de l'indépendance, l'acquisition de la Louisiane est le plus grand événement de l'histoire des Etats-Unis. Ce fut alors seulement que l'Union eut une riche et solide frontière, et qu'elle put commercer librement et avantageusement avec l'intérieur du continent. Le commerce des Américains avait beaucoup gagné des guerres européennes : le trafic colonial des Français et des Hollandais était passé entre leurs mains comme puissance neutre. Mais la jalouse Angleterre ne put longtemps souffrir cette rapide prospérité : le parti fédéraliste étant tombé du pouvoir, et n'ayant plus qu'une influence précaire dans le pays, Jefferson penchant pour la France, et ayant été réélu, en 1805, elle n'eut plus de ménagements à garder; en conséquence, elle supprima les tolérances exceptionnelles dont les bâtiments américains avaient été gratifiés jusqu'alors. Le gouvernement anglais les soumit au droit de visite, les déclara de bonne prise à l'occasion, et se permit même jusqu'à faire la presse à leur bord pour recruter ses matelots. Le Congrès répondit à ces actes vexatoires, par sa résolution, de 1806, qui apportait de notables restrictions dans l'importation des marchandises anglaises, tout en n'élevant aucune réclamation contre les conséquences du blocus continental, lancé par Napoléon. L'Angleterre se montrant de plus en plus arrogante et hostile, Jefferson ordonna, le 2 juillet 1807, la fermeture des ports américains pour tous les navires anglais, puis, après avoir été deux fois élu président, il remit la présidence au nouvel élu démocrate, Madison.

Cependant l'Angleterre continuait à dominer despotiquement les mers ; elle avait ordonné que toutes les nations commerçantes auraient à relâcher à Londres ou à Malte, pour y payer tribut, se charger de marchandises anglaises et recevoir le droit de navigation. Elle continuait, de plus, à s'arroger le droit de visite à bord des navires neutres, et à y saisir les marchandises françaises. Les Américains eurent à souffrir de ces abus plus que toutes les autres nations, en raison du fructueux emploi de leur marine sans concurrence alors, à cause des guerres d'Europe. Plusieurs frégates anglaises en étaient arrivées à commettre leurs abus jusque dans les baies du Cheasapeake et de la Delaware, devant les populations indignées.

Nombre de matelots américains furent ainsi enlevés à leur nation avec d'autant plus d'impunité que la difficulté était grande pour prouver légalement leur origine, tout en se réclamant de leur pavillon.

Ces faits furent considérés comme révoltants pour le droit des gens, et comme un outrage au pavillon national; d'ailleurs, les saisies de marchandises, confiées aux vaisseaux américains, atteignaient les intérêts du pays à côté de son honneur.

La guerre contre l'Angleterre devenait donc une nécessité et un devoir pour la nation américaine. Cette prompte diversion eût été, en outre, un service à rendre à la France; mais la diversité des opinions et la division des partis, affaiblissaient comme toujours, le pouvoir exécutif.

Les Etats du Nord, composés de marchands, traficant avec les produits anglais, trouvaient leur intérêt à mettre leur sympathie du côté de l'Angleterre, et par contre, leur ingratitude du côté de la France.

Ils soutenaient donc l'inflexible politique de lord Castlereagh, l'exécuteur de la haine politique de Pitt, décédé.

Les Etats du Sud, composés de riches planteurs, aux idées libérales, avaient conservé pour la France toute la bienveillance du souvenir des obligés.

Leurs vœux étaient ouvertement en faveur de la guerre, qui devait les venger d'une nation ennemie, et leur donner l'occasion d'être reconnaissants envers une nation amie qui, d'ailleurs, favorisait le placement d'une grande partie de leurs produits.

Le président Madison aurait bien voulu recueillir le triple bénéfice du monopole maritime, de l'écoulement des produits américains et de la neutralité, mais l'Angleterre ne lui laissa pas cette attrayante latitude ; il regardait donc la guerre comme inévitable; voulant, cependant, satisfaire aux exigences de la position, sans se dépopulariser, afin de ne pas manquer sa réélection, il dut attendre l'entraînement de l'opinion pour l'autoriser à déclarer la guerre, sans se trop compromettre vis-à-vis des partis à ménager. Ces lenteurs ne plaisaient guère à la France, qui espérait trouver le soulagement des forces et de l'attention de l'Angleterre employées sur l'Amérique: Napoléon comptait un peu aussi sur cette diversion pour favoriser ses plans sur la Russie.

En raison de l'indécision du gouvernement américain, les corsaires et les frégates de guerre français, ne se gênaient pas pour donner la chasse aux bâtiments américains, portant des blés à Lisbonne, Cadix, et sur ceux qui essayaient d'entrer dans la Tamise pour se soumettre aux ordonnances anglaises.

Les amis de l'Angleterre, en Amérique, trouvaient ainsi une base pour défendre le gouvernement anglais, en faisant ressortir les méfaits commis par les navires français: ils prétendaient qu'ils fallait déclarer la guerre aux deux puissances ensemble ou ne pas le faire du tout,—ce qu'ils désiraient.

Mais à ces observations, l'Empereur répondait que du moment que la guerre serait déclarée par l'Union à l'Angleterre, la France lèverait toute espèce d'entrave au commerce américain, et que, d'ailleurs, la course des corsaires français était la conséquence naturelle de l'acte américain, du *non-intercourse*, qui était considéré par Napoléon comme étant, au fond, contre la France, du moment que l'Angleterre faisait lettre-morte de la neutralité des Etats-Unis, en saisissant les marchandises françaises sur leurs bâtiments. Quant on connut en Amérique les bonnes dispositions de la France, l'opinion publique fut pour la guerre immédiate, d'autant plus que les fédéralistes venaient d'éprouver un grave échec moral, par suite de certaines révélations publiques, qui faisaient fortement soupçonner leurs chefs de s'entendre avec l'Angleterre, au moyen de relations condamnables entre le parti et cette puissance. Le président Madison avait au fond de sa politique une raison qui vint, d'ailleurs, précipiter la guerre. Il voulait s'emparer de la Floride espagnole, qu'il prétendait faire partie de la Louisiane. Les Américains, d'un autre côté, la réclamaient pour récupérer certaines créances soi-disant dues par le gouvernement espagnol. Mais l'Angleterre s'étant aperçu de ce nouveau projet d'agrandissement aux Etats-Unis, s'y opposa vivement.

Après la Caroline, le Tennessee et l'Ohio, la Louisiane venait de former le 18ème Etat de l'Union.

LA GUERRE DE 1812.

A la suite de longues et inutiles négociations, les relations entre les cabinets de la Grande-Bretagne et de Washington furent rompues. La guerre contre l'Angleterre fut votée à la majorité de 79 voix contre 37, dans la chambre des représentants, et de 19 contre 13, dans le sénat. La déclaration de guerre officielle fut datée du 19 juin 1812.

A cette nouvelle, le cabinet anglais s'empressa de révoquer des ordres du conseil; ce qui formait les griefs concernant les Américains, et Mr. Forster, le ministre anglais, en fit part de suite au président Madison. Mais les partisans de la guerre s'étaient empressés de commencer les hostilités, en allant fomenter l'insurrection chez les Canadiens, que l'on espérait pouvoir amener à faire partie des Etats-Unis.

Le général Hull, à la tête de 3,000 hommes de troupes, s'étant hâté de franchir la frontière du Canada, près de Détroit, fut pris entre les lacs Erie et Huron, et réduit à mettre bas les armes par les troupes anglaises. Mais, tandis que cet échec avait lieu, le frère du général, le capitaine Hull, qui montait la frégate *la Constitution*, ayant rencontré la frégate anglaise *la Guerrière*, il l'avait dématée et obligée à se rendre avec 300 hommes, après trente minutes de combat.—Le succès de ce coup hardi contribua à contrebalancer l'effet de la défaite de la petite armée de terre. L'amiral Hope effectua le blocus des Etats-Unis avec une flotte nombreuse, à laquelle les Américains ne purent opposer que peu de navires de guerre; mais leurs corsaires firent des prodiges. En deux ans, ils s'emparèrent de 218 bâtiments de commerce anglais, portant 574 canons, montés par plus de 5,000 hommes, et chargés de masses énormes de marchandises.

La campagne de 1813 débuta par l'envahissement du Canada, avec un corps d'armée de 42,000 hommes de bonnes troupes, sous les ordres du général Harrisson ; mais, soit à cause de son incapacité, ou de l'indiscipline de ses soldats, il ne fit rien et fut battu en détail. Le général Dearborne réussit seul à s'emparer d'un point important, le 6 avril, de la ville d'York, chef-lieu du Haut-Canada, où se trouvaient de nombreux approvisionnements.

Le 10 septembre, le commodore Perry captura la flotille anglaise sur le lac Erie. Le Canada étant dépourvu de la protection de la marine anglaise, Harrisson y reprit quelques avantages, surtout contre les hordes indiennes que les Anglais avaient continué à s'attacher comme auxiliaires. Mais ces avantages furent annulés par le succès des Anglais au fort Niagara, dont ils s'emparèrent. Ce poste important était la clé du territoire de l'Union.

Le Congrès supprima ses actes de non-intercourse et d'embargo, pour soulager les affaires; mais les ports restant bloqués, ces mesures furent d'un effet nul. Au printemps de 1814, les vieilles troupes anglaises qui s'étaient trempées dans les guerres du Portugal et de l'Espagne contre les Français, arrivèrent d'Angleterre pour commencer une nouvelle et dernière campagne: après avoir débarqué sur plusieurs points, ces vétérans, enlevèrent le fort Oswego, et le 12 juillet, au nombre de 12,000, ils mirent l'armée américaine en déroute, auprès des chutes du Niagara ; puis, opérant leur jonction au fort, ils purent dominer l'entrée des Etats-Unis.

L'amiral Cochrane accomplit alors, avec le général Ross, un grand acte de vandalisme. S'étant avancé dans le Potomac, l'amiral fit une feinte attaque sur Baltimore, conjointement avec le général Gordon, tout en détruisant les forts Warburton et Alexandria; puis, Ross rebroussa brusquement vers Washington; et surprit la capitale : il y entra à la tête de 6,000 hommes de troupes, le 24 août, et y incendia le Capitole, le Palais de la Présidence, les arsenaux, les chantiers et toutes les propriétés publiques. De là, les Anglais retournèrent sur Baltimore, d'où ils furent vigoureusement repoussés. Ils battirent en retraite, d'autant plus que l'amiral Cochrane n'avait pu pénétrer pour les protéger dans la Patapsco, obstruée.

Les armées anglaises se retirèrent dans les Etats du Nord, et s'emparèrent du Maine, tandis que le gouverneur Prevost, du Canada, envahissait l'Etat de New-York, avec 14,000 hommes ; mais, ayant perdu l'appui de la flotte anglaise, les Américains le défirent au lac Champlain. Il dut se replier.

Les 15,000 hommes de troupes anglaises, laissés au fort Niagara, étaient parvenus cependant à passer aux E.-Unis par les lacs et le golfe: ils s'avançaient en bon ordre sur la Nouvelle-Orléans, à travers des marécages et des terres tremblantes, impraticables pour tout autres que des vieux soldats éprouvés par les guerres d'Europe. Le général Packenham, également expérimenté, les commandait.

Le général Jackson, qui venait de soumettre quelques tribus indiennes, accourut pour couvrir la ville, avec 6000 hommes de milice. Il déconcerta et arrêta les Anglais par une attaque d'avant-garde, le 23 décembre 1814: cet avantage lui permit d'établir ses retranchements, à la hâte, à deux lieues de la Nouvelle-Orléans, entre les marécages et le fleuve. Après avoir pris les mesures les plus rigoureuses pour le maintien de l'ordre et de la sécurité de la ville en émoi, il réunit tout ce qu'il put d'hommes valides, et vint attendre l'ennemi de pied ferme, derrière ses retranchements, défendus par l'artillerie de quelques habiles officiers de la milice, et appuyés de quelques navires du fleuve.

Le 8 janvier 1815, la bataille s'engagea. Les vétérans anglais vinrent plusieurs fois se heurter à l'assaut des lignes américaines, mais, malgré leur bravoure extraordinaire, ils ne purent franchir les obstacles. Leurs rangs furent troués par la mitraille qui, jointe au feu de tirailleurs à l'œil sûr, au coup infaillible, semait la destruction chez l'ennemi. Les généraux Packenham, Gibbs et Kearn furent tués, ainsi que la plupart des officiers supérieurs; l'armée, décimée et découragée par la perte de ses chefs dut retraiter, en laissant 2,000 hommes sur le champ de bataille. La Louisiane fut ainsi sauvée. Le Congrès décerna une médaille d'honneur au général Jackson, dont la victoire venait de terminer la lutte.

La paix avait été signée à Gand, le 24 décembre 1814, c'est-à-dire avant que cette dernière bataille n'eût lieu.

D'après le traité de paix, ratifié le 15 juillet 1815, et dû à la médiation de la Russie, l'Angleterre abandonnait ses prétentions. On se restitua, de part et d'autre, les conquêtes faites ; mais, l'Angleterre se fit promettre par les Américains de ne plus tolérer la traite des nègres, et de coopérer à l'abolition de ce trafic. Ces deux puissances eurent, depuis, des droits égaux à l'empire des mers, sauf le droit de visite que l'Angleterre s'est reservé, soi-disant pour empêcher la traite.

La paix extérieure contribua beaucoup à consolider la paix intérieure des Etats-Unis. Le Congrès s'appliqua à fonder une bonne marine militaire, et, à partir de 1815, la population se jeta avec ardeur dans les voies de l'industrie.

En 1816, le commodore Decatur eut à faire une démonstration énergique, auprès du Dey d'Alger, pour faire cesser les pirateries des écumeurs algériens vis-à-vis du pavillon américain.

L'Indiana, issu de la Virginie, vint, à cette époque, se faire admettre dans le giron de l'Union. La population de cet Etat voulait avoir l'esclavage, mais les intrigues du Nord l'en empêchèrent. L'Union, dès lors, commença le développement rapide de sa prospérité croissante.

En 1817, Madison eut pour successeur le président Monroe, qui, comme ses prédécesseurs, fut plus tard réélu ; il remplit ses fonctions jusqu'en 1824. Sous son administration, vinrent se grouper dans l'Union les territoires du Mississipi, de l'Illinois, de l'Alabama, du Maine. Les irruptions des Indiens des Florides vinrent donner l'occasion aux Etats-Unis de reprendre l'exécution de leur ancien projet sur ce territoire. Le général Jackson alla occuper arbitrairement la ville de Pensacola, et un nouveau conflit fut en question entre les Etats-Unis et l'Espagne. Les Américains prétendaient toujours que la Floride devait faire partie de la Louisiane, achetée à la France. Cette terre avait été découverte, en 1512, par Ponce de Léon, et conquise en 1539, sur les Indiens, par Hernandez de Soto, au nom des Espagnols, qui y fondèrent en 1539, Pensacola, et l'établissement St. Augustin, en 1564. — L'Espagne, en 1762, avait cédé cette province à l'Angleterre ; mais le traité de paix, conclu en 1783, l'avait retirée de cette puissance pour la remettre à l'Espagne, elle put donc, avec raison, contester l'occupation des Américains. Cependant, Ferdinand VII consentit à la cession de la Floride, moyennant cinq millions de dollars. Ce nouveau territoire fut incorporé dans l'Union le 21 mars 1822. Le territoire du Missouri se prononça pour entrer dans l'Union, mais à la condition de conserver l'esclavage.

Ce fut le sujet de longs et violents débats au Congrès. Le Nord, déjà plus fort que le Sud, montrait un grand antagonisme, contre celui-ci et ses institutions. Cependant, on finit par s'entendre à l'aide d'un compromis, qui, ne devant pas durer, devait avoir de fâcheux résultats. On convint que désormais l'esclavage resterait cantonné dans la partie Sud du 30e degré et demi de latitude : au Nord duquel l'esclavage serait prohibé pour tous les Etats à venir; mais les missouriens protestèrent contre cette décision, et pour la contrecarrer, ils armèrent leur législature du pouvoir d'interdire les gens de couleur libres de se fixer dans l'Etat. Cependant, le Sud, déjà en faiblesse au Congrès, dut nécessairement se soumettre à ce compromis, qui devait l'affaiblir de plus en plus, en l'entourant de l'influence du Nord, son adversaire déclaré.—Il est vrai, qu'en retour, on lui accorda que les taxes directes reposeraient sur le chiffre de la population et non sur l'étendue des territoires, ni des productions. Mais le tarif progressif des douanes vint tourner la question, et faire peser sur les produits du Sud, monopolisés par le Nord, la majeure partie du budget. Le tarif qui devait décroître proportionnellement, prit le chemin inverse, en faveur des intérêts du Nord, faisant loi par sa majorité. Il en résulta que les bénéfices du compromis n'existèrent jamais pour les Etats à esclaves, et il en advint que le Sud, pour réconquérir quelque influence défensive, tourna le contrat aussi, afin d'y trouver de nouveaux territoires pour y puiser des renforts parlementaires. Cet événement vint, avec l'opposition du Sud au tarif, grossir les nuages intérieurs qui déjà pesaient sur l'Union. On entendit pour la première fois le Nord, notamment le Massachusetts, proclamer que l'esclavage, quoique légal, était un crime contre l'humanité, une infamie, etc. Le parti abolitioniste se déclara, il grossit ses rangs, et fit de l'opposition même au gouvernement fédéral : ce fut une coalition.—Les lois constitutionnelles furent dénoncées, méprisées dans certains Etats, en passant des lois opposées. La loi sur les esclaves fugitifs fut annullée dans son exécution par certaines autorités locales qui décrétèrent des formalités interminables, des amendes et l'emprisonnement contre tous ceux qui exécuteraient la loi fédérale, en reprenant ou aidant à reprendre les fugitifs. Les propriétaires d'esclaves eurent de grandes pertes à supporter et des mauvais traitements à subir, en recherchant leurs esclaves dans les Etats du Nord et de l'Ouest, par le fait de la populace instiguée.—On en vint jusqu'à déclarer que le sentiment public avait le pouvoir de dominer les lois !

Ce sentiment public n'a fait qu'augmenter depuis, en faisant perdre une valeur d'esclaves considérable chaque année, dans ces derniers temps, et en mettant l'Union à sa dernière épreuve.

VIII.

Avec la paix, les finances de l'Union prirent un tel essor que l'on put supprimer toutes les taxes fédérales de l'intérieur. La fédération, en 1820, se composait de 24 Etats, donnant une population de 9,638,000 âmes, dont 1,538,000 esclaves. Quelques difficultés commerciales qui survinrent avec la France furent applanies, et un nouveau traité de commerce fut conclu, en 1822, ainsi qu'avec la Russie, en 1824 ; mais les principes de la Ste-Alliance furent repoussés par Monroe; il fit proclamer la doctrine qu'aucune puissance européenne ne serait admise à intervenir dans les affaires politiques du continent. Quincy Adams, fils de l'ancien président, succéda au président Monroe, en 1825. Issu du parti fédéraliste, son administration fut peu favorable aux Etats agricoles. Malgré l'esprit de tous les traités de commerce conclus par les Etats-Unis avec les puissances d'Europe, il fit introduire un nouveau tarif de douane qui mécontenta l'Angleterre et provoqua de violentes discussions dans l'Union.

Les Etats du Sud et de l'Ouest voyaient dans ce tarif une partiale protection pour l'industrie du Nord à leurs dépens. Ils insistèrent d'autant plus vivement sur la suppression des droits de douane, que la dette publique, presqu'éteinte, n'exigeait aucune mesure financière de cette nature. Le général Jackson arriva à la présidence, en 1828, au milieu de violentes discussions d'intérêts et de grandes divisions de partis. La Caroline du Sud prononça la première le mot de désunion: sous le nom de nullification, elle menaçait de se retirer de la Confédération, pour se rendre indépendante avec un commerce libre. Elle déclara nuls les actes du Congrès à l'endroit du tarif, et se tint prête à résister à toute coercition! Les autres Etats du Sud étaient d'autant plus disposés à l'appuyer, que les divers Etats du Nord qui avaient conservé leurs esclaves, venaient, depuis 1827, de les vendre, en raison de ce que la main-d'œuvre des émigrants leur était plus profitable que celle des esclaves. Le Sud vit une conspiration contre ses intorêts dans les décrets relatifs à la douane, à la traite, ainsi que dans toutes les manifestations abolitionistes.

Cependant, Jackson ouvrit les délibérations sur une nouvelle loi de douane, qu'il fit proposer. Calhoun, démocrate, et Henry Clay, whig, s'y distinguèrent comme orateurs des plus remarquables ; enfin la question fut vidée en faveur du Sud ; la nouvelle loi de douane fut définitivement votée le 26 février 1833. Aux termes de cette loi,une certaine catégorie de marchandises fut immédiatement affranchie de tous droits, et un abaissement successif devait opérer de manière à ce qu'en 1842, le tarif eût subi une diminution de 20 o[o. Ainsi se termina cette crise intérieure, par la puissance conciliatrice du parti démocrate ; mais elle devait se renouveler 30 ans plus tard, sous un autre nom, sur le même sujet, et pour un tout autre résultat.

La politique du gouvernement, dès ce moment, se porta sur l'expulsion des indiens, qui, isolés, insoumis, restaient dans les Etats de la Georgie, de l'Alabama et de l'Illinois. Ceux des Florides, sous le nom de Séminoles, résistèrent longtemps; on ne put s'en défaire qu'au moyen de promesses et de séductions prodigués en faveur des chefs.

Les démocrates s'appliquèrent aussi à liquider la Banque nationale, considérée comme étant un foyer d'influence d'argent, anti-démocratique. Jackson qui venait d'être réélu, en supprima brusquement la charte par son veto ; mais cette secousse créa de graves embarras financiers et de grandes faillites dans le pays.

Jackson termina, en 1835, au milieu de la crise financière, le long différent pendant entre la France et les Etats-Unis, à propos d'une indemnité réclamée par ceux-ci, pour pertes causées au commerce américain durant les guerres de l'Empire. La France consentit à payer les 25 millions de francs réclamés.—(Cette somme fait encore aujourd'hui l'objet de réclamations de la part des intéressés particuliers, auprès du gouvernement de l'Union qui ne les a pas encore satisfaits. Cette question pendante reste toujours désignée sous la dénomination, au moins insolite, de "*French spoliation claim !*")

En 1836, les territoires d'Arkansas et de Michigan viurent former les 25ème et 26ème Etats de l'Union. En 1837, Martin Van Buren, démocrate, succéda à la présidence de Jackson. Il continua la même politique que son prédécesseur, à l'extérieur comme à l'intérieur. Il termina pacifiquement quelques différents survenus avec l'Angleterre, à propos du *Carolina*, bâtiment à vapeur, brûlé par des Anglais, à Buffalo, et de la délimitation des frontières du Canada, ainsi que de la question du droit de visite, sur lequel droit insistait l'Angleterre, dans son peu de confiance au sujet de la traite, qui se continuait en contrebande par les Américains.

Depuis 1834, la dette de l'Union était complétement amortie: il fallut, cependant, recourir à un emprunt de 12 millions pour continuer la guerre des Séminoles et aussi pour couvrir les déficits causés par suite des dernières crises financières.

En 1841, Van Buren remit le pouvoir au général Henri Harrison, issu du parti whig, qui mourut un mois après son entrée en fonctions.

Conformément à la constitution, le vice-président Tyler prit la présidence et continua la politique de Van Buren qui était de ménager l'Angleterre: celle-ci continuait à élever des prétentions sur le territoire de l'Oregon; on lui en donna la moitié pour avoir la paix; c'est cette partie que l'on appelle la Nouvelle Calédonie, vers les possessions russes. On renouvela le traité relativement à la suppression de la traite. On en conclut un autre pour la régularisation des frontières et pour l'extradition réciproque des malfaiteurs. Mais on ne lui céda rien sur la question du Texas. Ce vaste territoire faisait partie du Mexique: se trouvant peuplé par des Américains, ils profitèrent de l'édit de Santa-Anna, président de la Confédération Mexicaine, qui la transformait en république centrale, pour se déclarer indépendants, en 1836. Santa-Anna marcha contre eux, à la tête d'une armée, pour les soumettre ; mais soutenus par le gouvernement des Etats-Unis, ils acceptèrent la lutte, sous le commandement du général Houston. Santa-Anna fut battu et fait prisonnier dans les plaines de San Jacinto, après un combat sanglant. L'indépendance du nouvel Etat fut enfin rconnue, malgré l'Angleterre qui s'y opposait d'abord.

En 1845, le Texas se réunit aux Etats-Unis, encore contre les efforts de l'Angleterre, qui voyait d'un mauvais œil l'agrandissement rapide de ses anciens colons.

Les Etats de la Floride et de l'Iowa vinrent cette même année former les 28e et 29e Etats de l'Union.

Polk, également démocrate, succéda au président Tyler.—Le pouvoir exécutif dut envoyer une armée d'observation au Texas, pour surveiller les Mexicains, qui s'opposaient à l'incorporation de leur ancien territoire dans l'Union, et voulaient avancer leur frontière jusqu'aux bords du Rio-Nueces, situé beaucoup plus au Nord, tandis que les Américains soutenaient que leur frontière naturelle, au Texas, était le Rio-Grande del Norte. M. Slidell fut envoyé par le cabinet de Washington, afin d'arranger pacifiquement la difficulté. Mais après de longs pourparlers infructueux, cet agent dut repartir de Mexico, pour annoncer à son gouvernement que les Mexicains, d'ailleurs mécontents des E.-U., étaient prêts à accepter la guerre. Le 16 juillet, elle fut déclarée formellement. Les troupes mexicaines se concentrèrent sur leur frontière du Rio-Nueces. Le général Taylor s'avança, avec son corps d'observation, pour occuper la petite ville de San-Isabel ; puis il vint joindre, avec 3,000 hommes et 12 pièces de canon, l'armée ennemie, forte do 7,000 hommes, sous le général Arista, à Palo-Alto; celle-ci fut battue, et perdit 1,400 hommes. Une seconde affaire eut lieu à Reseca de la Palma, peu de jours après, où les Mexicains furent encore plus maltraités. Ils durent enfin repasser le Rio-Grande, après avoir abandonné leur artillerie et plusieurs centaines d'hommes sur le terrain. Arista suivi de près, fut bientôt forcé d'évacuer Matamoras, avec 4,000 hommes. De cette ville, Taylor marcha sur Monterey. Dans l'été de 1846, le général Scott vint prendre le commandement en chef. L'armée américaine marcha, battant, de succès en succès, jusqu'à la capitale et l'invasion complète du Mexique. Les Mexicains avaient fait preuve de plus de forfanterie que de capacités.

Après trois campagnes, les Américains furent maîtres du pays entier ; mais ils n'abusèrent pas de leur victoire. Le but de cette guerre était, au fond, la possession du Nouveau-Mexique et de la Californie, que les Etats-Unis retinrent pour s'indemniser des frais de la guerre ! Cette prise de possession, avec le Rio-Grande pour frontière, fut consacrée par le traité de paix conclu entre les deux pays, le 2 février 1848. Les pouvoirs du président Tyler expirèrent en 1849.

Le général Taylor, devenu populaire par ses exploits dans cette dernière guerre, fut porté, élu à la présidence.—Le succès de cette candidature prit sa source dans l'intervention d'un tiers-parti qui, sous la dénomination de *free-soilers*, venait de surgir entre les deux partis existants pour se ranger plus tard sous la bannière des whigs. Les *free-soilers* avaient pour doctrine d'arrêter l'extension de l'esclavage, en le frappant d'interdit devant les territoires. Le président Taylor n'eut guère le temps de réaliser les pensées politiques qui l'avaient poussé au pouvoir; il mourut dès la seconde année de ses fonctions, le 9 août 1850. Le vice-président, Millard Fillmore, remplit les fonctions du défunt ; il se montra digne de la place que le hasard lui accordait. Son administration, ferme et sage, servit le développement rapide de la prospérité de l'Union, dont la population était maintenant de 23 millions d'âmes. Ce fut à cette époque, que l'idée de s'emparer de Cuba vint à l'esprit avide des Américains, énorgueillis par leurs faciles succès sur les Mexicains. Mais l'Espagne tint une attitude si ferme, et fut si prudente, qu'aucun prétexte ne put réussir à provoquer une querelle dans le genre de celle qui avait amené la guerre du Mexique. La politique de Fillmore se retourna vers les relations lointaines : on fit l'expédition dans les mers du Japon, d'une escadre, sous le commodore Perry, à l'effet de conclure un traité de commerce avec cet étrange empire. Le traité fut conclu, et il y a tout lieu de croire que, bientôt, le commerce américain se fera une échelle de relations suivies entre la Californie, la Chine et le Japon.

A l'expiration des pouvoirs de Fillmore, le général Scott se mit sur les rangs, pour la présidence, avec le général Pierce, inconnu jusque-là comme homme politique, ce à quoi il dut sa nomination. Les partis s'étant divisés, ce dernier fut nommé, et entra en fonctions en 1853.

La politique de Pierce tendit à mettre un frein aux désirs d'accroissements qui agitaient le pays. Il répudia d'avance les flibustiers contre Cuba, ou tout autre contrée, en se déclarant l'adversaire absolu de tout agrandissement illégal. Les finances arrivèrent dans l'état le plus florissant sous son administration ; il eut, pour un moment, au-delà de 30 millions de réserve, sans savoir qu'en faire ; et cependant la taxe des douanes existait toujours et le commerce était toujours en dettes vis-à-vis de l'Europe. Il est vrai que l'industrie américaine se développait rapidement. — malheureusement peut-être, pour l'Union, sous cette protection douanière.—La population s'accroissait à vue d'œil du torrent d'émigrants qui arrivaient de toutes les parties du monde, mais principalement d'Europe. L'Allemagne et l'Irlande se dépeuplaient sensiblement, pour venir peupler l'Amérique. 28 millions d'âmes formaient la population, à la fin de la présidence de Pierce.

Le parti des *free-soilers*, ou abolitionistes, se fortifiait toujours aux dépens du parti démocrate ou conservateur. En 1856, il prit la dénomination de parti républicain. Le colonel Frémont fut son candidat à la présidence ; Millard Fillmore représenta le parti whig, et Buchanan le parti démocrate, dans la lutte électorale. Ce dernier fut élu : ce devait être la dernière victoire du parti démocrate.

La manie de vouloir tout républicaniser possédait toujours les esprits, encouragés, d'ailleurs, par Buchanan et le fameux manifeste d'Ostende. L'Espagne maintint cependant la fermeté de sa politique ; elle refusa de prêter l'oreille aux ouvertures de cession de l'île de Cube, que l'ambassadeur Soulé fut chargé de lui faire: à aucun prix elle ne voulut la vendre, et ne donna aux Américains aucune chance de querelle à guerre. Cette île est le dernier joyau de sa couronne coloniale, et il est assez naturel qu'elle le défende à tout prix. Cette acquisition serait, d'ailleurs, une nouvelle cause de discorde chez les Américains.

Cependant, l'esprit d'agrandissement ne se tint pas pour battu; on eut recours au flibustiérisme. Le général Walker vint, à diverses reprises, attaquer les petites nations de l'Amérique Centrale, telles que la Nouvelle-Grenade. Quoique secrètement encouragé par le gouvernement, et soutenu par ses compatriotes, il guerroya sans succès pendant plusieurs années ; après plusieurs coups de main plus ou moins heureux, mais toujours infructueux, il fut pris et fusillé par ceux qu'il attaquait avec un acharnement que rien ne peut justifier.

L'Angleterre fut, de nouveau, sur le point d'avoir maille à partir avec ses cousins, à propos du recrutement de ses soldats sur le sol américain, lors de la guerre de Crimée. L'opinion et les sympathies des américains étaient plus russes qu'anglaises, à l'endroit de cette guerre ; aussi, leurs procédés ne furent-ils pas toujours très parlementaires dans le cours de cette difficulté. Mais l'Angleterre eut la sagesse d'éviter tout motif, de querelle pouvant provoquer une rupture, que l'esprit inquiet, frondeur, des Américains, rendait déjà si facile, et cela d'autant plus que depuis la guerre de 1812, — dont les résultats n'avaient pas satisfait la nation, — ceux-ci ne manquaient pas l'occasion de faire sentir, en termes un peu rudes, leur rancune envers l'Angleterre.

L'événement le plus grave qui eut lieu à la fin de la présidence

de Buchanan, fut la tentative, heureusement infructueuse, de John Brown, pour soulever les noirs. L'insurrection échoua, et les fauteurs furent condamnés et exécutés. La double visite du prince de Galles et des princes japonnais vint faire diversion un moment à l'inquiétude instinctive de l'avenir, gros d'orages.

Les ambassadeurs japonais étaient venus pour ratifier un traité de commerce entre les deux nations. La présence du prince de Galles n'avait rien d'officielle. Ces princes, si différents, furent l'objet des plus grandes ovations sur tous les points de la république où ils passèrent.

Le parti républicain s'était considérablement renforcé et discipliné, dans ces dernières années, au détriment du parti démocrate. Celui-ci, autrefois si puissant, touchait à sa chute; la démoralisation et la corruption de son administration avaient nécessairement amené la division et la défection dans ses rangs : le parti républicain avait gagné tout ce qu'il avait perdu. Moitié whig, moitié abolitioniste, celui-ci promettait des réformes sectionnelles aux uns et de la moralité administrative aux autres.

Les républicains, en présentant pour candidat Abraham Lincoln, lançèrent un manifeste dont l'esprit sectionnel et abolitioniste devait plaire au Nord industriel, et, par contre, tout faire craindre au Sud agricole. La section du Sud, se voyant ainsi en butte aux projets révolutionnaires de ses puissants adversaires, déclara qu'à leur triomphe elle se retirerait de l'Union. Le Nord n'en crut rien. Les partis conservateurs, disposés à lutter contre le parti républicain, ne purent s'entendre assez pour se former en faisceau, en faveur de la défense commune ; ils se divisèrent, et mirent trois candidats sur les rangs contre Lincoln. Cette division assura la victoire à ce dernier : quoique n'ayant remporté que la minorité des voix, il n'en fut pas moins élu à la présidence. En effet, sur 4,669,392 votants :

Lincoln recueillit - - - - - - - 1,858,128 voix
Ses adversaires réunirent - - - - 2,811,264 voix
Soit une majorité anti-républicaine de 953-136

Ce fut ainsi que l'Union reçut son coup de grace.

Le Sud tint sa parole : la Caroline donna de suite, après

le résultat des élections, le signal de la séparation officielle ; les autres Etats, jusqu'au nombre de 10, la suivirent, et l'année 1861 s'ouvrit avec la scission complète de l'Union.

Le parti républicain au pouvoir n'ayant pas voulu prendre la chose au sérieux ; il repoussa toute espèce de compromis, et menaça d'écraser le Sud.

Le nouveau président ne voulut rien entendre, que la rentrée pure et simple, sans conditions, des "rebelles," de gré ou de force ; mais ceux-ci répondirent à ces menaces par l'établissement d'un gouvernement constitué en confédération, dont Jefferson Davis fut nommé président.

Les mesures de défense furent prises au Sud avec activité: on se saisit des arsenaux et des forts, on s'arma unaninement de tous côtés, et enfin les 11 Etats, viennent de former une nouvelle Union, qui, avec non moins de justice de cause, réclame son indépendance les armes à la main, comme jadis les 13 colonies. Le gouvernement de Washington, s'étant autorisé à user de la coercition, les deux sections en sont actuellement aux prises : La constitution est lettre-morte ; la guerre civile est sur le territoire de l'Union, défunte après une existence de 85 ans.

Ici finit notre tâche ; il ne nous appartient pas de nous appesantir, à présent, sur ces derniers événements; mais nous espérons, si les circonstances le permettent, pouvoir, en temps et lieu, reprendre en sous-œuvre cette dernière phase historique, avec les faits des deux gouvernements, pour en faire le sujet d'un nouveau volume, qui fera naturellement suite à celui-ci.

FIN DE LA SIXIÈME ET DERNIÈRE PARTIE.

ERRATA.

Page 28,	28e ligne,	périsses, *lisez* périsse.	
" 38,	5e "	les Servus, *lisez* les Servi.	
" 39,	32e "	bien amères. Chez les noirs, *lisez* bien amères chez les noirs	
" 97,	24e "	devoir, *lisez* devant.	
" 105,	9e "	sectionère, *lisez* sectionnelle.	
" do,	23e "	ils, *lisez* il.	
" 113,	29e "	d'entendre, *lisez* de voir.	
" 121,	6e "	cadeau, *lisez* cession.	
" 122,	26e "	graduées, *lisez* sont graduées.	
" 125,	3e "	en restant utiles, *lisez* en les faisant rester utiles.	
" 125,	11e et 12e ligne,	serait, *lisez* sera.	
" 146,	17e ligne,	1,60,000,000, *lisez* 1,600,000,000.	
" 154,	33e "	*lisez* Report $253,474,802.	
" 155,	6e "	Divers, énumérés, *lisez* 23,560,138.	
" 169	28e "	résultat, *lisez* résulta.	
" 173,	15e "	une ligne de forts, *lisez* la ligne de forts.	
" 196,	33e "	1776, *lisez* 1777.	

www.ingramcontent.com/pod-product-compliance
Lightning Source LLC
LaVergne TN
LVHW050526100826
845148LV00002B/452

* 9 7 8 1 4 2 5 5 1 9 7 6 6 *